UNA
CONCIENCIA
DECADENTE

John MacArthur

Autor de la Biblia Fortaleza

UNA CONCIENCIA DECADENTE

*Soluciones prácticas
y profundas para
lograr una vida llena
de paz y libertad.*

www.EditorialNivelUno.com
Para vivir la Palabra

Para vivir la Palabra

MANTÉNGANSE ALERTA;
PERMANEZCAN FIRMES EN LA FE;
SEAN VALIENTES Y FUERTES.
—1 CORINTIOS 16:13 (NVI)

Publicado por:

N1 Editorial Nivel Uno, Inc.
3838 Crestwood Circle
Weston, Fl 33331
www.editorialniveluno.com

©2020 Derechos reservados

ISBN: 978-1-941538-64-7

Desarrollo editorial: *Grupo Nivel Uno, Inc.*
Diseño interior: *Grupo Nivel Uno, Inc.*

Copyright ©1994 por John MacArthur
Publicado originalmente en inglés bajo el título:
The Vanishing Conscience
por HarperCollins Christian Publishing, Inc.

Printed in the United States of America
Impreso en Estados Unidos de América

20 21 22 23 VP 9 8 7 6 5 4 3 2 1

A Al Sanders

*Con gratitud por medio siglo de leal servicio al Salvador
y agradecimiento por muchos años
como sabio y generoso amigo.*

Contenido

Prefacio

Vivimos en una cultura que ha elevado el orgullo al estatus de virtud. La autoestima, los sentimientos positivos y la dignidad personal son lo que nuestra sociedad anima a las personas a buscar. Al mismo tiempo, la responsabilidad moral está siendo reemplazada por el victimismo, que enseña a las personas a culpar a otros por sus fallas e iniquidades personales. Francamente, las enseñanzas bíblicas sobre la depravación humana, el pecado, la culpa, el arrepentimiento y la humildad no son compatibles con ninguna de esas ideas.

La iglesia ha estado demasiado dispuesta a aceptar las modas de la opinión mundana, sobre todo en el área de la sicología y la autoestima. Los cristianos, por lo general, simplemente se hacen eco del pensamiento mundano sobre la sicología de la culpa y la importancia de sentirse bien consigo mismos. El efecto adverso en la vida de la iglesia difícilmente puede ser subestimado.

En ninguna parte se ha registrado más ese daño que en la forma en que los cristianos profesantes tratan su propio pecado. Al hablar con creyentes en todo el país, he visto una tendencia desalentadora que se ha desarrollado durante al menos dos décadas. La iglesia en su conjunto está cada vez menos preocupada por el pecado y más obsesionada con la autoexoneración y la autoestima. Los cristianos están perdiendo rápidamente de vista el pecado como la raíz de todos los males de la humanidad. Y muchos de ellos niegan explícitamente que su propio pecado pueda ser la causa de su angustia. Cada vez más intentan explicar el dilema humano en términos totalmente no bíblicos: temperamento, adicción, familias disfuncionales, el niño interno, codependencia y una serie de variados mecanismos de escape irresponsables promovidos por la sicología secular.

El impacto potencial que deriva de esto es aterrador. Elimine la realidad del pecado y descartará la posibilidad del arrepentimiento. Inhabilite la doctrina de la depravación humana y anulará el plan divino de salvación. Borre la noción de culpa individual y elimina la necesidad de un Salvador. Descarte la conciencia humana y creará una generación amoral e irredimible. La iglesia no puede unirse con el mundo en una empresa tan satánica. Hacerlo es derrocar el evangelio que estamos llamados a proclamar.

Este libro no es simplemente un lamento por el deplorable estado moral de la sociedad o el daño que vemos causado por el pecado que nos rodea. Tampoco es un intento de incitar a los cristianos a abordar la tarea imposible de reconstruir la sociedad. Despertar a la iglesia a la terrible realidad del pecado es mi única preocupación. Solo eso tendría un efecto positivo en el mundo.

¿Es la reconstrucción social, incluso, una forma apropiada para que los cristianos inviertan sus energías? Hace poco le mencioné a un amigo que estaba trabajando en un libro que trata sobre el pecado y el declive del clima moral de nuestra cultura. Al instante dijo: «Asegúrate de instar a los cristianos a participar activamente en la recuperación de la sociedad. El principal problema es que los cristianos no han adquirido suficiente influencia en la política, el arte y la industria del entretenimiento para cambiar las cosas para siempre». Reconozco que esa es una opinión común de muchos cristianos. Pero me temo que no estoy de acuerdo. La debilidad de la iglesia no es que no estemos demasiado involucrados en la política o la administración de nuestra sociedad, sino que absorbemos demasiado fácilmente los valores falsos de un mundo incrédulo.

El problema no es muy poco activismo, sino demasiada asimilación. Como señalé en un libro reciente, la iglesia se está asemejando muy rápidamente al mundo en varios aspectos.

Los más activos en los ámbitos social y político son a menudo los primeros en absorber los valores mundanos. Los activistas sociales y políticos no pueden hacer ningún impacto valioso en la sociedad si sus propias conciencias no son claras y fuertes.

«Recuperar» la cultura es un ejercicio inútil y sin sentido. Estoy convencido de que estamos viviendo en una sociedad poscristiana, una civilización que yace bajo el juicio de Dios. Como notaremos en uno de los primeros capítulos de este libro, abundante evidencia sugiere que Dios ha abandonado esta cultura a su propia depravación. Ciertamente, no le interesa una reforma moral superficial para una sociedad no regenerada. El propósito de Dios en este mundo, y la única comisión legítima de la iglesia, es la proclamación del mensaje sobre el pecado y la salvación a los individuos, a quienes Dios redime y llama —soberanamente— a salir del mundo. El propósito de Dios es salvar a aquellos que se arrepientan de sus pecados y crean en el evangelio, no trabajar por correcciones externas en una cultura moralmente en bancarrota.

Si eso le suena un poco pesimista o cínico, no lo es.

Las Escrituras predijeron tiempos exactamente como estos:

Ahora bien, ten en cuenta que en los últimos días vendrán tiempos difíciles. La gente estará llena de egoísmo y avaricia; serán jactanciosos, arrogantes, blasfemos, desobedientes a los padres, ingratos, impíos, insensibles, implacables, calumniadores, libertinos, despiadados, enemigos de todo lo bueno, traicioneros, impetuosos, vanidosos y más amigos del placer que de Dios. Aparentarán ser piadosos, pero su conducta desmentirá el poder de la piedad. ¡Con esa gente ni te metas!... mientras que esos malvados embaucadores irán de mal en peor, engañando y siendo engañados (2 Timoteo 3:1-5, 13).

Los propósitos de Dios se están cumpliendo, no importa cuán vanamente luchen las personas contra Él. Tito 2:11 nos asegura que la gracia de Dios ha de aparecer, trayendo salvación en medio de la depravación humana más baja, enseñándonos a «vivir en este mundo con justicia, piedad y dominio propio» (v. 12).

Hay una gran esperanza, incluso en medio de una generación malvada y perversa, para los que aman a Dios. Recuerde, Él edificará su iglesia y «las puertas del Hades no prevalecerán contra ella» (Mateo 16:18). Él también puede hacer que todas las cosas funcionen juntas por el bien de sus elegidos (Romanos 8:28). Cristo mismo intercede por sus elegidos, personas que no son de este mundo, así como tampoco Él es de este mundo (Juan 17:14). ¿Cuál es la oración de Él? «No te pido que los quites del mundo, sino que los protejas del maligno. Ellos no son del mundo, como tampoco lo soy yo... Santifícalos en la verdad; tu palabra es la verdad» (vv. 15, 17).

Como creyentes, entonces, nuestro deber con respecto al pecado no es tratar de purgar todos los males de la sociedad, sino aplicarnos diligentemente al trabajo de nuestra propia santificación. El pecado por el que debemos estar más preocupados es el que tenemos en nuestras propias vidas. Solo cuando la iglesia se vuelve santa puede comenzar a tener un efecto verdadero y poderoso en el mundo exterior, y no será un efecto externo, sino un cambio de corazones. Ese es el enfoque de este libro. Este es un mensaje para los creyentes: cristianos que son extranjeros y extraños en un mundo hostil (1 Pedro 2:11). Es una apelación a que nos comprometamos con el pensamiento bíblico, que nos veamos como Dios nos ve y que tratemos sinceramente con nuestro propio pecado.

Para entender cómo tratar de manera franca con nuestro propio pecado, primero debemos entender completamente el problema. La primera parte de este libro describe el estado decadente de la sociedad contemporánea, cómo se ha tratado el pecado y, en consecuencia, cómo se ha afectado la conciencia. La segunda parte examina la naturaleza del pecado. La tercera parte proporciona soluciones útiles para obtener la victoria sobre el pecado. Tres apéndices ofrecen un tratamiento adicional acerca de varios temas que son centrales en este libro. El apéndice 1 examina las instrucciones del apóstol Pablo para obtener la victoria sobre el pecado, tal como se describe en Romanos 6. Los apéndices 2 y 3 proporcionan representaciones modernas de sermones expuestos en el siglo XVII por Richard Sibbes y en el siglo XVIII por Jonathan Edwards. El sermón de Sibbes examina 1 Pedro 3:21, y particularmente la frase que insta a «tener una buena conciencia delante de Dios». También destaca las ventajas de una conciencia pura.

El sermón de Edwards examina por qué podemos vivir en pecado sin saberlo y sugiere algunas formas de indagar en nuestra conciencia para identificar y detener el pecado. Estos dos sermones se incluyen por dos razones. Primero, ofrecen consejos útiles a los cristianos que desean lidiar seriamente con el pecado y agudizar sus conciencias. En segundo lugar, revelan de manera gráfica cuán diferente era la forma en que la iglesia veía al pecado y hasta qué punto el cristianismo contemporáneo se ha hundido en él. La iglesia necesita desesperadamente recuperar parte del santo temor —de nuestros antepasados— al pecado, o estaremos severamente paralizados en este siglo XXI.

Mi oración es que este libro ayude a incitar a los cristianos a considerar nuevamente —con un nuevo aprecio— las doctrinas bíblicas de la depravación humana, el pecado y el papel de la conciencia, lo que lleva a la santidad personal. Mi oración también es que ayude a detener la ola de apatía espiritual, descuido, desvergüenza y egoísmo que el pensamiento mundano ha comenzado a engendrar entre los cristianos que creen en la Biblia. Mi oración más sincera es que cada cristiano que lea este libro se anime a rechazar esos valores mundanos y, al contrario, promueva «que el amor brote de un corazón limpio, de una buena conciencia y de una fe sincera» (1 Timoteo 1:5).

Una sociedad pecaminosa

La sociedad moderna está llena de pecado, decadencia y una devastadora catástrofe espiritual. Se puede ver a cada paso que damos. La primera parte aísla las causas en un mundo pecaminoso, donde las conciencias han sido silenciadas por el pecado.

El capítulo 1, «¿Qué pasó con el pecado?», destaca las nociones tolerantes de la sociedad sobre la culpa y el pecado. Expone numerosos ejemplos de la manera en que la sociedad ha tratado todas las fallas humanas como algún tipo de padecimiento y ha creado una «terapia modelo para tratar la enfermedad» que solo agrava el problema. Además, muestra cómo el victimismo ha tomado el lugar de la moral tradicional, incluso en la iglesia.

El capítulo 2, «El sistema automático de advertencia del alma», presenta el concepto clave del libro —una conciencia decadente—, que advierte al alma sobre la presencia del pecado. Plantea cómo se puede limpiar y fortalecer la conciencia.

El capítulo 3, «Cómo silencia el pecado a la conciencia», examina la constante espiral descendente de la sociedad hacia el pecado debido al secularismo, la falta de sentido común, la religión corrupta, la lujuria incontrolada y la perversión sexual. Lo paralelo a la decadencia de Roma con el declive moral actual y destaca la necesidad desesperada de un avivamiento.

1

¿Qué pasó con el pecado?

En todos los lamentos y reproches hechos por nuestros videntes y profetas, uno omite cualquier mención a «pecado», una palabra que solía ser una verdadera consigna de los profetas. Una palabra anteriormente alojada en la mente de todos; pero hoy, rara vez escuchada. ¿Significa eso que no hay pecado en todos nuestros problemas con un «yo» en medio? ¿Es que hoy nadie es culpable de nada? ¿Culpable quizás de un pecado del que podría arrepentirse, ser restaurado o expiado? ¿Es que alguien puede ser tan estúpido, tan enfermo, tan criminal o estar tan adormecido? Se están haciendo cosas incorrectas, lo sabemos; se está sembrando cizaña en el campo de trigo, por la noche. Pero ¿nadie es responsable, nadie responde por esos actos? Todos reconocemos que hay ansiedad, depresión e incluso vagos sentimientos de culpa; pero ¿nadie ha cometido ningún pecado?

¿A dónde se fue realmente el pecado? ¿Qué fue de él?

—Dr. Karl Menninger[1]

Katherine Power fue fugitiva por más de veintitrés años. En 1970, durante el apogeo del radicalismo estudiantil, participó en un atraco a un banco en Boston, en el que un policía de la ciudad, padre de nueve hijos, recibió un disparo en la espalda y fue asesinado. Perseguida por las autoridades federales por asesinato, la señora Power se mantuvo escondida. Durante catorce años fue una de las diez prófugas más buscadas del FBI. Finalmente, a fines de 1993, se entregó a las autoridades.

En una declaración que leyó a la prensa, Katherine Power caracterizó sus acciones en el robo de un banco como «ingenuas e irreflexivas». ¿Qué la motivó a rendirse? «Sé que debo responder a esta acusación del pasado, para vivir con total autenticidad en el presente».

El esposo de Power explicó más adelante: «*Ella no regresó por la culpa*. Ella quería recuperar su vida. Quiere sentirse completa».

En un sensible artículo sobre la rendición de Katherine Power, el comentarista Charles Krauthammer escribió:

> Su rendición, en aras de la «autenticidad total», era una forma de terapia; es más, era el último paso terapéutico para recuperar la conciencia de sí misma.
>
> Allan Bloom describió una vez a un hombre que acababa de salir de la prisión, donde se sometió a una «terapia». «Dijo que había encontrado su identidad y había aprendido a quererse a sí mismo», escribe Bloom. «Hace una generación atrás habría encontrado a Dios y habría aprendido a despreciarse a sí mismo como pecador».
>
> En una época en la que la palabra pecado se ha vuelto pintoresca, reservada para delitos contra la higiene como fumar y beber (que solo merecen un castigo como los «impuestos al pecado»), rendirse a las autoridades por robo a mano armada y homicidio no es un acto de arrepentimiento sino de crecimiento personal. Explica Jane Alpert, otra radical de los años sesenta que cumplió condena (por su participación en una serie de atentados con bombas que hirieron a veintiuna personas): «Finalmente,

pasé muchos años en terapia, aprendiendo a entender, a tolerar y a perdonar a otros y a mí misma».

Aprender a perdonarse uno mismo. Muy importante hoy en día para los revolucionarios con una inclinación criminal.[2]

De hecho, no es nada extraño en estos días escuchar a todo tipo de personas hablar sobre aprender a perdonarse a sí mismo. Pero la terminología es engañosa. El «perdón» presupone un reconocimiento de culpa. La mayoría de las personas que hablan en la actualidad de perdonarse a sí mismas repudian explícitamente la noción de la culpa individual. Katherine Power es un ejemplo típico. Su esposo negó que la culpa haya sido un factor en su rendición. Solo quería sentirse mejor consigo misma, «responder [una] acusación del pasado», estar completa.

Reconocer la culpabilidad en este tiempo se considera claramente incompatible con la noción popular de «integridad» y la necesidad de proteger la fantasía de un buen nombre.

Ataque a la conciencia

Nuestra cultura le ha declarado la guerra a la culpa. El concepto mismo se considera medieval, obsoleto e ineficaz. Las personas que se molestan con los sentimientos de culpa por lo general son referidas a terapeutas, cuya tarea es auxiliar su autoimagen. Se supone que nadie, después de todo, se sienta culpable. La culpa no es propicia para la dignidad y la autoestima. La sociedad promueve el pecado, pero no tolera la culpa que este produce.

El doctor Wayne Dyer, autor del libro más vendido de 1976, *Tus zonas erróneas*, parece haber sido una de las primeras voces influyentes en denigrar la culpa por completo. La calificó como «la más inútil de todas las conductas de las zonas erróneas». Según el doctor Dyer, la culpa no es más que una neurosis. «Las zonas de la culpa», escribió, «deben ser exterminadas, limpiadas con aerosol y esterilizadas para siempre».[3]

> La sociedad promueve el pecado, pero no
> tolera la culpa que este produce.

¿Cómo limpiamos con aerosol y esterilizamos nuestras zonas de culpa? ¿Renunciando al comportamiento pecaminoso que nos hace sentir culpables? ¿Arrepintiéndonos y buscando el perdón? No según el doctor Dyer. De hecho, su remedio para la culpa es irreconciliable con el concepto bíblico del arrepentimiento. Veamos su consejo para los lectores que sufren de culpa: «Haz algo que sepas que seguramente dará como resultado sentimientos de culpa... Tómate una semana para aislarte si es lo que siempre quisiste hacer, a pesar de las protestas de otros miembros de tu familia. Este tipo de comportamiento te ayudará a atacar esa omnipresente culpa». En otras palabras, desafíe su culpa. Si es necesario, desprecie a su propio cónyuge e hijos. Ataque esa sensación de autodesaprobación con la frente en alto. Haga algo que seguramente le haga sentir culpable, luego rehúse prestar atención a los gritos de su conciencia, a los deberes de su responsabilidad familiar o, incluso, al atractivo de sus seres queridos. Se lo debe a usted mismo.

La culpa ya casi no se trata en serio. Por lo general, se presenta como una simple perturbación, una molestia, una de las pequeñas contrariedades de la vida. Nuestro periódico local publicó recientemente un artículo sobre la culpa. Era una exposición divertida que trataba principalmente sobre algunas de las pequeñas indulgencias secretas como la comida rica y las papas fritas, dormir hasta tarde y otros «placeres culposos», como los calificaba el articulista. Además, citó a varios siquiatras y otros expertos mentales. Todos ellos caracterizaron la culpa como una emoción generalmente infundada que tiene el potencial de quitarle todo lo placentero a la vida.

Las hemerotecas enumeran esos artículos de las revistas y periódicos bajo títulos como: «*La culpa*: Cómo dejar de ser tan duro contigo mismo»; «La culpa puede volverte loco», «La trampa de la culpabilidad», «Cómo deshacerse de los culpables», «Deja de declararte culpable», «La culpa: déjala ir», «No alimentes al monstruo de la culpa», y una gran cantidad de títulos similares.

El titular de una sección de consejería me llamó la atención. Resumía el consejo universal más popular de nuestra generación: «NO ES TU CULPA». Una mujer había escrito para decir que había probado todas las formas de terapia que conocía y que aún no podía romper con un hábito autodestructivo.

«El primer paso que debes dar», respondió el columnista, «es dejar de culparte a ti misma. Tu comportamiento compulsivo *no* es culpa tuya; rehúsa aceptar la culpa y, sobre todo, no te culpes a ti misma por lo que no puedes controlar. Acumular culpa sobre ti misma solo aumenta tu estrés, baja tu autoestima, incrementa tu preocupación, tu depresión, tus sentimientos de insuficiencia y acrecienta tu dependencia de los demás. Así que deja que esos sentimientos de culpa se vayan».

En estos tiempos, casi todo tipo de culpa se puede desechar. Vivimos en una sociedad sin ninguna clase de culpa. Tanto es así que *Ann Landers* escribió:

> Uno de los ejercicios más dolorosos, automutilantes, consumidores de tiempo y energía en la experiencia humana es la culpa... Ella puede arruinar tu día, o tu semana o tu vida, si la dejas. Se aparece como un mal presagio cuando haces algo indecente, hiriente, vulgar, egoísta o malísimo... No importa cuál sea el resultado de la ignorancia, la estupidez, la pereza, la falta de consideración, la debilidad carnal o la inconsistencia. Hiciste mal y la culpa te está matando. Muy malo. Pero ten por seguro que la agonía que sientes es normal... Recuerda que la culpa es un contaminante y no necesitamos más en el mundo.[4]

En otras palabras, no debe permitirse sentirse mal «cuando haga algo indecente, hiriente, vulgar, egoísta o malísimo». Piense en usted mismo como alguien bueno. Es probable que sea ignorante, estúpido, perezoso, irreflexivo o débil, pero es *bueno*.

No contamine su mente con el pensamiento debilitante de que realmente podría ser culpable de algo.

Sin culpa, sin pecado

Ese tipo de pensamiento tiene palabras casi dirigidas como pecado, arrepentimiento, contrición, expiación, restitución y redención del discurso público. Si se supone que nadie debe sentirse culpable, ¿cómo podría alguien ser pecador? La cultura moderna tiene la respuesta: las personas son víctimas. Las víctimas no son responsables de lo que hacen; son presas de lo que les sucede. Por lo tanto, cada falla humana debe describirse en términos de cómo el perpetrador es, en realidad, víctima. Se supone que todos somos lo suficientemente «sensibles» y «compasivos» como para ver que los mismos comportamientos que solíamos etiquetar como «pecado» son en verdad evidencia de la victimización.

El victimismo ha ganado tanta influencia que, en lo que respecta a la sociedad, prácticamente ya no existe el pecado. Cualquier persona puede evadir la responsabilidad de su delito con solo manifestar su condición de víctima. Esto ha cambiado radicalmente la forma en que nuestra sociedad considera el comportamiento humano.

> Cualquier persona puede evadir la responsabilidad de su delito con solo manifestar su condición de víctima.

Un sujeto que recibió un disparo y quedó paralítico mientras cometía un robo en Nueva York, fue indemnizado por los daños que le causó el dueño de la tienda al que le disparó. Su abogado le dijo a un jurado que el hombre era, ante todo, una víctima de la sociedad, que tuvo que recurrir al crimen por desventajas económicas. Ahora, afirmó el abogado, es víctima de la insensibilidad del individuo que le disparó. Debido al insensible desprecio de aquel hombre por la difícil situación del ladrón como víctima, el pobre criminal será confinado a una silla de ruedas por el resto de su vida. Así que merece una compensación. El jurado estuvo de acuerdo. El dueño de la tienda pagó una gran cantidad de dinero. Varios meses después, el mismo hombre, todavía en su silla de ruedas, fue arrestado mientras cometía otro robo a mano armada.

Bernard McCummings convirtió una victimización similar en riqueza. Después de atracar y golpear brutalmente a un anciano de Nueva York en el metro, McCummings recibió un disparo mientras huía de la escena. Paralizado de por vida, demandó y ganó la suma de 4,8 millones de dólares en compensación por la Autoridad de Tránsito de Nueva York. El hombre al que él asaltó, un paciente con cáncer, todavía está pagando las facturas del médico. McCummings, el asaltante, a quien los tribunales consideraron la mayor víctima, ahora es multimillonario.[5]

En dos casos separados en Inglaterra, una camarera que apuñaló a muerte a otra mujer en una pelea en un bar, y una mujer que —enfurecida— atropelló con su automóvil a su amante, fueron absueltas de asesinato después que afirmaron que estaban sufriendo el síndrome premenstrual agudo (PMS, por sus siglas en inglés), lo cual hizo que se confundieran y actuaran en formas que no podían controlar. Ambas recibieron terapia en lugar de castigo.[6]

Un supervisor municipal de la ciudad de San Francisco afirmó que asesinó a un colega de trabajo y al alcalde George Moscone porque el exceso de comida chatarra —especialmente la de la empresa Twinkies—, lo hizo actuar irracionalmente. Así nació el famoso caso «Twinkie». «Un jurado indulgente aceptó la defensa y emitió un veredicto de homicidio voluntario en lugar de asesinato». Decidieron que la comida chatarra produjo una «disminución en la capacidad mental» del sujeto, lo que atenuó la culpa del asesino. Salió de prisión antes que el mandato del alcalde se hubiera completado.

En unos disturbios ocasionados por miembros de pandillas en Los Ángeles, le propinaron una golpiza —ante las cámaras de televisión en vivo—, al conductor de camiones Reginald Denny, que casi pierde la vida. Un jurado los absolvió de todos menos los cargos menores, decidiendo que estaban atrapados en el caos del momento y, por lo tanto, no eran responsables de sus acciones.

Es teóricamente posible hoy, en los Estados Unidos de América, cometer crímenes monstruosos y librarse de las consecuencias, con solo culpar a algún trastorno mental o emocional imaginario —o inventado— para explicar por qué no se es responsable de lo que se ha cometido.

Un traficante de drogas y adicto a la cocaína del Bronx, fue absuelto de asesinato después de matar a ocho niños y dos mujeres a quienes disparó en la cabeza a quemarropa. Su crimen fue la matanza masiva más grande en el área de Nueva York desde 1949. Pero los miembros del jurado decidieron que las drogas y el estrés «eran una explicación razonable para sus acciones». Dijeron que el hombre «había actuado bajo extrema angustia emocional y la influencia de las drogas», de modo que lo hallaron culpable por un cargo menor que solo trajo una sentencia leve.

Sin embargo, no son solo los delincuentes profesionales los que están usando tales excusas para justificar la culpa de sus malas acciones. Millones de personas desde lo alto de la sociedad hasta el fondo están utilizando tácticas similares para excusarse por las cosas malas que hacen.

Michael Deaver, subdirector de personal del presidente Ronald Reagan, se declaró inocente de prevaricación, alegando que el alcoholismo y el uso de drogas habían deteriorado su memoria. Admitió que «estaba bebiendo en secreto hasta un litro de whisky al día» mientras trabajaba en la Casa Blanca. El juez fue influenciado, al menos en parte, por el argumento y le dio a Deaver una sentencia de suspensión.

Richard Berendzen, presidente de la American University en Washington, D.C., fue sorprendido haciendo llamadas telefónicas obscenas a mujeres. Alegando que fue víctima de abuso infantil, Berendzen recibió una sentencia de suspensión y negoció una indemnización de un millón de dólares de la universidad. Luego escribió un libro sobre su terrible experiencia en el que explica que las llamadas obscenas eran su método de «recopilación de datos». El libro recibió críticas muy favorables en el *Washington Post* y el *USA Today*.[7]

El modelo del pecado como enfermedad

Quizás el medio más habitual de escapar de la culpa sea clasificar cada falla humana como cierto tipo de enfermedad. Los borrachos y los drogadictos pueden acudir a las clínicas para el tratamiento de sus «dependencias químicas». Los chicos que usualmente desafían a la autoridad pueden evadir la condena al ser etiquetados como «hiperactivos» o por sufrir TDA (trastorno por deficiencia de atención). Los comilones no tienen la culpa de su glotonería; sufren de un «trastorno alimenticio». Se supone que incluso el hombre que gasta el sustento de su familia para pagarles a las prostitutas debe ser objeto de comprensión compasiva; es «adicto al sexo».

Un agente del FBI fue despedido después que malversó dos mil dólares para apostarlos, en una sola tarde, en un casino. Más tarde demandó, argumentando que su adicción al juego era una discapacidad, por lo que su despido fue un acto de discriminación ilegal. ¡Ganó el caso! Además, su terapia para la adicción al juego tuvo que ser financiada por el seguro de salud de su empleador, como si hubiera estado sufriendo de apendicitis o de una uña encarnada.

En estos tiempos, *todo* lo que está mal en la humanidad puede explicarse como enfermedad. Lo que solíamos llamar pecado se diagnostica más fácilmente como un conjunto complejo de discapacidades. Todos los tipos de inmoralidad y mala conducta se identifican ahora como síntomas de una u otra enfermedad sicológica. El comportamiento criminal, las pasiones perversas y todas las adicciones imaginables son justificados por campañas orquestadas para etiquetarlas como afecciones médicas. Incluso los problemas comunes, como la debilidad emocional, la depresión y la ansiedad, también se definen casi universalmente como afecciones cuasi médicas, más que espirituales.

La *American Psychiatric Association* publica un libro extenso para ayudar a los terapeutas en el diagnóstico de estas nuevas enfermedades. Se titula *The Diagnostic and Statistical Manual of Mental Disorders (tercera edición, revisada)* o DSM-III-R, como se le llama popularmente, enumera los siguientes «trastornos»:

- *Trastorno de conducta:* «es un patrón de conducta persistente en el que se violan los derechos básicos de los demás y las principales normas o reglas sociales acordes a la edad».
- *Trastorno oposicionista desafiante* (TOD): «un patrón de comportamiento negativista, hostil y desafiante».
- *Trastorno histriónico de la personalidad* (THP): «un patrón generalizado de excesiva emocionalidad y búsqueda de atención».
- *Trastorno de personalidad antisocial:* «un patrón de comportamiento irresponsable y antisocial que comienza en la infancia o la adolescencia temprana y continúa hasta la edad adulta».

Y hay docenas más como esos. Multitudes de padres, influenciados por tales diagnósticos, se niegan a castigar a sus hijos por mala conducta. Al contrario, buscan terapias para TOD o THP, o cualquier diagnosis nueva que se ajuste al comportamiento del niño rebelde.

En palabras de un escritor, el enfoque del modelo de enfermedad del comportamiento humano nos ha abrumado tanto como sociedad que nos ha enloquecido. Queremos aprobar leyes para excusar a los jugadores compulsivos cuando malversan dinero para apostar y obligan a las compañías de seguros a sufragar sus tratamientos médicos. Queremos tratar a las personas que no pueden encontrar el amor y que en vez de eso (cuando son mujeres) persiguen hombres tontos y frívolos o (cuando son hombres) persiguen relaciones sexuales interminables sin encontrar la verdadera felicidad. Y queremos darles a todas esas cosas, y muchas, muchas más, el nombre de adicciones.

¿Qué pretende lograr esta nueva industria de la adicción? Se están descubriendo más y más adicciones, y se están identificando nuevos adictos, hasta que todos seamos encerrados en nuestros pequeños mundos adictivos con otros adictos como nosotros, definidos por los intereses especiales de nuestras neurosis. Qué horizonte más repugnante, un mundo sin esperanza. Mientras tanto, *todas las adicciones que definimos están aumentando.*[8]

Peor aún, el número de personas que sufren de esas «enfermedades» recientemente identificadas está aumentando aun más rápido. La industria de la terapia claramente no está resolviendo el problema de lo que las Escrituras llaman pecado. Al contrario, simplemente convence a las multitudes de que están desesperadamente enfermos y, por lo tanto, no son —en verdad— responsables de su comportamiento incorrecto. Les da permiso para que se vean a sí mismos como pacientes, no como malhechores. Y los alienta a someterse a un tratamiento extenso y costoso que dura años, o mejor aún, toda la vida. Parece que esas nuevas enfermedades son dolencias de las cuales nunca se espera que nadie se recupere por completo.

El pecado como modelo de enfermedad ha comprobado ser un beneficio para la multimillonaria industria de la consejería, de forma que el cambio a una terapia de largo plazo o incluso permanente promete un futuro económico brillante para los terapeutas profesionales. Un sicólogo que ha analizado esta tendencia sugiere que existe una estrategia clara para el modo en que los terapeutas comercializan con sus servicios:

1.   Continuar con la sicologización de la vida.
2.   Crear problemas con las dificultades y encender la alarma.
3.   Hacer que la persona acepte el problema y la imposibilidad de resolverlo por sí misma.
4.   Ofrecer la salvación [sicológica, no espiritual].[9]

Esta tendencia indica que muchos terapeutas extienden deliberadamente los tratamientos por períodos de muchos años, incluso después de que el problema original que hizo que el cliente buscara asesoramiento se haya resuelto u olvidado. «Continúan por tanto tiempo y el cliente se vuelve tan dependiente del terapeuta, que se requiere un período de tiempo especial, que a veces se extiende hasta seis meses o más, para que el cliente esté listo para irse».

> Incluso los problemas comunes, como la debilidad
> emocional, la depresión y la ansiedad, también
> se definen casi universalmente como afecciones
> cuasi médicas, más que espirituales.

«Recuperación», la palabra clave para programas modelados a partir de Alcohólicos Anónimos (AA), se comercializa explícitamente como un programa de por vida. Nos hemos acostumbrado a la imagen de una persona que ha estado sobria durante cuarenta años presentándose en una reunión de AA y diciendo: «Soy Bill y soy alcohólico». Ahora todos los «adictos» están usando el mismo enfoque: incluidos los adictos al sexo, los adictos al juego, los adictos a la nicotina, los adictos a la ira, los adictos a golpear a la esposa, los adictos a abusar de los niños, los adictos a las deudas, los adictos al autoabuso, los adictos a la envidia, los adictos al fracaso, los adictos a comer en exceso o lo que sea. A los que sufren de tales enfermedades se les enseña a hablar de sí mismas como personas «en recuperación», nunca como «recuperadas». A los que se atreven a pensar en sí mismos como liberados de su aflicción se les dice que viven en negación.

La receta equivocada

La terapia con el modelo de la enfermedad, por lo tanto, nutre el problema que se supone que debe tratar. Alivia cualquier sentimiento de culpa, al tiempo que hace que las personas se sientan víctimas, impotentes de por vida, ante su aflicción. ¿Es de extrañar que tal diagnóstico se convierta tan a menudo en una profecía autocumplida?

El diagnóstico erróneo significa que *cualquier* tratamiento prescrito será completamente ineficaz. La atención indicada para afecciones etiquetadas como patológicas generalmente implica terapia a largo plazo, autoaceptación, un programa de recuperación o todo lo anterior, tal vez incluso con algún otro truco sicológico, como la autohipnosis, para completar el elixir. En lugar del mal, la sociedad terapéutica ha sustituido la «enfermedad»; en lugar de consecuencia, urge terapia y comprensión; en lugar de responsabilidad, defiende una personalidad dirigida por impulsos. La excusa de la enfermedad se ha convertido casi rutinaria en casos de «mala conducta pública»[10].

Sin embargo, suponga por el momento que el problema *es* el pecado y no la enfermedad. El único remedio efectivo implica el arrepentimiento sumiso, la confesión (el reconocimiento de que merece el castigo de Dios por ser el único responsable de su pecado), luego la restitución y el crecimiento a través de disciplinas espirituales como la oración, el estudio de la Biblia, la comunión con Dios, el compañerismo con otros creyentes y la dependencia de Cristo. En otras palabras, si el problema es de hecho espiritual, etiquetarlo como uno clínico solo exacerbará el problema y no ofrecerá una liberación real del pecado. Eso es precisamente lo que vemos que está sucediendo en todas partes.

La triste verdad es que el tratamiento del modelo de enfermedad es desastrosamente contraproducente. Al poner al pecador en el papel de víctima, ignora o minimiza la culpa particular inherente al mal comportamiento. Es mucho más fácil decir «estoy enfermo» que «he pecado». Pero eso no trata el hecho de que la transgresión es un delito grave contra un Dios santo, omnisciente y omnipotente. La culpa personal es, por esa misma razón, el núcleo de lo que debe confrontarse cuando se trata del pecado de uno. Sin embargo, el remedio al modelo de la enfermedad no puede abordar el problema de la culpa sin explicarlo.

Y al explicar la culpa, la terapia con el modelo de la enfermedad hace que la violencia humana no sea contada. Por lo tanto, no es un remedio en lo absoluto, sino una receta desastrosa para aumentar la maldad y la condenación eterna.

La victimización de la sociedad

La ineficacia obvia de la terapia modelo de la enfermedad no ha sido un obstáculo para su aceptación por parte de la sociedad. Después de todo, la gente quiere pecar sin culpa, y esta filosofía promete exactamente eso. La tendencia ha dado lugar a lo que el autor Charles J. Sykes llama «Una nación de víctimas». A Sykes le preocupa la prisa por abrazar el victimismo, que sugiere está erosionando gravemente el carácter moral de la sociedad estadounidense. «La política de la victimización ha tomado el lugar de las expresiones más tradicionales de la moralidad y la equidad», escribe.[10]

El victimismo ha infectado tanto nuestra cultura que hasta se podría decir que la víctima se ha convertido en el símbolo mismo —la mascota—, de la sociedad moderna. *Sykes* observa:

Cualquiera que sea el futuro de la mente estadounidense —y los presagios no son propicios—, el destino del carácter norteamericano es quizás aún más alarmante...

El himno nacional se ha convertido en una queja.

Cada vez más, los estadounidenses actúan como si hubieran recibido una indemnización de por vida por la desgracia y una exención contractual de responsabilidad personal. El economista británico señaló con desconcierto que, en los Estados Unidos, «si usted pierde su trabajo puede demandar por la angustia mental que le produce ser despedido. Si su banco quiebra, el gobierno ha asegurado sus depósitos... Si maneja ebrio y choca, puede demandar a alguien por no advertirle que deje de beber. *Siempre hay alguien más a quien culpar*». [Énfasis agregado].

Por desdicha, esa es la fórmula para el estancamiento social: la búsqueda irresistible de alguien o algo a quien culpar chocando con la inexorable falta de voluntad para aceptar la responsabilidad. Ahora consagrado en la ley y la jurisprudencia, el victimismo está remodelando la estructura de la sociedad, incluidas las políticas de empleo, la justicia penal, la educación, la política urbana y, en un énfasis cada vez más orwelliano, la «sensibilidad» en el lenguaje. La comunidad de ciudadanos interdependientes ha sido desplazada por una sociedad de individuos resentidos, competitivos y egoístas que han vestido sus molestias privadas con el atuendo del victimismo.[10]

Quienes se definen como víctimas reclaman derechos y evitan responsabilidades. De este modo, descartan cualquier obligación que puedan tener con los demás o con la sociedad en general. Érase una vez, cuando la sociedad afirmaba el concepto de responsabilidad personal, se esperaba que los ciudadanos contribuyeran a la sociedad. Se les animaba a preguntar no qué podía hacer su país por ellos, sino qué podían hacer ellos por su país. Ahora que todos son víctimas, sin embargo, las personas piensan que tienen todo el derecho de exigir la benevolencia de la sociedad sin dar nada a cambio.

> El victimismo ha infectado tanto nuestra cultura que hasta se podría decir que la víctima se ha convertido en el símbolo mismo —la mascota—, de la sociedad moderna.

Además, si todos son víctimas, nadie debe aceptar la responsabilidad propia por el comportamiento incorrecto o las actitudes tóxicas. Después de todo, las víctimas tienen derecho a la autocompasión; no deberían estar cargadas de sentimientos culposos. Así es como el victimismo anula a la conciencia.

Y si nadie tiene la culpa de los males de la sociedad, ¿dónde *está* la culpa? ¿En Dios? Esa sería la implicación, si nuestra cultura incluso reconociera la existencia de Dios. Pero en una sociedad de víctimas no hay espacio para el concepto de un Dios santo y benevolente.

La terapia modelo de la enfermedad invade la iglesia

Uno podría pensar que el victimismo y la terapia modelo de la enfermedad son tan obviamente contrarios a la verdad bíblica que los cristianos creyentes en la Biblia se levantarían en masa y expondrían el error de tal pensamiento. Pero trágicamente, ese no ha sido el caso. El victimismo se ha vuelto casi tan influyente dentro de la iglesia evangélica como lo es en el mundo incrédulo, gracias a la teología de la autoestima y la fascinación de la iglesia con la sicología mundana.

En estos tiempos, cuando los pecadores buscan ayuda en las iglesias y en otras agencias cristianas, es probable que les digan que su problema es algún trastorno emocional o síndrome sicológico. Se les podría animar a perdonarse a sí mismos y decirles que deberían tener más amor propio y autoestima. No es probable que escuchen que deben arrepentirse y busquen humildemente el perdón de Dios en Cristo. Ese es un cambio de dirección tan extraordinario para la iglesia que incluso los observadores seculares lo han notado.

Wendy Kaminer, por ejemplo, no pretende ser cristiana. En todo caso, hasta parece hostil a la iglesia. Ella se describe a sí misma como «una escéptica, humanista secular, judía, feminista, abogada e intelectual».[11] Pero ha visto el cambio de dirección que ha tomado el evangelicalismo y lo describe con asombrosa precisión. Ella señala que la religión y la sicología siempre se han considerado más o menos incompatibles. Ahora ve «no solo una tregua, sino una acomodación notable».[11] Incluso desde su perspectiva de no creyente, puede ver que esta adaptación ha significado una alteración total del mensaje fundamental sobre el pecado y la salvación. Ella escribió:

Los libros de codependencia cristiana, como los producidos por la clínica Minirth-Meier en Texas, son prácticamente indistinguibles de los publicados —sobre ese mismo tema—por escritores seculares...

Los escritores religiosos justifican su dependencia de la sicología al elogiarla por «ponerse al día» con algunas verdades eternas, pero también han encontrado una manera de hacer que las verdades temporales de la sicología sean atractivas. Los líderes religiosos una vez condenaron el sicoanálisis por su neutralidad moral... Ahora la literatura religiosa popular equipara la enfermedad con el pecado.[11]

Algunas de las críticas que Kaminer formula contra los evangélicos son injustificadas o están equivocadas, pero en este respecto, está en lo cierto: el resultado inevitable de que los cristianos adopten la sicología secular ha sido el abandono de cualquier concepto coherente de pecado. Y eso inevitablemente ha nublado el mensaje que proclamamos.

Al describir el espíritu prevaleciente de nuestra época, Kaminer escribe: «No importa cuán malo haya sido en los narcisistas años setenta y en los codiciosos años ochenta, no importa cuántas drogas haya ingerido, o cuántos actos sexuales cometido, o cuánta corrupción disfrutado, usted todavía es esencialmente inocente: el niño ingenuo que lleva dentro nunca se verá afectado por el peor de sus pecados».[11] En otra parte, dice:

Los niños interiores siempre son buenos, inocentes y puros, como los más sentimentales personajes de Dickens, lo que significa que las personas son esencialmente buenas... Incluso Ted Bundy [famoso asesino en serie] tenía un niño interior. El mal es simplemente una máscara, una disfunción.

La visión terapéutica del mal como enfermedad, no como pecado, es fuerte en la teoría de la codependencia: no es una teología de fuego y azufre. «Avergonzar» a los niños, llamándolos malos, se considera una forma primaria de abuso. Tanto la culpa como la vergüenza «no son útiles como una forma de vida», Melody Beattie escribe seriamente en *Ya no seas codependiente*. «La culpa hace que *todo* sea más difícil... Necesitamos perdonarnos a nosotros mismos» [Harper & Row, 1989]. Alguien debería recordarle a Beattie que hay un nombre para las personas que carecen de culpa y vergüenza: sociópatas. Deberíamos agradecer que la culpa haga que cosas como el asesinato y la corrupción moral sean «más difíciles».[11]

> El victimismo se ha vuelto casi tan influyente
> dentro de la iglesia evangélica como lo es
> en el mundo incrédulo.

La señora Kaminer sugiere que esta nueva «antropología-sicología-teología» se ha infiltrado en el evangelicalismo, y que es antitético respecto a lo que debemos creer y enseñar sobre el pecado. En ese sentido, ella seguramente comprende más que la horda de escritores evangélicos que continúan haciéndose eco de temas del secular culto a la autoestima.

Este es un asunto serio. Ya sea que niegue el pecado franca y totalmente, encubiertamente o por implicación, cualquier alteración del concepto bíblico del pecado produce el caos de la fe cristiana.

Esos programas actuales de consejería telefónica en la radio cristiana pueden proporcionar uno de los mejores barómetros de las tendencias populares del cristianismo. ¿Cuándo fue la última vez que escuchó a un consejero en el aire decirle a alguien que sufría dolores de conciencia: «Tu culpa es válida; eres pecaminoso y debes buscar el arrepentimiento total ante Dios»?

Hace poco escuché un programa de entrevistas en una estación de radio religiosa. Ese programa diario presenta a un hombre que se autodenomina sicólogo cristiano. El día que lo escuché estaba hablando de la importancia de superar nuestro sentimiento de culpa. La autoculpabilidad, dijo a su audiencia, suele ser irracional y, por lo tanto, potencialmente muy perjudicial. Dio una larga conferencia sobre la importancia de perdonarse a uno mismo. Todo el discurso fue un eco de la sabiduría del mundo: la culpa es un defecto mental virtual. No deje que arruine su autoimagen y cosas así por el estilo. Nunca mencionó el arrepentimiento ni la restitución como requisitos previos para el perdón propio y nunca citó un solo pasaje de la Escritura.

Ese tipo de consejo es tan mortal como antibíblico. Es posible que los sentimientos de culpa no siempre sean racionales, pero casi siempre son una señal confiable de que algo está mal en algún lugar, y será mejor que nos encarguemos de lo que sea y lo arreglemos. La culpa funciona en el ámbito espiritual como el dolor en el ámbito físico. El dolor nos dice que hay un problema físico que debe abordarse o el cuerpo sufrirá daños. La culpa es un dolor espiritual en el alma que nos dice que algo está mal y necesita ser confrontado y limpiado.

Negar la culpa personal es sacrificar al alma por el ego. Además, la reprobación no trata realmente con la culpa, como todos sabemos intuitivamente. Lejos de tener resultados beneficiosos, destruye la conciencia y, por lo tanto, debilita la capacidad de la persona para evitar el pecado destructivo. Más aun, en realidad hace que una autoimagen sana sea totalmente inalcanzable. «¿Cómo podemos tener autoestima si no somos responsables de lo que somos?»[12] Más importante, ¿cómo podemos tener una verdadera autoestima sin la aprobación de una conciencia sana?

La inutilidad de negar nuestra culpa

Hace veinte años, el siquiatra Karl Menninger escribió un libro de referencia titulado *Whatever Became of Sin?*[13] Menninger, que no es evangélico, vio claramente la locura de tratar los problemas sociales y conductuales como si sus causas fueran totalmente amorales. Señaló que el enfoque de la sicología moderna —convertir la culpa en una aberración y tratar el autoculparse como una falacia—, en efecto absuelve a las personas de cualquier responsabilidad moral por su comportamiento. Eso, dijo Meninger, carcome el tejido del alma y de la sociedad. Agregó que necesitamos, de manera urgente, recuperar la convicción de que cierto comportamiento es *pecaminoso*. Después de veinte años, el libro todavía resuena como una voz que clama en el desierto. Pero hoy este mensaje es más urgente que nunca.

Podríamos no estar totalmente de acuerdo con algunas de las opiniones de Menninger. Pero su tesis central da justo en el blanco. Él entiende con claridad que la salud *mental* depende de —si no es sinónimo de— la salud *moral*. Por lo tanto, vemos que el primer paso a dar con cualquier remedio verdaderamente efectivo para todas las aflicciones mentales y emocionales es una evaluación franca del propio pecado y la aceptación de la responsabilidad absoluta de las propias fallas morales. Lo más importante es saber que, en última instancia, no hay ayuda para quienes niegan la responsabilidad de su propio comportamiento.

Esa premisa única, si se aprecia y aplica en toda la industria de la consejería, tendría un efecto beneficioso inmediato en toda la sociedad.

No obstante, como hemos visto, la mayor parte de la orientación que se administra hoy toma exactamente el rumbo opuesto. Cuando los sentimientos de culpa se ridiculizan como inútiles e improductivos, cuando se piensa que la vergüenza no es saludable y cuando los consejeros profesionales alientan a las personas a perdonarse a sí mismas sin arrepentirse, ¿en qué esperamos que se convierta la conciencia?

Lo que es evidente es que las personas en nuestra cultura se están volviendo muy buenas para cambiar a los culpables, convirtiendo en chivos expiatorios a los padres, las decepciones infantiles y otras disfunciones ajenas a su control. No importa qué problema sufra usted —si es un asesino en serie, que practica el canibalismo o simplemente alguien que lucha con la angustia emocional— puede encontrar fácilmente a alguien que le explique por qué su falla no es culpa de usted, y que le enseñe cómo silenciar una conciencia perturbada.

Sin embargo, solo desde una perspectiva práctica, ese enfoque claramente no funciona. Más personas que nunca sienten que necesitan asesoramiento profesional. Muchos incluso se están volviendo adictos a dicha terapia. Incapaces de hacer frente a sus propios sentimientos, dependen de un terapeuta que debe avivar continuamente su autoestima con consejos como: «No seas tan duro contigo mismo»; «No debes culparte a ti mismo»; «Necesitas mimar tu niño interior»; «Deja de castigarte»; «Olvídate de la culpa»; «No eres tan mala persona»; y cosas así por el estilo.

> **No importa qué problema sufra usted —si es un asesino en serie, que practica el canibalismo o simplemente alguien que lucha con la angustia emocional— puede encontrar fácilmente a alguien que le explique por qué su falla no es culpa de usted, y que le enseñe cómo silenciar una conciencia perturbada.**

Desde una perspectiva bíblica, ese tipo de consejo puede ser espiritualmente destructivo. No aborda el verdadero problema de la pecaminosidad del hombre. Alimenta las peores tendencias de la naturaleza humana. Engendra la forma más catastrófica de negación: la negación de la propia culpa. Y para la mayoría, que realmente no puede desprenderse la culpa, agrega más culpa por culpar a alguien que no tiene la culpa.

Deponer nuestra culpabilidad personal nunca puede liberarnos del sentimiento de culpa. Por el contrario, aquellos que se rehúsan a reconocer su pecaminosidad en realidad se someten a la esclavitud de su propia culpa. «Quien encubre su pecado jamás prospera; quien lo confiesa y lo deja halla perdón» (Proverbios 28:13). «Si afirmamos que no tenemos pecado, nos engañamos a nosotros mismos y no tenemos la verdad. [Pero] Si confesamos nuestros pecados, Dios, que es fiel y justo, nos los perdonará y nos limpiará de toda maldad» (1 Juan 1:8-9).

Jesucristo vino al mundo para salvar a los pecadores. Él dijo, de manera específica, que no había venido a salvar a aquellos que quieren eximirse a sí mismos (Marcos 2:17). De modo que donde no hay reconocimiento del pecado y de la culpa —cuando la conciencia ha sido maltratada en silencio—, no puede haber salvación, ni santificación; y, por lo tanto, no hay una verdadera emancipación del poder despiadado del pecado.

2

El sistema automático de advertencia del alma

Una conciencia educada y sensible es un monitor de Dios. Nos alerta sobre la calidad moral de lo que hacemos o planeamos hacer, prohíbe la ilegalidad y la irresponsabilidad, y nos hace sentir culpa, vergüenza y miedo a la retribución futura que nos dice que merecemos, cuando nos hemos permitido a nosotros mismos desafiar sus restricciones. La estrategia de Satanás es corromper, insensibilizar y, si es posible, aniquilar nuestras conciencias. El relativismo, el materialismo, el narcisismo, el secularismo y el hedonismo del mundo occidental actual lo ayudan a alcanzar su objetivo. Su tarea se simplifica aun más por la forma en que las mundanas debilidades morales han arrastrado a la iglesia contemporánea.

J. I. PACKER[1]

En 1983, un avión de Avianca Airlines se estrelló en España. Los investigadores que analizaron el accidente hicieron un misterioso descubrimiento. Las grabadoras de cabina, conocidas con el nombre de «caja negra», revelaron que varios minutos antes del impacto, una voz aguda y sintetizada por computadora del sistema automático de advertencia de la aeronave le dijo a la tripulación repetidamente en inglés: «¡Elévate! ¡Alza el vuelo!»

El piloto, evidentemente pensando que el sistema funcionaba mal, contestó: «¡Cállate, gringo!» Y apagó el sistema. Minutos después, el avión se estrelló contra la ladera de una montaña. Todos murieron.

Cuando vi esa trágica historia en las noticias poco después de que sucediera, me pareció una parábola perfecta de la forma en que la gente moderna trata los mensajes de advertencia de sus conciencias.

Como vimos en el capítulo anterior, la sabiduría de nuestra época afirma que los sentimientos de culpa casi siempre son erróneos o hirientes; por lo tanto, debemos acallarlos. Pero, ¿es este un buen consejo? Después de todo, ¿qué es la conciencia, ese sentimiento de culpa que todos parecemos sentir? ¿Cuánta atención debemos prestar a los dolores de una conciencia afligida? La conciencia no es infalible, ¿no es así? Entonces, ¿cómo sabemos si la culpa que sentimos es legítima o si simplemente estamos cargados con un exceso de angustia? ¿Qué papel juega la conciencia en la vida de un cristiano que quiere perseguir la santificación de acuerdo a los principios bíblicos?

¿Qué es la conciencia?

La conciencia casi siempre es vista por el mundo moderno como un defecto que les roba a las personas su autoestima. Sin embargo, lejos de ser un defecto o un desorden, la capacidad que tenemos de sentir nuestra propia culpa es un magnífico obsequio divino. Dios diseñó la conciencia en el marco mismo del alma humana.

Es el sistema automático de advertencia que nos dice: «¡Elévate! ¡Alza el vuelo!» antes que nos estrellemos y ardamos.

La conciencia, escribió el puritano Richard Sibbes en el siglo diecisiete, es *el alma reflexionando sobre sí misma*.[2] La conciencia es la esencia de lo que distingue a la criatura humana. Las personas, a diferencia de los animales, pueden contemplar sus propias acciones y hacer autoevaluaciones morales. Esa es la función propia de la conciencia.

La conciencia es una habilidad innata cuya función es discernir lo correcto y lo incorrecto. Todos, incluso los paganos menos espirituales, tienen conciencia: «Cuando los gentiles, que no tienen la ley, cumplen por naturaleza lo que la ley exige, ellos son ley para sí mismos, aunque no tengan la ley. Estos muestran que llevan escrito en el corazón lo que la ley exige, *como lo atestigua su conciencia*, pues sus propios pensamientos algunas veces los acusan y otras veces los excusan» (Romanos 2:14-15, énfasis agregado).

La conciencia nos suplica que hagamos lo que creemos que es correcto y nos impide hacer lo que creemos que es incorrecto. La conciencia no se debe equiparar con la voz de Dios o la ley de Dios. Es una facultad humana que juzga nuestras acciones y pensamientos a la luz del más alto nivel que percibimos. Cuando violamos nuestra conciencia, esta nos condena, provocando sentimientos de vergüenza, angustia, arrepentimiento, consternación, ansiedad, desgracia e incluso miedo. Cuando seguimos nuestra conciencia, esta nos elogia, trayendo alegría, serenidad, autoestima, bienestar y regocijo.

El vocablo *conciencia* es una combinación de las palabras latinas *scire* («saber») y *con* («juntos»). El término griego para «conciencia» se encuentra más de treinta veces en el Nuevo Testamento: *suneidesis*, que también significa literalmente «*co-conocimiento*». La conciencia es conocimiento junto con uno mismo; es decir, la conciencia conoce nuestros motivos internos y nuestros verdaderos pensamientos. La conciencia está por encima de la razón y más allá del intelecto. Podemos racionalizar, tratando de justificarnos en nuestras propias mentes, pero una conciencia violada no se convencerá fácilmente.

> **Las multitudes de hoy responden a su conciencia intentando suprimirla, anularla o silenciarla.**

La palabra hebrea para conciencia es *leb*, usualmente traducida como «corazón» en el Antiguo Testamento. La conciencia está tan en el centro del alma humana que la mente hebrea no hacía distinción entre ella y el resto de la persona interior. Así, cuando Moisés escribió que Faraón «endureció su corazón» (Éxodo 8:15), estaba diciendo que Faraón había endurecido su conciencia contra la voluntad de Dios. Cuando la Escritura habla de un corazón tierno (cf. 2 Crónicas 34:27), se refiere a una conciencia sensible. «Los de corazón recto» (Salmos 7:10) son aquellos que tienen una conciencia pura. Y cuando David oró: «Crea en mí, oh Dios, un corazón limpio, y renueva la firmeza de mi espíritu» (Salmos 51:10), estaba tratando de limpiar su vida y su conciencia.

Como señalamos en el capítulo 1, las multitudes de hoy responden a su conciencia intentando suprimirla, anularla o silenciarla. Concluyen que la verdadera culpa de su comportamiento incorrecto radica en algún trauma infantil, la forma en que sus padres los criaron, las presiones sociales u otras causas ajenas a su control. O se convencen de que su pecado es un problema clínico, no moral; y, por lo tanto, definen su alcoholismo, su perversión sexual, su inmoralidad y sus otros vicios como «enfermedades». Responder a la conciencia con tales argumentos equivale a decirle: «¡Cállate, gringa!»

Es posible, virtualmente, anular la conciencia mediante el abuso repetido. Pablo habló de personas cuyas conciencias estaban tan pervertidas que su «gloria es su vergüenza» (Filipenses 3:19, RVR1960; cf. Romanos 1:32). Tanto la mente como la conciencia pueden contaminarse a tal punto que dejen de distinguir entre lo que es puro y lo que es impuro (cf. Tito 1:15). Después de tanta violación, la conciencia finalmente se calla.

Moralmente, aquellos con conciencias contaminadas se quedan volando a ciegas. Las señales de advertencia molestas pueden desaparecer, pero el peligro ciertamente no; *de hecho, el peligro es mayor que nunca*.

Además, incluso la conciencia más contaminada no permanece en silencio para siempre. Cuando nos juzgamos, la conciencia de cada persona se pondrá del lado de Dios, el juez justo. El peor malhechor endurecido por el pecado descubrirá ante el trono de Dios que tiene una conciencia que testifica en su contra.

La conciencia, sin embargo, *no* es infalible. Tampoco es una fuente de revelación sobre lo correcto y lo incorrecto. Su función no es enseñarnos los ideales morales y éticos, sino hacernos responsables ante los más altos estándares de lo correcto y lo incorrecto que conocemos. La conciencia está informada tanto por la tradición como por la verdad, por lo que los estándares que nos obligan no son necesariamente bíblicos (1 Corintios 8:6-9). La conciencia puede estar condenando innecesariamente en áreas en las no hay problema bíblico. Es más, puede tratar de mantenernos en la misma cosa que el Señor está tratando de liberarnos (Romanos 14:14, 20-23). La conciencia, para operar plenamente y de acuerdo con la verdadera santidad, debe ser instruida por la Palabra de Dios. De forma que, aun cuando los sentimientos de culpa no tengan una base bíblica, son un signo importante de angustia espiritual. Si solo señalan una conciencia débil, eso debería estimularnos a buscar el crecimiento espiritual que llevaría nuestra conciencia a una armonía mayor con la Palabra de Dios.

La conciencia reacciona a las convicciones de la mente y, por lo tanto, puede ser alentada y agudizada en concordancia con la Palabra de Dios. El cristiano sabio quiere dominar la verdad bíblica para que la conciencia esté completamente instruida y juzgue bien porque está respondiendo a la Palabra de Dios. Una dieta periódica de lectura de las Escrituras fortalecerá una conciencia débil o restringirá una hiperactiva. Por el contrario, el error, la sabiduría humana y las influencias morales erradas que llenan la mente corromperán o paralizarán la conciencia.

En otras palabras, la conciencia funciona como un tragaluz, no como una bombilla. Deje entrar la luz en el alma; no produzca la suya. Su efectividad está determinada por la cantidad de luz pura a la que la exponemos y por lo limpia que la mantenemos. Cúbrala o póngala en la oscuridad total y dejará de funcionar. Es por eso que el apóstol Pablo habló de la importancia de una conciencia limpia (1 Timoteo 3:9) y advirtió contra cualquier cosa que contamine o enturbie la conciencia (1 Corintios 8:7; Tito 1:15).

O, para cambiar de metáfora, nuestra conciencia es como las terminaciones nerviosas de nuestros dedos. Su sensibilidad a los estímulos externos puede verse afectada por la acumulación de callos o incluso herirse tan gravemente que sea prácticamente insensible a cualquier sentimiento. Pablo también escribió sobre los peligros de una conciencia insensible (1 Corintios 8:10), una conciencia herida (v. 12) y una conciencia cauterizada (1 Timoteo 4:2).

> La conciencia está al tanto de todos nuestros pensamientos y motivos secretos. Por lo tanto, es un testigo más preciso y formidable en la sala del tribunal del alma que cualquier observador externo.

Los sicópatas, los asesinos en serie, los mentirosos patológicos y otras personas que parecen carecer de sentido moral son ejemplos extremos de quienes han arruinado o insensibilizado sus conciencias. ¿Pueden tales personas realmente pecar sin remordimientos ni escrúpulos? Si es así, es solo porque han deteriorado sus propias conciencias a través de la inmoralidad implacable y la anarquía. Ciertamente no nacieron sin ninguna conciencia. La conciencia es una parte indivisible del alma humana. Aunque puede estar endurecida, cauterizada o adormecida en latencia aparente, la conciencia continúa almacenando evidencia que algún día usará como testimonio para condenar al alma culpable.

La conciencia inicia el juicio

Richard Sibbes se imaginó a la conciencia como un tribunal en el consejo del corazón humano. En las imágenes de Sibbes, la conciencia misma asume todos los papeles en el drama de la corte. Es el *registro* para almacenar lo que hemos hecho con todo detalle (Jeremías 17:1). Es el *acusador* que presenta la queja contra nosotros cuando somos culpables, y es el *defensor* que nos apoya en nuestra inocencia (Romanos 2:15). Actúa como *testigo*, dando testimonio a favor o en contra de nosotros (2 Corintios 1:12). Es el *juez* que nos condena o reivindica (1 Juan 3:20-21). Y es el *verdugo*, que nos golpea infligiendo dolor cuando se descubre nuestra culpa (1 Samuel 24:5). Sibbes comparó el castigo de una conciencia violada con «un destello del infierno».[2]

La conciencia está al tanto de todos nuestros pensamientos y motivos secretos. Por lo tanto, es un testigo más preciso y formidable —en la sala del tribunal del alma— que cualquier observador externo. Los que pasan por alto una conciencia acusadora a favor de los razonamientos de un consejero humano están practicando un juego mortal. Los malos pensamientos —como también los motivos perversos— pueden escapar del ojo de un consejero humano, pero no escaparán del ojo de la conciencia. Tampoco escaparán del ojo de un Dios que todo lo sabe. Cuando esas personas sean convocadas al juicio final, su propia conciencia será informada completamente de cada violación y se presentará como un testigo eternamente martirizante en su contra.

Eso, escribió Sibbes, debería desalentar nuestros pecados secretos:

No debemos pecar esperando que lo ocultaremos. ¿Qué pasaría si oculta eso de todos los demás, acaso puede ocultarlo de su propia conciencia? Como bien se dice, ¿de qué le sirve que nadie sepa lo que hace cuando usted mismo lo sabe? ¿De qué le sirve eso al que tiene una conciencia que lo acusará, que no tiene a nadie para acusarlo más que a sí mismo? Él constituye mil testigos para sí mismo. *La conciencia no es un testigo privado*. Se convierte en mil testigos. Por lo tanto, no peque nunca con la esperanza de que lo ha de ocultar. Es preferible que todos los hombres lo sepan a que lo sepa usted solo. Un día, todo será escrito en su frente. *La conciencia revelará todos sus secretos*. Si ella no puede decir la verdad ahora, aunque sea persuadida en esta vida, tendrá poder y eficacia en la vida venidera... Tenemos el testigo en nosotros; y, como dice Isaías, «nuestros pecados testifican contra nosotros». Es en vano buscar la seguridad. La conciencia lo descubrirá todo.[2]

Cómo limpiar la conciencia

Una de las cosas que el milagro de la salvación manifiesta es el efecto limpiador y rejuvenecedor que el nuevo nacimiento tiene en la conciencia. En la salvación, el corazón del creyente es «purificado de una conciencia culpable» (Hebreos 10:22). El medio por el cual se limpia la conciencia es la sangre de Cristo (Hebreos 9:14). Eso no significa, por supuesto, que la sangre real de Jesús tenga alguna potencia mística o mágica como agente limpiador de la conciencia. ¿Qué significa eso?

Los conceptos teológicos involucrados aquí son sencillos, aunque bastante profundos. La ley del Antiguo Testamento requería sacrificios de sangre para expiar el pecado. Pero los sacrificios del Antiguo Testamento no podían hacer nada por la conciencia. Hebreos 9:9-10 dice: «Esto nos ilustra hoy día que las ofrendas y los sacrificios que allí se ofrecen no tienen poder alguno para perfeccionar la conciencia de los que celebran ese culto. No se trata más que de reglas externas relacionadas con alimentos, bebidas y diversas ceremonias de purificación, válidas solo hasta el tiempo señalado para reformarlo todo». Esos sacrificios no tenían eficacia real para expiar el pecado, «ya que es imposible que la sangre de los toros y de los machos cabríos quite los pecados» (Hebreos 10:4). Simplemente mostraban la fe y la obediencia del adorador mientras presagiaban la muerte de Cristo, que derramaría su sangre como sacrificio perfecto por el pecado.

> La expiación de Cristo satisfizo completamente las demandas de la justicia de Dios, por lo que el perdón y la misericordia están garantizados para aquellos que reciben a Cristo con una fe humilde y arrepentida.

El sacrificio de Cristo en la cruz, por lo tanto, logró lo que la sangre de las cabras, la de los toros y las cenizas de las vaquillas solo podían simbolizar: «Él mismo, en su cuerpo, llevó al madero nuestros pecados, para que muramos al pecado y vivamos para la justicia. Por sus heridas ustedes han sido sanados» (1 Pedro 2:24). Nuestros pecados le fueron imputados y Él pagó el castigo por ellos. Además, su justicia perfecta es imputada a los que creemos (Romanos 4:22-24; Filipenses 3:9). Dado que la culpa de todos nuestros pecados fue borrada por completo con su muerte, y puesto que su justicia intachable se acredita a nuestra cuenta, Dios nos declara inocentes y nos recibe como completamente justos. Esa es la doctrina conocida como *justificación*.

Si el propio veredicto de Dios es «inocente; absolutamente justo», ¿cómo puede alguien más acusarnos? ¿Quién acusará a los que Dios ha escogido? Dios es el que justifica. ¿Quién condenará? Cristo Jesús es el que murió, e incluso resucitó, y está a la derecha de Dios e intercede por nosotros» (Romanos 8:33-34). En otras palabras, cuando Satanás, «el acusador de nuestros hermanos... que los acusa delante de nuestro Dios día y noche» (Apocalipsis 12:10), trae una acusación contra nosotros, la sangre de Cristo habla de misericordia. Cuando nuestros propios pecados claman contra nosotros, la sangre de Cristo habla a favor nuestro. Así, la sangre de Cristo «habla mejor que la [sangre] de Abel» (Hebreos 12:24, RVR1960).

Lo más importante siempre, además de que nuestra propia conciencia nos condene sin piedad, es que la sangre de Cristo clama por perdón. La expiación de Cristo satisfizo completamente las demandas de la justicia de Dios, por lo que el perdón y la misericordia están garantizados para aquellos que reciben a Cristo con una fe humilde y arrepentida. Aceptamos que somos responsables de nuestro pecado, y también creemos que Dios nos perdona de todo pecado mediante la muerte de Cristo. Confesamos nuestro pecado para que el Señor pueda limpiar nuestra conciencia y darnos gozo (1 Juan 1:9). «Si esto es así, ¡cuánto más la sangre de Cristo, quien por medio del Espíritu eterno se ofreció sin mancha a Dios, purificará nuestra conciencia de las obras que conducen a la muerte, a fin de que sirvamos al Dios viviente!» (Hebreos 9:14). En otras palabras, nuestra fe le dice a nuestra conciencia que somos perdonados por la preciosa sangre de Cristo.

¿Significa eso que los creyentes pueden persistir en pecar y aun así disfrutar de una conciencia limpia? Absolutamente no. «Nosotros, que hemos muerto al pecado, ¿cómo podemos seguir viviendo en él?» (Romanos 6:2). El nuevo nacimiento implica una revisión completa del alma humana (2 Corintios 5:17). La conciencia lavada y rejuvenecida es solo una evidencia de que esa transformación es un hecho (cf. 1 Pedro 3:21). El amor a la justicia y el odio al pecado es otra evidencia (1 Juan 3:3, 8). Los creyentes cuya conducta contradice su fe hacen que sus conciencias se contaminen (1 Corintios 8:7). Y aquellos que profesan a Cristo, pero en definitiva rechazan la fe y una buena conciencia, sufren un naufragio espiritual (1 Timoteo 1:19), es decir, prueban que nunca creyeron realmente (cf. 1 Juan 2:19).

Por lo tanto, la conciencia sana va de la mano con la seguridad de la salvación (Hebreos 10:22). El creyente firme debe mantener el enfoque apropiado en la fe para disfrutar de una conciencia que se limpia perennemente de la culpa: «Si confesamos nuestros pecados, Dios, que es fiel y justo, nos los perdonará y nos limpiará [seguirá limpiándonos] de toda maldad» (1 Juan 1:9).

¡Qué gran regalo es que nos limpie de una conciencia contaminada! De la misma manera que una conciencia afligida es un reflejo del infierno, la conciencia pura es una vislumbre de la gloria.

El deber alto y sagrado del cristiano es proteger la pureza de su conciencia regenerada. Pablo tenía mucho que decir al respecto. Observe cómo habló acerca de la conciencia en los siguientes versículos (énfasis agregado):

- «Pablo se quedó mirando fijamente al Consejo y dijo: Hermanos, hasta hoy yo he actuado delante de Dios con *toda buena conciencia*» (Hechos 23:1).
- «En vista de esto, también hago todo lo posible para mantener siempre una *conciencia intachable* tanto ante Dios como ante los hombres» (Hechos 24:16).
- «El objetivo de nuestra instrucción es el amor de un corazón puro y *una buena conciencia* y una fe sincera» (1 Timoteo 1:5).
- «Pelea la buena batalla, manteniendo la fe y *una buena conciencia*» (1 Timoteo 1:18-19).
- «Sirvo [a Dios] con *la conciencia tranquila* como lo hicieron mis antepasados» (2 Timoteo 1:3).

Uno de los requisitos básicos para los diáconos, le dijo Pablo a Timoteo, es «guardar, con *una conciencia limpia*, las grandes verdades de la fe» (1 Timoteo 3:9).

Irónicamente, una conciencia débil tiene más probabilidades de acusar que una conciencia fuerte. Las Escrituras la llaman conciencia débil porque es muy fácil de herir.

Una conciencia pura es esencial no solo por lo que hace por uno mismo, sino por lo que les dice a los demás. Una conciencia sana destaca a aquellos cuyas vidas son un fuerte testimonio de Cristo. Pablo frecuentemente señalaba a su conciencia como testigo: «Para nosotros, el motivo de satisfacción es el testimonio de nuestra conciencia: Nos hemos comportado en el mundo, y especialmente entre ustedes, con la santidad y sinceridad que vienen de Dios. Nuestra conducta no se ha ajustado a la sabiduría humana, sino a la gracia de Dios» (2 Corintios 1:12). «Más bien, hemos renunciado a todo lo vergonzoso que se hace a escondidas; no actuamos con engaño ni torcemos la palabra de Dios. Al contrario, mediante la clara exposición de la verdad, nos recomendamos a toda conciencia humana en la presencia de Dios» (2 Corintios 4:2). Por otra parte, el apóstol Pedro escribió: «Pero háganlo con gentileza y respeto, manteniendo la conciencia limpia, para que los que hablan mal de la buena conducta de ustedes en Cristo se avergüencen de sus calumnias» (1 Pedro 3:16).

Cómo vencer una conciencia débil

Como ya notamos brevemente, las Escrituras indican que algunos cristianos tienen conciencias débiles. Una conciencia débil no es lo mismo que una cauterizada. La conciencia cauterizada se vuelve inactiva, silenciosa, insensible al pecado, tanto que rara vez acusa. Pero la conciencia debilitada generalmente es hipersensible e hiperactiva con respecto a temas que no son pecados. Irónicamente, una conciencia débil tiene más probabilidades de acusar que una conciencia fuerte. Las Escrituras la llaman conciencia débil porque es muy fácil de herir. Las personas con conciencias débiles tienden a preocuparse por cosas que no deberían instigar culpa en un cristiano maduro que conoce la verdad de Dios.

La conciencia débil resulta de una fe inmadura o frágil aún no destetada de las influencias mundanas y aún no saturada por la Palabra de Dios. Los creyentes débiles deben ser aceptados con amor y no juzgados porque sus conciencias son demasiado tiernas. Pablo instruyó a los romanos: «Reciban al que es débil en la fe, pero no para entrar en discusiones. A algunos su fe les permite comer de todo, pero hay quienes son débiles en la fe, y solo comen verduras» (Romanos 14:1-2). Vemos, por el comentario de Pablo, que el creyente débil es probable que sea excesivamente escrupuloso, legalista, preocupado por su conciencia, algo —en cierta manera— poco saludable. Y como notaremos, una conciencia débil es a menudo la compañera del legalismo. En repetidas ocasiones, Pablo advirtió a la iglesia primitiva que quienes tenían una conciencia fuerte no debían juzgar (Romanos 14:3) y, sobre todo, ni mucho menos alentar a los débiles a violar sus conciencias. Los creyentes débiles no deben aprender a anular la conciencia. Si eso se convierte en un hábito, si se condicionan a rechazar todos los impulsos de la conciencia, perderán uno de los medios más importantes de santificación.

En efecto, Pablo instruyó a aquellos que eran fuertes para que sobrellevaran los escrúpulos de la conciencia de los hermanos más débiles, siempre que fuera posible. Alentar a un creyente inmaduro a herir su propia conciencia es llevarlo al pecado: «El que tiene dudas [debido a una conciencia débil] en cuanto a lo que come se condena; porque no lo hace por convicción. Y todo lo que no se hace por convicción es pecado» (Romanos 14:23).

La iglesia de Corinto estaba desgarrada por un desacuerdo en cuanto a si era pecado comer alimentos ofrecidos a los ídolos. Corinto, que era una ciudad pagana, estaba llena de templos en los que se sacrificaba comida a los dioses y las diosas paganas. La comida era preparada y posteriormente puesta en el altar por el adorador. Obviamente, el ídolo no podía consumir la comida, por lo que los sacerdotes y las sacerdotisas de esa secta tomaban lo que se les ofrecía y lo vendían con un descuento. Así era como esas personas se ganaban la vida. Por lo tanto, los alimentos ofrecidos a los ídolos se podían obtener en Corinto a precios mucho más baratos que en las tiendas de alimentos normales.

Algunos cristianos creían que esa comida estaba contaminada y, por lo tanto, era pecado ingerirla. Otros, conscientes de que los ídolos no son nada, podían comer aquellos alimentos sin reparos. Los creyentes de Corinto empezaron a dividirse en facciones por el tema, por lo que le pidieron a Pablo que los instruyera.

El consejo de Pablo ilumina la pregunta sobre cómo deberían responder los cristianos a sus conciencias. En primer lugar, les dijo, un ídolo no es nada. «De modo que, en cuanto a comer lo sacrificado a los ídolos, sabemos que un ídolo no es absolutamente nada, y que hay un solo Dios» (1 Corintios 8:4). «Para nosotros hay un solo Dios» (v. 6). Los ídolos son dioses imaginarios. No existen. Como creyentes, ni siquiera los reconocemos. ¿Cómo puede un dios inexistente contaminar los alimentos comestibles? Por lo tanto, ingerir alimentos ofrecidos a los ídolos no es inherentemente pecaminoso. El tema de los alimentos y cuáles se pueden comer es una cuestión de absoluta libertad para el cristiano. «Pero lo que comemos no nos acerca a Dios; no somos mejores por comer ni peores por no comer» (v. 8).

Sin embargo, Pablo señaló que no todos los creyentes tenían una fe suficientemente fuerte como para aceptar esa verdad. Muchos de los corintios habían sido salvados recientemente de la idolatría. Habían pasado toda su vida con una mentalidad atemorizada por esos dioses falsos y su supuesta adoración. Las asociaciones y los recuerdos de la vieja vida y su oscuridad eran demasiado fuertes. La comida ofrecida en un altar pagano era más de lo que sus conciencias podían soportar (1 Corintios 8:7).

Ningún creyente, les dijo Pablo a los corintios, tiene derecho a violar su conciencia. Más importante aún, ningún creyente tiene derecho a instar a otros cristianos a pecar y violar sus conciencias, aun cuando sus conciencias sean simplemente débiles y les condenan por algo que son —legal y moralmente— libres de hacer. La libertad en Cristo se acompaña así de la responsabilidad inquebrantable ante nuestras propias conciencias, y de la responsabilidad aun mayor hacia todo el cuerpo de creyentes:

> Sin embargo, tengan cuidado de que su libertad no se convierta en motivo de tropiezo para los débiles. Porque, si alguien de conciencia débil te ve a ti, que tienes este conocimiento, comer en el templo de un ídolo, ¿no se sentirá animado a comer lo que ha sido sacrificado a los ídolos? Entonces ese hermano débil, por quien Cristo murió, se perderá a causa de tu conocimiento. Al pecar así contra los hermanos, hiriendo su débil conciencia, pecan ustedes contra Cristo (vv. 9-12).

Una conciencia débil y constantemente acusadora
es una responsabilidad espiritual, no una fortaleza.
Muchas personas con conciencias especialmente
tiernas tienden a mostrar su exceso de escrúpulos
como si fuera una prueba de profunda espiritualidad.
Pero es precisamente lo contrario.

El punto es este: si su fe es fuerte y su conciencia sana, puede disfrutar de su propia libertad en Cristo sin hacer ningún esfuerzo por despertar un escrutinio más intenso de su propia conciencia: «Coman de todo lo que se vende en la carnicería, sin preguntar nada por motivos de conciencia» (1 Corintios 10:25). Pero si tiene razones para pensar que alguien que lo esté mirando podría ser herido en su conciencia por cómo ejercita usted su libertad, absténgase. Proteja la conciencia sensible de la otra persona. Pablo dio este ejemplo: «Si alguien les dice: "Esto ha sido ofrecido en sacrificio a los ídolos", entonces no lo coman, por consideración al que se lo mencionó, y *por motivos de conciencia. Me refiero a la conciencia del otro, no a la de ustedes*» (vv. 28-29, énfasis agregado). No le ponga obstáculo u ocasión de caer en el camino a otra persona (Romanos 14:13).

Una conciencia débil y constantemente acusadora es una responsabilidad espiritual, no una fortaleza. Muchas personas con conciencias especialmente tiernas tienden a mostrar su exceso de escrúpulos como si fuera una prueba de profunda espiritualidad. Pero es precisamente lo contrario. Las personas con conciencia débil tienden a ofenderse con demasiada facilidad y tropiezan con frecuencia (cf. 1 Corintios 8:13). A menudo son demasiado críticos con los demás (Romanos 14:3-4). Son demasiado susceptibles al atractivo del legalismo (Romanos 14:20; cf. Gálatas 3:2-5). Sus pensamientos y sus corazones se contaminan pronto (Tito 1:15).

A lo largo de la discusión en cuanto a aquellos que tenían conciencias débiles (Romanos 14; 1 Corintios 8-10), Pablo trata la condición como un estado de inmadurez espiritual: una falta de conocimiento (1 Corintios 8:7) y una falta de fe (Romanos 14:1, 23). El apóstol claramente esperaba que aquellos con conciencias débiles crecieran y dejaran ese estado de inmadurez; como ocurre con los niños que inevitablemente superan su miedo a la oscuridad. Aquellos que eligen vivir en ese estado, particularmente los que esgrimen una conciencia demasiado tierna como algo de lo cual jactarse, tienen un sentido distorsionado de lo que significa ser maduro en la fe. El verdadero crecimiento espiritual ilumina la mente y fortalece el corazón en la fe. En última instancia, es la única forma de superar una conciencia débil.

Cómo mantener una conciencia pura

¿Cómo podemos mantener nuestras conciencias puras? ¿Cuál es la respuesta adecuada a los sentimientos de culpa? Esas preguntas serán el foco de gran parte de este libro, pero por ahora veremos algunos principios sencillos para recordar que implican confesión, perdón, restitución, procrastinación y educación.

Confiese y abandone el pecado conocido. Examine sus sentimientos de culpa a la luz de las Escrituras. Trate con el pecado que revela la Palabra de Dios. Proverbios 28:13 dice: «Quien encubre su pecado jamás prospera; quien lo confiesa y lo deja halla perdón». La Primera Carta de Juan 1 habla de la confesión del pecado como una característica continua de la vida cristiana: «Si confesamos nuestros pecados, Dios, que es fiel y justo, nos los perdonará y nos limpiará de toda maldad» (v. 9). Ciertamente debemos confesar a aquellos a quienes hemos ofendido: «Por eso, confiésense unos a otros sus pecados, y oren unos por otros, para que sean sanados. La oración del justo es poderosa y eficaz» (Santiago 5:16). Pero, sobre todo, debemos confesar a aquel a quien el pecado más ofende. Como escribió David: «Pero te confesé mi pecado, y no te oculté mi maldad. Me dije: "Voy a confesar mis transgresiones al Señor", y tú perdonaste mi maldad y mi pecado» (Salmos 32:5).

Pida perdón y reconcíliese con cualquiera que haya ofendido. Jesús nos instruyó: «Por lo tanto, si estás presentando tu ofrenda en el altar y allí recuerdas que tu hermano tiene algo contra ti, deja tu ofrenda allí delante del altar. Ve primero y reconcíliate con tu hermano; luego vuelve y presenta tu ofrenda» (Mateo 5:23-24). «Porque, si perdonan a otros sus ofensas, también los perdonará a ustedes su Padre celestial. Pero, si no perdonan a otros sus ofensas, tampoco su Padre les perdonará a ustedes las suyas» (Mateo 6:14-15).

Restituya. El Señor le ordenó a Moisés que les dijera a los israelitas: «El hombre o la mujer que peque contra su prójimo traiciona al Señor y tendrá que responder por ello. Deberá confesar su pecado y pagarle a la persona perjudicada una compensación por el daño causado, con un recargo del veinte por ciento» (Números 5:6-7). El principio que yace bajo esta ley también es vinculante para los creyentes que viven en la era del Nuevo Testamento (cf. Filemón 19; Lucas 19:8).

No posponga la limpieza de su conciencia herida. Pablo dijo que hizo todo lo posible «para mantener siempre una conciencia intachable tanto ante Dios como delante los hombres» (Hechos 24:16). Algunas personas posponen el tratamiento con su culpa, pensando que su conciencia se limpiará a tiempo. No lo hará. La dilación permite que los sentimientos de culpa se contaminen. Eso a su vez genera depresión, ansiedad y otros problemas emocionales. Los sentimientos de culpa pueden persistir mucho después de que se olvida la ofensa, y a menudo se extienden a otras áreas de nuestras vidas. Esa es una razón por la que las personas casi siempre se sienten culpables y no están seguras del motivo. Tal culpa confundida puede ser un síntoma de que algo está terriblemente mal espiritualmente. Pablo pudo haber tenido eso presente cuando escribió:

«Para los puros todo es puro, pero para los corruptos e incrédulos no hay nada puro. Al contrario, tienen corrompidas la mente y la conciencia» (Tito 1:15).

Tratar con una conciencia herida inmediatamente —y mediante una oración inquisitiva ante Dios— es la única manera de mantenerla clara y sensible. Aplazar todo lo que tenga que ver con la culpa inevitablemente agrava los problemas.

Instruya su conciencia. Como vimos anteriormente, una conciencia débil y fácilmente entristecida resulta de la falta de conocimiento espiritual (1 Corintios 8:7). Si su conciencia se hiere con demasiada facilidad, no la viole; hacerlo es entrenarse para anular la convicción, lo que conducirá a anular la verdadera convicción sobre el pecado real. Además, violar la conciencia es un pecado en sí mismo (v. 12, cf. Romanos 14:23). Al contrario, sumerja su conciencia en la Palabra de Dios para que pueda comenzar a funcionar con datos confiables.

Un aspecto importante en cuanto a instruir a la conciencia es enseñarle a enfocarse en el objetivo correcto: la verdad divinamente revelada. Si la conciencia solo busca sentimientos personales, puede acusarnos injustamente. Lo cierto es que no debemos ordenar nuestras vidas de acuerdo a nuestros sentimientos. Una conciencia fija en los sentimientos se vuelve poco confiable. Las personas sujetas a la depresión y la melancolía, especialmente, no deben permitir que su conciencia sea instruida por sus sentimientos. Los sentimientos abatidos provocarán dudas y temores innecesarios en el alma cuando una conciencia bien aconsejada no los controle. La conciencia debe ser persuadida por la Palabra de Dios, no por nuestros sentimientos.

Además, la conciencia se equivoca cuando la mente se enfoca completamente en nuestra vacilación en el pecado e ignora los triunfos de la gracia de Dios en nosotros. Los verdaderos cristianos experimentan ambas realidades. Se debe permitir que la conciencia pese el fruto del Espíritu en nuestras vidas, así como los restos de nuestra carne pecaminosa. Debe ver nuestra fe, así como nuestros fracasos. De lo contrario, la conciencia se volverá excesivamente acusadora, propensa a dudas insanas sobre nuestra posición ante Dios.

Debemos someter nuestra conciencia a la verdad de Dios y a la enseñanza de las Escrituras. Al hacerlo, la conciencia se enfocará de forma más clara y será más capaz de responder de manera más fiable. Una conciencia digna de confianza se convierte en una poderosa ayuda para el crecimiento espiritual y la estabilidad.

Cómo recuperar la doctrina de la conciencia

La conciencia puede ser el atributo menos apreciado e incomprendido de la humanidad. La sicología, como hemos señalado, por lo general se preocupa menos por comprender la conciencia que por intentar silenciarla. El influjo de la sicología popular en el evangelicalismo ha tenido el efecto desastroso de socavar una apreciación bíblica del papel de la conciencia. Ya es bastante malo que la conciencia colectiva de la sociedad secular haya desaparecido durante años. Pero ahora la filosofía de no culparse usted mismo está generando un efecto similar en la iglesia.

No obstante, como hemos visto, las Escrituras nunca sugieren que deberíamos responder a nuestra conciencia repudiando la culpa. Por el contrario, la Biblia revela que la mayoría de nosotros somos mucho más culpables de lo que nuestros propios corazones nos dicen. Pablo escribió: «Porque aunque la conciencia no me remuerde, no por eso quedo absuelto; el que me juzga es el Señor» (1 Corintios 4:4).

En vez de descartar o silenciar una conciencia condenatoria, los que conocemos a Cristo debemos instruir nuestras conciencias cuidadosamente con la pura Palabra de Dios, escucharlas y aprender a comprenderlas. Sobre todo, debemos mantener nuestras conciencias intactas. Eso es crucial para nuestro testimonio ante un mundo impío.

No debemos permitir que el mensaje que proclamamos se infecte con las nociones mundanas que minimizan la culpa y solo buscan que las personas se sientan bien consigo mismas. El evangelio popular de nuestra generación casi siempre deja la impresión de que Jesús es un Salvador que nos libra de los problemas, la tristeza, la soledad, la desesperación, el dolor y el sufrimiento. Las Escrituras dicen que Él vino para salvar a las personas del pecado. Por lo tanto, una de las verdades fundamentales del evangelio es que todos somos pecadores despreciables (Romanos 3:10-23). La única manera de encontrar el perdón real y la libertad de nuestro pecado es a través del arrepentimiento humilde y contrito. No podemos evitar la culpa diciéndonos que realmente no somos tan malos. Debemos enfrentarnos con la pecaminosidad extrema de nuestro pecado. ¿No es ese el objetivo de esta conocida parábola?

> «Dos hombres subieron al templo a orar; uno era fariseo, y el otro, recaudador de impuestos. El fariseo se puso a orar consigo mismo: "Oh Dios, te doy gracias porque no soy como otros hombres —ladrones, malhechores, adúlteros— ni mucho menos como ese recaudador de impuestos. Ayuno dos veces a la semana y doy la décima parte de todo lo que recibo". En cambio, el recaudador de impuestos, que se había quedado a cierta distancia, ni siquiera se atrevía a alzar la vista al cielo, sino que se golpeaba el pecho y decía: "¡Oh Dios, ten compasión de mí, que soy pecador!" Les digo que este, y no aquel, volvió a su casa justificado ante Dios. Pues todo el que a sí mismo se enaltece será humillado, y el que se humilla será enaltecido» (Lucas 18:1-14).

El evangelio habla así —de manera directa—, a través del Espíritu Santo a la conciencia humana. Antes de que ofrezca la salvación, debe enfrentar al pecador con su propia y desesperada pecaminosidad. Aquellos que están condicionados a rechazar sus conciencias en asuntos pequeños ciertamente no responderán a un mensaje que los condenará por un pecado tan atroz que justifique la condenación eterna. El ataque a la conciencia, por lo tanto, está endureciendo a las personas contra la verdad del evangelio.

Algunos cristianos, al percibir este efecto, han concluido que el mensaje del evangelio debe actualizarse. Han eliminado por completo la idea del pecado en ese mensaje. Ofrecen a Cristo como un Salvador del sinsentido, como un medio para la realización personal, como una solución a los problemas de autoimagen o como una respuesta a las necesidades emocionales. El evangelio que extienden a los no creyentes no hace un llamamiento a la conciencia, ni menciona el pecado. Por lo tanto, es un mensaje estéril y falso.

> ¿Cómo puede alguien arrepentirse genuinamente sin tener un sentido de responsabilidad personal por el pecado? Así, la tendencia contemporánea de devaluar la conciencia —en realidad— socava al evangelio mismo.

Otros, en lugar de eliminar completamente el pecado del mensaje, tratan el tema de la manera más precaria o moderada posible. Pueden enfatizar la universalidad del pecado, pero no explican nunca la seriedad del mismo: «Por supuesto que has pecado. ¡Todos lo hemos hecho!», como si fuera suficiente reconocer la noción de pecaminosidad universal sin sentir realmente ninguna culpa personal en la propia conciencia. Pero, ¿cómo puede alguien arrepentirse genuinamente sin tener un sentido de responsabilidad personal por el pecado? Así, la tendencia contemporánea de devaluar la conciencia —en realidad— socava al evangelio mismo.

La conciencia que se desvanece también tiene un efecto perjudicial en la vida cristiana. La conciencia es una clave importante para la alegría y la victoria en la vida cristiana. Los beneficios de una conciencia pura comprenden algunas de las mayores bendiciones de la vida cristiana. Como hemos notado, el apóstol Pablo frecuentemente apelaba a su conciencia sin culpa en medio de las aflicciones y persecuciones que sufría (por ejemplo: Hechos 23:1; 24:16; 2 Corintios 1:12). A través de esas pruebas, el conocimiento de que su corazón era impecable le proporcionaba la fuerza y la confianza para soportar. Pablo guardó cuidadosamente su corazón y su conciencia para que no perdiera esa fuente de seguridad. También atesoraba su conciencia pura como una fuente de gozo perenne.

Hay que buscar una conciencia pura más que la aprobación del mundo. Alcanzar la madurez espiritual se logra al someter la conciencia propia a las Escrituras y luego vivir, en consecuencia, independientemente de la opinión popular.

La iglesia en general parece haber olvidado la importancia espiritual de una conciencia sana. Estoy convencido de que esa es una de las principales razones por las que muchos cristianos parecen vivir en pena y derrota. No se les enseña a responder correctamente a sus conciencias. Tratan a sus conciencias con frialdad. No han aprendido la importancia de mantener la conciencia limpia y saludable. Al contrario, argumentan lo que su propia conciencia les reprocha. Tratan cualquier sentimiento de culpa o autoculpabilidad como una responsabilidad o una amenaza. Gastan demasiado de su energía espiritual intentando controlar vanamente los sentimientos engendrados por una conciencia acusadora, sin disponerse determinadamente a tratar con el pecado que escarnece la conciencia.

Eso es suicidio espiritual. Pablo escribió acerca de aquellos que al rechazar sus conciencias «sufrieron un naufragio con respecto a su fe» (1 Timoteo 1:19). Son como un piloto que apaga su sistema de advertencia. Debemos prestar atención a nuestra conciencia. El costo de silenciarla es terriblemente alto. Inevitablemente resultará en una devastadora catástrofe espiritual. De todas las personas, los que estamos comprometidos con la verdad de las Escrituras no podemos menospreciar la importancia de una conciencia sana. Debemos recuperar y aplicar la verdad bíblica a la conciencia, o no tendremos nada que decirle al confrontar a un mundo pecador.

3

Cómo silencia el pecado a la conciencia

Este mito [que la humanidad es básicamente buena] engaña a las personas para que piensen que siempre son víctimas, nunca villanos; siempre honrados, nunca depravados. Suprime la responsabilidad como enseñanza de una época más oscura. Excusa cualquier delito, culpando siempre a otra cosa: una enfermedad de nuestra sociedad o un padecimiento de la mente.

Un escritor llamó a esta época moderna «la edad dorada de la exoneración». Cuando la culpa se descarta como la ilusión de las mentes estrechas, nadie es responsable, ni siquiera ante su conciencia.

Lo irónico es que esto debería estar más vivo en este siglo que en los demás, con sus gulags y campos de exterminio. Como dijo G. K. Chesterton una vez, la doctrina del pecado original es la única filosofía validada empíricamente por siglos de historia humana.

CHARLES W. COLSON[1]

El legado de la era de la sicología es una perversidad desastrosa y dominante. El pecado nunca ha sido tan atroz como lo es en nuestra época. Las drogas, la prostitución, la pornografía, la perversión sexual y la delincuencia son rampantes en nuestras ciudades. La violencia de las pandillas ha convertido nuestras calles en zonas de guerra. Los delincuentes son cada vez más jóvenes y audaces. El sistema penitenciario es ineficaz y está sobrepoblado.

Esos problemas no son nuevos, dirá cualquiera. Maldades similares han plagado a la humanidad desde los primeros tiempos. Lo que, de hecho, es cierto. Pero, a diferencia de las generaciones anteriores, la nuestra ni siquiera puede ver la gravedad de su maldad: una transgresión a la inmutable ley moral de un Dios supremamente santo. La sociedad moderna parece perder la noción de que ese comportamiento es realmente *pecaminoso*.

Bob Vernon, ex jefe del Departamento de Policía de Los Ángeles, advierte sobre el creciente número de lo que él llama «renegados morales»: personas jóvenes que eligen el crimen como carrera y que pueden cometer los actos más atroces sin ningún remordimiento aparente. Vernon describe a uno de esos jóvenes, un miembro de una pandilla apodado «Cool Aid». Este chico desató un tiroteo contra una carroza de un desfile de bienvenida a la escuela secundaria, en la que iban la reina del evento y su corte. Varias chicas resultaron heridas, una de ellas en estado de gravedad. El crimen se llevó a cabo a plena luz del día, por lo que decenas de testigos identificaron de inmediato a Cool Aid como el autor. En la sala de interrogatorios, tras su detención, Cool Aid le explicó a Vernon —jefe de la policía— los motivos por los que hizo el tiroteo. Necesitaba pasar un tiempo en prisión puesto que sabía que recibiría tratamiento médico gratuito tras las rejas. Tenía un caso de enfermedad venérea que requería tratamiento y algunos dientes que necesitaban relleno. Dijo que, además, planeó eso con el fin de pasar un tiempo en la cárcel «para ponerse en forma» levantando pesas. Pero antes de entrar allí, tenía que adquirir una «rep», una reputación. «Seré conocido como el ejecutor», dijo con orgullo a los agentes de policía.[2]

Vernon escribe:

Lo que vemos claramente en el caso de Cool Aid [la raíz del problema] está destruyendo nuestra sociedad y nuestras familias: la pérdida de conciencia. La tendencia ya no es avergonzarnos de nuestro lado más oscuro. Esta tendencia impactante está devastando nuestra cultura. Se está convirtiendo en una insignia de honor no solo violar las normas sociales, sino incluso hacer alarde de tal comportamiento... Esas conductas siempre han existido, incluso aquellas que hemos reconocido como perjudiciales para la sociedad. Lo distinto y significativo radica en cómo reaccionamos a ellas.

Hoy no es raro aplaudir literalmente a una persona que revela lo que en el pasado se consideraba una debilidad [o un pecado]. El show de «Phil Donahue» es un ejemplo obvio de esta tendencia. La gente va a la televisión, admite haber roto sus votos matrimoniales y se jacta de su determinación a continuar con la práctica. Otros hablan de traer a propósito un bebé al mundo sin familia para mantenerlo. Algunos hacen alarde de las mentiras y el engaño que les ha traído riqueza, mientras que muchos otros se jactan de engañar al gobierno en sus declaraciones de impuestos. Por lo general, el público aclama la «audacia» del orador al ir públicamente en contra de las normas sociales.[2]

> Hoy no es raro aplaudir literalmente a una persona que revela lo que en el pasado se consideraba una debilidad [o un pecado]. —Bob Vernon

¿Se está volviendo incapaz la sociedad hasta de pensar en términos de bien y de mal? ¿En qué grado ha convertido el relativismo —de esta cultura humanista— a la sociedad moderna en una totalmente amoral?

Endurecido por el engaño del pecado

El aspecto más ominoso de la caída moral de nuestra cultura es que el problema tiende a sustentarse. El pecado negado embota la conciencia. El escritor de Hebreos advirtió acerca del peligro de ser «endurecido por el engaño del pecado» (3:13). El pecado desafía y engaña a la conciencia humana y, por lo tanto, endurece el corazón humano. Un corazón endurecido por el pecado se vuelve cada vez más susceptible a la tentación, al orgullo y a todo tipo de maldad. El pecado no confesado, por lo tanto, se convierte en un ciclo que insensibiliza y corrompe la conciencia, arrastrando a las personas más y más a la esclavitud.

A nivel cultural, por ejemplo, podemos ver que a medida que se silencia la convicción de pecado y se desvanece la conciencia de la comunidad, la sociedad se vuelve más corrupta y más tolerante al peor libertinaje. La rápida erosión de las normas sociales con respecto a la obscenidad y el decoro moral proporciona abundante evidencia de este fenómeno. Lo que era impactante e inaceptable hace solo una década, ahora es una conducta normal en la televisión y en las redes sociales. El humor lascivo que habría sido considerado inapropiado tras bastidores no hace mucho tiempo atrás ahora es la principal atracción en el entretenimiento infantil. Y las cosas empeoran de manera abrumadora. Justo cuando «Los Simpson» parecía estar sondeando las profundidades de la irreverencia moral en los dibujos animados, la emisora televisiva MTV presentó a un par de personajes que hacen que Bart Simpson parezca un angelito de un coro. Beavis, y su amigo cuyo nombre es demasiado grosero para mencionar, personifican la degeneración de la cultura moderna. Todo lo que es vulgar, irrespetuoso o ilegal, ellos lo consideran «genial», y todo lo que es bueno o sagrado, lo ridiculizan.

Beavis y su amigo son los héroes de la próxima generación. Algo espantoso. ¿Qué tan bajo puede hundirse la cultura?

Hay evidencia de este grave deterioro moral por todas partes. Observe los estantes que están alrededor de la caja del supermercado. Los titulares proclaman noticias acerca de perversiones, adulterio, glotonería, extravagancia, arrogancia, egoísmo, borrachera, inmoralidad, ira y todo tipo de vicios. Lo peor de todo, como señaló el jefe Vernon, ¡todos esos vicios son esgrimidos casi como insignias de honor! ¿Ha notado la proliferación de camisetas y calcomanías impresas con las blasfemias más indescriptibles que mucha usa gente sin pudor alguno? Nuestra sociedad se complace en su propia maldad. La gente no se avergüenza de su pecado; al contrario, se jactan de ello. Van a programas televisivos de entrevistas solo para gloriarse en su propia depravación. Y el público lo celebra. Como escribió el apóstol Pablo: «Saben bien que, según el justo decreto de Dios, quienes practican tales cosas merecen la muerte; sin embargo, no solo siguen practicándolas, sino que incluso aprueban a quienes las practican» (Romanos 1:32).

Pablo hizo ese comentario al final de Romanos 1, concluyendo un discurso sobre la espiral descendente del pecado. Sus palabras a lo largo de la segunda mitad de ese capítulo son sorprendentemente aplicables a la situación de la sociedad contemporánea. Aquí el apóstol muestra cómo y por qué la conciencia humana se desvanece. Él revela que aquellos que ignoran o reprimen su conciencia corren el riesgo de enfrentar un juicio aterrador: Dios finalmente abandona a esas personas a los efectos devastadores de su propio pecado. Eso es exactamente lo que vemos que sucede en nuestra nación. También es lo que registra la historia humana: nación tras nación siendo abandonada por Dios después de que lo abandonaron por primera vez y quedaron irremediablemente cautivados por su propio pecado.

Primero las malas noticias...

Romanos 1:16 comienza un tratamiento extendido y sistemático del evangelio que continúa a lo largo de la epístola. Pablo coronó su introducción y saludó a los creyentes romanos con estas palabras: «A la verdad, no me avergüenzo del evangelio, pues es poder de Dios para la salvación de todos los que creen: de los judíos, primeramente, pero también de los gentiles. De hecho, en el evangelio se revela la justicia que proviene de Dios, la cual es por fe de principio a fin, tal como está escrito: "El justo vivirá por la fe"» (Romanos 1:16-17).

> No puede haber salvación para aquellos que no están convencidos de la seriedad de su pecado.

Justo allí, precisamente cuando parecía que Pablo iba a comenzar a hablar sobre las *buenas nuevas* y el poder de Dios para la salvación, lanzó este rayo: «Ciertamente, la ira de Dios viene revelándose desde el cielo contra toda impiedad e injusticia de los seres humanos, que con su maldad obstruyen la verdad» (1:18). Sobre este versículo y el pasaje que sigue, el doctor David Martyn Lloyd-Jones escribió: «Es un pasaje terrible [aterrador]. Melancthon describió el versículo dieciocho como "un terrible preámbulo, como un rayo". Y no solo tiene la aterradora calidad del rayo, sino también su poder de iluminación».[3]

Resulta que las buenas noticias sobre la salvación comienzan con las malas noticias sobre el pecado. Como dijo Jesús: «No son los sanos los que necesitan médico, sino los enfermos. Y yo no he venido a llamar a justos, sino a pecadores» (Marcos 2:17). Pablo sabía que aquellos que subestiman la enormidad y la gravedad de la pecaminosidad humana —sobre todo aquellos que no ven su propia depravación—, no pueden aplicar el único remedio efectivo a sus problemas. Después de todo, ese es precisamente el problema que estamos tratando en este libro.

No puede haber salvación para aquellos que no están convencidos de la gravedad de su pecado. No puede haber palabra de reconciliación para los pecadores que permanecen ajenos a su alejamiento de Dios. El verdadero temor de Dios no puede asir a los que son ciegos a la profundidad de su pecado. Y no hay misericordia para aquellos que no tienen temor ante las sagradas advertencias de Dios.

En otras palabras, intentar erradicar la conciencia humana es una de las actividades espiritualmente más destructivas en las que puede participar cualquier individuo o sociedad. Lo que eso trae es la ira de Dios, aunque no la ira definitiva (infierno) ni la ira escatológica (el Día del Señor), sino una ira temporal. Pero esta basta para eliminar la gracia restrictiva y entregar a una persona o una sociedad al ciclo del pecado sin el disuasivo mitigante de la conciencia. Este es el mismo juicio del que habló Pablo en Listra, cuando dijo que Dios «en las generaciones pasadas... permitió que todas las naciones siguieran sus propios caminos» (Hechos 14:16).

Ese es el punto principal de Pablo en Romanos 1:18-32. Ahí describe el juicio de Dios que resulta en la decadencia sin sentido de la humanidad en pecado. Observe que la característica más dramática de su narrativa no son los pecados espantosos que nombra, aunque narra algunas prácticas bastante groseras. Pero la característica singular que marca cada paso del descenso de la humanidad bajo la ira de Dios implica el endurecimiento y la destrucción de su conciencia.

La conciencia manifiesta lo interior

Pablo dice que la ira de Dios se revela porque la gente «suprime la verdad con la injusticia» (Romanos 1:18). Se refiere a los pecadores que han silenciado con éxito sus propias conciencias. «La verdad» que suprimen es la innatamente conocida sobre el carácter de Dios, la noción del bien y del mal, y un conocimiento básico del bien y del mal. Estas cosas son universalmente conocidas por todos, son «evidentes para ellos, pues él mismo se lo ha revelado» (v. 19). En otras palabras, Dios se manifiesta de la manera más elemental dentro de cada conciencia humana.

Ese conocimiento interno acerca de Dios se ve incrementado aun más por las evidencias de su poder y deidad en el orden natural de la creación: «Porque desde la creación del mundo las cualidades invisibles de Dios, es decir, su eterno poder y su naturaleza divina, se perciben claramente a través de lo que él creó, de modo que nadie tiene excusa» (v. 20). La verdad así revelada no es confusa ni ambigua: se «ve claramente». Tampoco es observable solo por unas pocas almas especialmente dotadas. «Los cielos cuentan la gloria de Dios, el firmamento proclama la obra de sus manos» (Salmos 19:1). Estos testifican ante una audiencia universal.

En otras palabras, estas verdades —que Dios existe, que es poderoso, que es bueno y que es glorioso—, son evidentes para los creyentes y no creyentes, cristianos y paganos, judíos y gentiles. Nadie puede alegar ignorancia. Incluso el pagano más ignorante sabe más verdad de la que está dispuesto a aceptar. Aquellos que suprimen esa verdad, aquellos que abrogan sus conciencias, «no tienen excusas» (v. 20).

La espiral descendente

Pablo analiza la ira de Dios a través del descenso de la humanidad a un pecado más profundo y penetrante. Describe los pasos de ese descenso, todo lo cual se lee como si hubieran sido sacados de las primeras páginas de los periódicos. Cuanto más se acerca la sociedad moderna al abismo de la incredulidad y al desenfreno, más se cumple la verdad de las Escrituras. Observe la forma en que los problemas que Pablo describió, hace casi dos mil años, describen precisamente los pecados más populares en la actualidad. Abarcan las siguientes áreas: secularismo, insensatez, religión corrupta, lujuria incontrolada y perversión sexual.

> Observe la forma en que los problemas
> que Pablo describió, hace casi dos mil años,
> describen precisamente los pecados más
> populares en la actualidad.

Especulaciones inútiles. «Aunque conocían a Dios, no lo honraron como Dios, ni le dieron gracias; pero se volvieron inútiles en sus especulaciones, y su necio corazón se oscureció» (Romanos 1:21).

Una vez que una persona comienza a suprimir la verdad por la injusticia, pierde todos los amarres espirituales. Rechace la luz y quedará en la oscuridad. Eso es precisamente lo que le ha sucedido a la raza humana a lo largo de la historia.

La sociedad moderna no es una excepción a la regla. En todo caso, tenemos un mayor acceso a la verdad que cualquier otra generación anterior. Sin embargo, la incredulidad puede estar más extendida ahora que nunca.

A medida que avanza la ciencia, aprendemos más y más acerca de la complicación y complejidad del universo. La ciencia moderna ha descubierto, por ejemplo, que el mundo molecular es mucho más elaborado de lo que nadie imaginaba hace cien años. Somos capaces de identificar partículas subatómicas. Sabemos que una sola gota de agua contiene innumerables miles de millones de partículas. Una sola gota de agua del estanque también contiene toda una comunidad de pequeñas y maravillosas criaturas vivas, inimaginables antes de la llegada del microscopio. En el extremo opuesto del espectro, ahora nos damos cuenta de que los bordes de nuestra propia galaxia son mucho más amplios y el universo más complejo de lo que nuestros abuelos podrían haberse dado cuenta. Entendemos más que nunca sobre cómo encaja todo, sobre el modo en que la naturaleza está delicadamente equilibrada.

Deberíamos estar más seguros que cualquiera de nuestros antepasados del poder infinito y la sabiduría del Creador. La ciencia ha descubierto mundos maravillosos enteros en la naturaleza que las generaciones anteriores nunca supieron que existían. Cuanto más vemos de la creación, más revela el orden, la sabiduría y la bondad del que lo diseñó todo y lo hizo realidad. Sin embargo, al mismo tiempo que la ciencia está difundiendo todo esto, la teoría científica se está volviendo cada vez más atea. Asombrosamente, a medida que el poder, la sofisticación y la armonía del universo salen a la luz cada vez más, muchos científicos modernos intentan desesperadamente explicar la noción de un Creador divino que gobierna el universo.

¿Podría una creación tan ordenada y sistemática ser el resultado de una mera casualidad? ¿Algo como verter una bolsa llena de piezas de relojes que al caer en el suelo produzcan un reloj tan preciso como los suizos? Pero el ateísmo evolutivo no es más que «especulación inútil», explicaciones ideadas por personas que quieren suprimir de sus propias conciencias la verdad sobre Dios. Así, sus necios corazones se oscurecen (v. 21).

La raza humana está involucionando, no evolucionando. En vez de ascender a la libertad y a la iluminación —después de haber rechazado al Dios verdadero—, la humanidad está retrocediendo a la esclavitud y la penumbra de su propio pecado e incredulidad. Cuando los hombres y las mujeres rechazan a Dios, se esclavizan al pecado, se envuelven en la oscuridad, atrapados por la futilidad. Al abandonar a Dios, dejan la verdad, la luz y la vida eterna. Desprecian la base de toda moralidad y comienzan en la espiral descendente que Pablo describe en estos versículos.

La oscuridad espiritual acompaña, inevitablemente, a la corrupción moral. Las personas que rechazan a Dios necesariamente pierden la justicia. La impiedad inevitablemente conduce a la perversión moral y viceversa. La incredulidad y la inmoralidad están así inextricablemente entrelazadas.

La muerte del sentido común. «Profesando ser sabios, se hicieron necios» (Romanos 1:22). Los que se niegan a honrar a Dios carecen de comprensión espiritual. Incluso sus facultades racionales están corrompidas por su incredulidad. Su pensamiento está especialmente retorcido con respecto a los asuntos espirituales, porque su pecado es rebelión espiritual. No tienen forma de discernir entre la verdad y la mentira, lo correcto y lo incorrecto. Habiendo rechazado a Dios, no tienen ninguna esperanza de razonar su trayecto hacia la verdad espiritual. Son necios en el sentido más estricto de la palabra: «Dice el necio en su corazón:

"No hay Dios". Están corrompidos, sus obras son detestables; ¡no hay uno solo que haga lo bueno!» (Salmos 14:1; cf. 53:1).

La necedad que describe el versículo es una ceguera espiritual absoluta. Es la peor necedad de todas. Corrompe la conciencia y deja al incrédulo incapaz de pensar correctamente sobre cualquier asunto espiritual.

Nuestra sociedad está llena de insensatez espiritual. Parece que el juicio moral ha sido completamente anulado. Las escuelas públicas no pueden enseñar la Biblia ni incluso la moralidad, pero se les anima a instruir a los niños en la técnica sexual para luego proporcionarles condones gratuitos. Se supone que las enfermeras escolares no administren aspirina sin el consentimiento de los padres, pero pueden enviar a las niñas a clínicas de aborto sin informar a ninguna autoridad. Las ballenas bebé y las focas bebé tienen más derechos legales que los bebés no nacidos. Los tribunales están más preocupados por proteger los derechos de los delincuentes que los de las víctimas.

El sentido común rara vez figura en las políticas públicas o en la esfera moral de la sociedad. Profesando sabiduría, nuestra cultura ha consagrado su necedad orgullosamente para que todos la vean.

La religión corrupta. La necedad moral corrompe inevitablemente la espiritualidad. En efecto, todas las religiones que la humanidad ha ideado son fruto de la ciega insensatez espiritual. «Y cambiaron la gloria del Dios inmortal por imágenes que eran réplicas del hombre mortal, de las aves, de los cuadrúpedos y de los reptiles» (Romanos 1:23).

Contrariamente a las nociones de la antropología moderna, la religión humana no ha seguido un camino evolutivo ascendente. La religión no comenzó con el paganismo y maduró con el tiempo en monoteísmo. Todo lo contrario, es cierto. Toda religión humana, según las Escrituras, se aleja de la verdad, se aleja del Dios verdadero, y tiende siempre a la idolatría («imágenes que eran réplicas del hombre mortal»), luego al animismo («de las aves, de los cuadrúpedos y de los reptiles»).

Contrariamente a las nociones de la antropología moderna,
la religión humana no ha seguido un
camino evolutivo ascendente.

Después de la caída, las Escrituras dicen que «desde entonces se comenzó a invocar el nombre del Señor» (Génesis 4:26). Desde la caída hasta el diluvio, no se registra ningún caso de idolatría. Dios destruyó al mundo con el diluvio porque «la maldad del hombre era grande en la tierra, y... cada intento de los pensamientos de su corazón era solo el mal continuamente» (Génesis 6:5). Pero nada en las Escrituras indica que la gente haya ideado dioses falsos para adorar.

Algún tiempo después del diluvio, la idolatría comenzó a predominar. Abraham fue llamado de una familia idólatra (Josué 24:2). Egipto fue invadido por la idolatría en la época de Moisés. Y cuando Israel regresó a la tierra prometida, descubrieron formas de idolatría entre los cananeos que eran aún más horribles que cualquier cosa que habían visto en Egipto. Como no pudieron eliminar a todos los cananeos, las religiones falsas de estos se convirtieron en una trampa perpetua para las generaciones sucesivas de israelitas.

La historia antigua confirma que la religión ha *involucionado* y descendido al politeísmo y al animismo. Heródoto, escribiendo en el siglo quinto antes de Cristo, dijo que en los principios de Persia esta no tenía templos paganos ni ídolos.[4] Agustín cita a un historiador romano del siglo primero, Varro, que dijo que «los antiguos romanos tenían ciento setenta años sin ídolos».[5] Eso significa que no fue sino hasta ciento setenta años después de la fundación de Roma que los romanos adoptaron el politeísmo y la idolatría. Luciano, un escritor griego del siglo segundo, hizo una observación similar sobre la antigua Grecia y Egipto.[6]

Las personas están, por naturaleza, inclinadas a pasar de la gloria de Dios a los ídolos, a «cambiar la verdad de Dios por la mentira, adorando y sirviendo a los seres creados antes que al Creador» (Romanos 1:25). La conciencia humana clama por Dios, pero las personas tienden a elegir una dieta a su propia conveniencia. Es por eso que el primer mandamiento es: «No tengas otros dioses además de mí. No te hagas ningún ídolo, ni nada que guarde semejanza con lo que hay arriba en el cielo, ni con lo que hay abajo en la tierra, ni con lo que hay en las aguas debajo de la tierra. No te inclines delante de ellos ni los adores. Yo, el Señor tu Dios, soy un Dios celoso. Cuando los padres son malvados y me odian, yo castigo a sus hijos hasta la tercera y cuarta generación» (Éxodo 20:3-5). Pero incluso mientras Moisés recibía ese mandamiento del Señor, Aarón y los israelitas estaban haciendo un becerro de oro para adorar (32:1-6).

¿Difiere mucho nuestra sociedad de la descripción de Romanos 1? Ciertamente no. Las personas en la cultura moderna tienden a tener ídolos materialistas: dinero, prestigio, éxito, filosofía, salud, placer, deportes, entretenimiento, posesiones y otras cosas similares. Cosas que se convierten en ídolos cuando les damos el amor y la dedicación que le debemos a Dios. El problema es el mismo: adorar a la creación en lugar del Creador.

Sin embargo, no piense que la idolatría en nuestra sociedad es de alguna manera más sofisticada que la del paganismo primitivo. Considere los cambios que han sucedido en la religión en Estados Unidos durante los últimos cincuenta años, más o menos. El movimiento de la Nueva Era ha popularizado el hinduismo. La astrología, el espiritismo y otras religiones ocultas gozan de una popularidad sin precedentes. Las religiones nativas americanas, el vudú, la santería, el druidismo, la wicca (brujería) y otras antiguas creencias paganas han sido revividas. Ahora, la adoración a Satanás, algo inaudito en nuestra nación hace dos generaciones, es uno de los cultos de más rápido crecimiento en la nación, y es especialmente notorio en la cultura juvenil. Recientemente escuché un informe de noticias que afirmaba que solo en el Condado de Orange, California, se han registrado más de quinientos casos de sacrificios rituales de animales que involucran mascotas robadas en la última década.

Ahora la gente en nuestra cultura está adorando a los elementos, los búhos o los delfines y las ballenas. La adoración a la Tierra y a las criaturas parece estar en su apogeo en esta sociedad, tanto que no tienen espacio para el Dios Creador. Ponen a la Madre Tierra por encima del Padre Dios.

Lejos de ser el mayor logro de la humanidad, la religión es una de las manifestaciones más obvias del libertinaje de nuestra raza.

El pecado más vil de todos es blasfemar a Dios al tener otros dioses delante de Él. Por tanto, los pecadores que rechazan al Dios verdadero a menudo son extremadamente religiosos. La religión hecha por el hombre no es evidencia de nobleza humana; es una prueba de su depravación total. La religión falsa de la humanidad está en su punto más bajo. No se trata de que la humanidad ascendió a las alturas, sino de personas perdidas y a tientas en el basurero de la impiedad. Todas las tendencias en la religión moderna y el materialismo moderno destacan ese hecho.

Lujuria incontrolada. Otro paso en la espiral descendente de la humanidad ocurre cuando las personas se hacen esclavas de sus propias pasiones: «Por eso Dios los entregó a los malos deseos de sus corazones, que conducen a la impureza sexual, de modo que degradaron sus cuerpos los unos con los otros» (Romanos 1:24).

Nada caracteriza más y mejor a la sociedad occidental actual que la lujuria. El tamaño y el poder de la industria del entretenimiento moderno dan testimonio elocuente de cuán absolutamente se entrega nuestra sociedad a la lujuria. La codicia, la glotonería y el deseo sexual son las herramientas principales de la industria publicitaria. La lujuria es un gran negocio en nuestra cultura.

> Una docena de programas televisivos apelan descaradamente, cada día, a los deseos e intereses lascivos de las personas.

A medida que los deseos de las personas son alimentados y promovidos, la sociedad se vuelve cada vez más tolerante con la inmoralidad, la indecencia, la obscenidad, la pornografía, la blasfemia y otras formas de impudicia. Anteriormente observamos la manera en que los estándares en la industria del entretenimiento han disminuido drásticamente en los últimos años. Las obscenidades y las escenas sexuales gratuitas se incluyen de manera rutinaria incluso en películas promocionadas para niños. Los videos musicales prosperan con el sexo y la indecencia. Lo que las cadenas de televisión están dispuestas a transmitir en las salas de nuestras casas es más explícito en cada temporada.

Una docena de programas televisivos apelan descaradamente, cada día, a los deseos e intereses lascivos de las personas. Toda práctica lujuriosa y pervertida imaginable se exhibe ante las audiencias diurnas. Al parecer, los únicos valores morales que los espectadores deben mantener son la tolerancia y una mente amplia en cuanto a cualquier tipo de comportamiento.

La lujuria pecaminosa se presenta en varias modalidades. La palabra griega para lujuria es *epithumia*, que simplemente significa «*deseo*». Los deseos pecaminosos incluyen un hambre insaciable de placer, ganancias, poder, prestigio y sexo. En resumen, la lujuria es un deseo de cualquier cosa que Dios prohíba. La Escritura tiene nombre y apellido para todos esos deseos pecaminosos: lujuria carnal (cf. Romanos 13:14; Efesios 2:3; 2 Pedro 2:18; 1 Juan 2:16). A los cristianos se nos ordena explícitamente que «nos abstengamos de las lujurias carnales, que libran una guerra contra el alma» (1 Pedro 2:11).

Los que sustentan sus lujurias son juzgados en consecuencia: «Dios los entregó… a la impureza» (Romanos 1:24). La expresión «los entregó» (griego, *paradidōmi*) a veces se usa para encarcelar a alguien (Marcos 1:14; Hechos 8:3). Habla de un acto judicial de Dios mediante el cual retira su mano restrictiva de un individuo cuya conciencia está endurecida. Esa persona se vuelve esclava de sus propios deseos. En otras palabras, Dios permite que las consecuencias del pecado de esa persona sigan su curso catastrófico. Ese curso, impulsado por la lujuria incontrolada, lleva inevitablemente a las peores formas de promiscuidad sexual: «Sus cuerpos [son] deshonrados entre ellos» (Romanos 1:24).

Perversión sexual. Libres del freno de una conciencia sana y sin la bendita restricción de Dios, las lujurias prófugas conducen inevitablemente a los tipos de pecado sexual más degradados y pervertidos. Los deseos carnales se deterioran para convertirse en «pasiones degradantes»: «Por tanto, Dios los entregó a pasiones vergonzosas. En efecto, las mujeres cambiaron las relaciones naturales por las que van contra la naturaleza. Así mismo los hombres dejaron las relaciones naturales con la mujer y se encendieron en pasiones lujuriosas los unos con los otros. Hombres con hombres cometieron actos indecentes, y en sí mismos recibieron el castigo que merecía su perversión» (Romanos 1:26-27).

Ese es precisamente el curso que ha tomado nuestra sociedad. Las prácticas sexuales que fueron vistas casi universalmente como horriblemente pervertidas hace unas décadas ahora son aplaudidas y festejadas en nuestras calles. Los homosexuales se han vuelto intrépidos, incluso arrogantes, al exigir la aprobación de la sociedad a su pecado. El pensamiento no bíblico ha corrompido tanto la conciencia colectiva de la sociedad que el consenso crece rápidamente y simpatiza con el movimiento homosexual. Habiendo abandonado las Escrituras como norma, nuestra cultura no tiene autoridad para declarar inmoral a la homosexualidad. Algunas conciencias todavía están horrorizadas ante tal iniquidad. Pero sobre esas personas se ejerce una presión extrema para que traten de hacerles sentir que deberían adoptar una mente abierta, que acepten, sean permisivos e incluso apoyen tales perversiones. Aquellos que no están completamente comprometidos con las Escrituras no tienen una línea de defensa contra la corriente de la opinión pública. Y así, la conciencia colectiva de la sociedad se erosiona aun más, acelerando la espiral descendente.

¿Cuán tolerante se ha vuelto nuestra sociedad a las prácticas homosexuales? Muchas ciudades grandes ahora patrocinan celebraciones anuales del «orgullo gay», con desfiles de carrozas y grupos que exaltan el estilo de vida homosexual. Las noticias que usted ve sobre los desfiles del «orgullo gay» no cuentan la historia completa. No pueden. Gran parte de lo que sucede en esos desfiles es tan explícito y tan atroz que capturar las imágenes y ponerlas en las noticias de televisión constituiría el tipo más grosero de pornografía. Tales desfiles se han convertido en puntos de reunión para la comunidad homosexual en su intento por obtener influencia política y, por lo tanto, imponer su sistema de valores desviados y letales al resto de la sociedad. En esa búsqueda, han tenido un éxito notable en los últimos años.

La ciudad de Nueva York, por ejemplo, abrió la primera escuela secundaria para homosexuales de la nación: la escuela Harvey Milk, llamada así por un supervisor asesinado en la ciudad de San Francisco que también era un activista de los derechos de los homosexuales.[7] La escuela se reúne, incongruentemente, en la casa parroquial de una iglesia metodista. Algunos de los estudiantes de la escuela son travestis y prostitutos (sí, masculinos).

Los grupos de defensa gay abundan y se han vuelto más militantes en los últimos años. Con nombres como Queer Nation, GLAAD («Alianza de gays y lesbianas contra la difamación»), ACT-UP («Coalición contra el SIDA para liberar el poder»), SQUISH («Strong Queers United In Stopping Heterosexism»), Dykes on Bikes y Fighting Fairies, estos grupos practican una especie de activismo directo diseñado para sorprender, desafiar e intimidar a cualquiera que se atreva a sugerir que su estilo de vida es pecaminoso.

En lo político, el movimiento por los derechos de los homosexuales ha logrado avances sustanciales. En su primer año como presidente, Bill Clinton nombró al menos a diecisiete homosexuales y lesbianas a cargos públicos, y luego los invitó a todos a un desayuno para celebrar. «Por primera vez en la historia de la humanidad, un presidente ha tratado de romper esta barrera, este tabú», dijo triunfante uno de los nombrados. «Por eso, Bill Clinton pasará a la historia».[8]

Las agencias gubernamentales y los tribunales ahora están agregando su influencia al esfuerzo por reconocer la homosexualidad como un estilo de vida legítimo. En Wisconsin, dos jovencitas estudiantes solicitaron una tercera compañera de cuarto para compartir su residencia privada. Debido a que rechazaron a una solicitante que les había dicho que era lesbiana, la Comisión de

Derechos Humanos del estado las obligó a pagarle a la demandante la suma de mil quinientos dólares por haberle causado tal angustia. La comisión también exigió una carta pública de disculpa y exigió a las dos chicas que asistieran a una «clase de reeducación» impartida por homosexuales.

Tal adoctrinamiento moral patrocinado por el gobierno se está volviendo cada vez más común. Las leyes de derechos de los homosexuales han obligado a grupos como Big Brothers a anunciar en los periódicos homosexuales a hombres que crían niños sin padre para compañía y modelado de roles. La organización alguna vez excluyó a los solicitantes homosexuales, pero han cambiado su política bajo la presión del gobierno. Se ha ejercido el mismo tipo de presión contra los Boy Scouts para aceptar a los homosexuales como exploradores.

La retórica del activismo por los derechos de los homosexuales retrata la homosexualidad en términos totalmente no morales: es un «estilo de vida alternativo», una cuestión de «orientación sexual». En el centro del argumento está la noción de que el comportamiento sexual no es una cuestión de opción. Las tendencias homosexuales son determinadas por causas genéticas, no ambientales —ni de argumentos afines—; por lo tanto, la homosexualidad no puede ser inherentemente inmoral. Pero, en primer lugar, los investigadores no han podido establecer que las tendencias homosexuales tengan causas genéticas.

Sin embargo, incluso si tal causa pudiera establecerse, ¿alteraría eso el hecho de que la Palabra de Dios declara que la homosexualidad es inmoral? La sicopatología humanista ha intentado por años culpar a las causas genéticas de todo tipo de conducta pecaminosa (alcoholismo, drogadicción, criminalidad habitual y perversión sexual). Toda esa línea argumental pierde el punto obvio de que la Escritura enseña claramente que todos nacemos completamente pecaminosos. Todos tenemos una tendencia innata a pecar. Eso no nos libera de la culpa de las acciones pecaminosas.

Entonces, ¿cuál es el próximo «estilo de vida alternativo» u «orientación sexual» que se legitimará? El sadomasoquismo:

¿sexo mezclado con brutalidad? El bestialismo o zoofilia: ¿sexo con animales? La necrofilia: ¿sexo con cadáveres? ¿O tal vez la pedofilia, sexo con niños?

Es posible que se sorprenda al saber que los pedófilos homosexuales ya tienen un grupo de defensa: NAMBLA: «National American Man Boy Love Association». El lema de NAMBLA es «Sexo a los ocho, antes de que sea demasiado tarde». La organización, que opera explícitamente bajo protección constitucional, incluso publica un boletín informativo para miembros de todo el país. ¡El editor de ese artículo es un maestro de escuela!

Otros creen que el incesto debe ser legalizado y promovido. El Consejo de información y educación sexual de los Estados Unidos (SEICUS, por sus siglas en inglés) ha distribuido un documento que sugiere que todos «los pronunciamientos morales y religiosos con respecto al incesto» son erróneos. La culpa por romper el tabú es en realidad más dañina que la práctica en sí misma, dice el documento. Se queja de que el tabú del incesto «ha impedido la investigación científica», por lo que hace un llamado a quienes tienen «las agallas para descubrir lo que realmente está sucediendo» para lanzar un programa agresivo de investigación del incesto.[9] SEICUS, por cierto, es el mismo grupo que ha sido tan influyente en establecer el programa de educación sexual para las escuelas públicas de todo el país.

> Lo que es más angustiante es que muchas iglesias y denominaciones están ordenando homosexuales practicantes al ministerio.

La sociedad se ha vuelto tan tolerante que parece que ningún comportamiento es demasiado pervertido para ser defendido abiertamente. Todo esto es evidencia aterradora de que Dios ha abandonado nuestra sociedad pecaminosa a sus propias pasiones degradantes. El humanismo ha deshumanizado nuestra cultura.

Lo que es más angustiante es que muchas iglesias y denominaciones están ordenando homosexuales practicantes al ministerio. La comunidad homosexual incluso tiene sus propias denominaciones, algunas de las cuales profesan ser evangélicas. Cada vez más personas dentro de la comunidad evangélica expresan la opinión de que la homosexualidad puede no ser realmente pecaminosa después de todo. Muchos líderes eclesiales parecen reacios a adoptar una posición estrictamente bíblica.

Sin embargo, la Escritura es clara. La Biblia condena la homosexualidad en términos explícitos e innegables. La ley del Antiguo Testamento agrupaba la homosexualidad con el incesto, la bestialidad y otras perversiones, y la pena por su práctica era la muerte (Levítico 20:13, cf. vv. 11-16).

En Romanos 1, Pablo enseña de manera clara que las prácticas homosexuales son «actos indecentes» (v. 27), impulsados por «pasiones degradantes» (v. 26). El apóstol enumeró la homosexualidad con las formas más bajas de degradación humana: «desobedientes y rebeldes... impíos y pecadores... irreverentes y profanos... parricidas y matricidas... homicidas... fornicarios... *sodomitas* [homosexuales]... secuestradores... mentirosos y perjuros, y para cuanto se oponga a la sana doctrina» (1 Timoteo 1:9-10, RVR1960, énfasis agregado). Además, escribió: «¿No sabéis que los injustos no heredarán el reino de Dios? Que no te engañen; ni los fornicarios, ni los idólatras, ni los adúlteros, ni los afeminados, ni los *homosexuales*, ni los ladrones, ni los codiciosos, ni los borrachos, ni los rebeldes, ni los estafadores, heredarán el reino de Dios» (1 Corintios 6:9-10, RVR1960, énfasis agregado).

¿No hay esperanza para los homosexuales? Por dicha, hay esperanza. Aquellos que se arrepienten y renacen en Cristo pueden ser liberados de los pecados que —en otro caso— los destruirían. Inmediatamente después de dar esa larga lista de los tipos de personas que no heredarán el reino, Pablo escribió a los creyentes corintios: «*Y eso eran algunos de ustedes.* Pero ya han sido lavados, ya han sido santificados, ya han sido justificados en el nombre del Señor Jesucristo y por el Espíritu de nuestro Dios» (v. 11, énfasis agregado).

Los homosexuales no arrepentidos, de acuerdo a las Escrituras, reciben el castigo que merece su perversión (Romanos 1:27). Y la sociedad que tolera tales pecados también es juzgada. ¿Cuál es «el castigo que merece su perversión»? Las consecuencias de su pecado. El SIDA es ciertamente un aspecto relativo a eso. Pero un juicio aun peor, el golpe final de la mano de un Dios justo, es cuando Él «[los entregue] a la depravación mental» (v. 28). Tocan fondo tanto espiritual como moralmente. La conciencia parece desvanecerse por completo. Pueden disfrutar de los actos malvados que tanto aman, «aquellas cosas que no son apropiadas», hasta que se llenen de injusticia.

La muerte de la conciencia

Es inquietante ver cómo precisamente el declive de nuestra sociedad es paralelo a la descripción que Pablo hace en cuanto a la espiral descendente del pecado. Maurice Roberts ha escrito lo que sigue:

> La rueda de la historia ha dado un giro completo. Estamos, como civilización, volviendo a la situación descrita por el apóstol Pablo en el primer capítulo de la Epístola a los Romanos...
>
> Era el tiempo en el que los comentaristas bíblicos exponían el capítulo 1 de Romanos desde una perspectiva basada, más o menos, en el contexto del mundo romano durante el primer siglo. Pero ese tiempo ya no volverá. El cristiano moderno occidental puede verse a sí mismo en la arena de una sociedad reprobada como los apóstoles. El estado de la religión y la moral modernas es exactamente paralelo al de la era apostólica y se resume en una sola palabra: *decadencia*. La Roma pagana podría enseñarle al hombre moderno muy poco acerca de la sofisticación de la perversión. La Grecia escéptica, el Egipto idólatra y la Babilonia pagana podrían incluso aprender una o varias cosas de esta generación sobre cómo evitar la luz del evangelio y agregar a las ingentes provocaciones del hombre.

Lo que entristece al lector de la Biblia es ver que la sociedad de hoy no ha aprendido nada del pasado ni de los dos mil años de producción e impresión de la Biblia, pero está repitiendo los mismos vicios que siempre provocan que Dios entregue al mundo a su propia sensualidad y autodestrucción.[10]

Quizás aun más angustiante sea constatar que ya hemos alcanzado esa etapa final. La conciencia ha sido silenciada. No queda nada para instruir el comportamiento de las personas sino sus propias mentes depravadas. La mente se convierte en una herramienta de lujuria sin restricciones:

> Además, como estimaron que no valía la pena tomar en cuenta el conocimiento de Dios, él a su vez los entregó a la depravación mental, para que hicieran lo que no debían hacer. Se han llenado de toda clase de maldad, perversidad, avaricia y depravación. Están repletos de envidia, homicidios, disensiones, engaño y malicia. Son chismosos, calumniadores, enemigos de Dios, insolentes, soberbios y arrogantes; se ingenian maldades; se rebelan contra sus padres; son insensatos, desleales, insensibles, despiadados. Saben bien que, según el justo decreto de Dios, quienes practican tales cosas merecen la muerte; sin embargo, no solo siguen practicándolas, sino que incluso aprueban a quienes las practican (Romanos 1:28-32).

Por tercera vez en el espacio de cinco versículos, Pablo usa la palabra *paradidōmi*, «los entregó». Primero dijo: «Dios los entregó... a la impureza» (v. 24); entonces, «Dios los entregó a pasiones degradantes» (v. 26); y ahora, «Dios los entregó a una mente depravada» (v. 28). Observe el trayecto descendente. Insisto, es exactamente paralelo al declive de la sociedad contemporánea en las últimas tres o cuatro décadas. ¿Quién puede leer esos versículos y negar que describan nuestra propia sociedad en este momento con una precisión tan asombrosa? La mente, en lo moral, es inútil. No puede discernir lo bueno de lo malo, el bien del mal. Podemos suponer que alguien descubriría que un estándar moral bíblico corregiría muchas cosas que están mal en nuestra sociedad, pero esa idea simple y racional escapa a la mente reprobada. Los pecadores convictos no pueden pensar lógicamente sobre cuestiones morales. ¡La conciencia misma es victimizada!

En un acto final de juicio transitorio, Dios abandona por completo a las personas a la maldad que tanto aman: «perversidad, avaricia y depravación... repletos de envidia, homicidios, disensiones, engaño y malicia», para que la sociedad esté llena de «chismosos, calumniadores, enemigos de Dios, insolentes, soberbios y arrogantes, se ingenian maldades; se rebelan contra sus padres; son insensatos, desleales, insensibles [sin amor], despiadados» (vv. 29-31).

La palabra traducida como «insensibles» [sin amor] en esa lista es *astorgos*, que literalmente significa «sin afecto natural», como se traduce en la versión Reina Valera. Y habla de aquellos que carecen de amor instintivo por sus propias familias, como las madres que abandonan a sus hijos, los esposos que golpean a sus esposas, los hijos que desprecian a sus padres, los padres que molestan a sus hijos o los hermanos y hermanas que se aborrecen. Nuestra sociedad está plagada de tales irregularidades; quizás ninguna otra descripción caracterizaría mejor la cultura contemporánea que afirmar que las personas carecen de afecto natural.

Los otros elementos en la lista de Pablo —como la codicia, la envidia, el asesinato, la lucha, el engaño, el chisme, la calumnia, la insolencia, la arrogancia, el orgullo, la maldad inventiva, la desobediencia a los padres, la misericordia y el odio a Dios— catalogan perfectamente los rasgos más visibles de la sociedad moderna. No es que las generaciones anteriores hayan estado libres de tales males. Pero a diferencia de nuestros antepasados, las personas en nuestros días exhiben descaradamente esos pecados con una arrogancia desvergonzada. «No solo hacen [esas cosas], sino que también dan una aprobación sincera a quienes las practican» (v. 32). Algo está seriamente —desesperadamente— mal con nuestra cultura.

Las personas que siguen la cultura más que obedecer la Palabra de Dios no tienen excusa. «Ellos conocen la ordenanza de Dios, que aquellos que practican tales cosas son dignos de muerte», escribe Pablo (v. 32). Sus propias conciencias testifican contra ellos. Pueden suprimir su sentimiento de culpa ahora, pero cuando deban rendir cuentas a Dios, sus propias conciencias se les opondrán.

> La civilización tal como la conocemos ha alcanzado
> el nivel más profundo de corrupción,
> por lo que permanece bajo una sentencia
> de condenación divina.

Aquellos que tratan falsamente con sus propias conciencias se colocan bajo la santa ira de Dios, incluso en esta vida. «Dios los entregó a una mente reprobada [depravada]» (v. 28, RVR1960). En otras palabras, resulta que el daño que hacen a sus propias conciencias es el juicio inmediato de Dios contra ellos. «Esta es la causa de la condenación: que la luz vino al mundo, pero la humanidad prefirió las tinieblas a la luz, porque sus hechos eran perversos» (Juan 3:19). Los que rechazan la luz están condenados a vivir en la oscuridad. Dios los entrega a su propia depravación, por lo que su conciencia deja de funcionar correctamente.

Es una situación espantosa, miserable. Nuestra sociedad aprueba y defiende, de manera sincera, los peores tipos de maldad. La civilización tal como la conocemos ha alcanzado el nivel más profundo de corrupción, por lo que permanece bajo una sentencia de condenación divina. Las conciencias de las personas han sido cauterizadas, degradadas, envilecidas, reprimidas y anuladas. Sin una conciencia funcional, las personas están destinadas a hundirse más y más en la maldad. La humanidad, simplemente, está acumulando saña para el día de la ira (cf. Romanos 2:5).

¿Hay esperanza? Para los que estén dispuestos a arrepentirse y seguir a Cristo, sí. Pueden «salvarse de esta generación perversa» (Hechos 2:40). Sus conciencias pueden ser renovadas y limpiadas (Hechos 9:14). Pueden convertirse en nuevas criaturas (2 Corintios 5:17).

¿Se puede salvar la sociedad por sí misma? Ciertamente que no, si no ocurre un avivamiento a gran escala. A menos que las multitudes se tornen a Cristo, la espiral descendente seguramente continuará. Con tantas conciencias envilecidas y endurecidas, se necesitaría un renacimiento de proporciones sin precedentes para invertir la dirección descendente de nuestra cultura. Los problemas son espirituales y no pueden resolverse a través de la política ni de la educación. Los cristianos que creen que el activismo político puede revertir las tendencias en nuestra sociedad no entienden la naturaleza del problema. Los verdaderos creyentes deben darse cuenta de que el estado de nuestra sociedad es el resultado del justo juicio de Dios. Dios no ha comisionado a su pueblo para reconstruir la sociedad. No estamos llamados a gastar nuestras energías en una reforma moral. Somos sal, un preservativo eficaz para una generación en descomposición (Mateo 5:13). Y somos luces diseñadas para brillar de una manera tal que les permita a las personas que ven nuestras buenas obras, glorificar a nuestro Padre celestial (vv. 14-16). En otras palabras, nuestra tarea principal es predicar la verdad de la Palabra de Dios, vivir en obediencia a esa verdad y mantenernos «sin mancha del mundo» (Santiago 1:27). Nuestra influencia en la sociedad debe ser fruto de ese tipo de vida, no de la energía carnal o la influencia política.

Lo que podemos hacer, y *debemos* hacer, es mantener nuestras conciencias puras. Debemos saturar nuestras mentes y corazones con la verdad de la Escritura, para así negarnos a ceder al espíritu de esta época. Para ello, debemos entender nuestra propia pecaminosidad y saber cómo lidiar con nuestros pecados. Ese es el enfoque de los siguientes capítulos.

La naturaleza del pecado

Debemos comprender la naturaleza del pecado, específicamente nuestra propia pecaminosidad, antes de que podamos saber cómo tratar con ello, dentro y fuera. Si queremos rejuvenecer nuestras conciencias muertas, debemos entender la naturaleza del pecado primero. Una vez que comprendamos al enemigo, podremos emplear la estrategia bíblica para obtener una victoria real sobre el pecado (que es el enfoque de la tercera parte). La segunda parte proporciona específicamente esta comprensión al mostrar cómo y por qué la conciencia es silenciada por el pecado.

El capítulo 4, «¿Qué quiere decir "totalmente depravado"?», explica la doctrina de la depravación total como lo expone Pablo en Romanos 1—3. También presenta el credo de la autoestima proclamado por la sicología moderna como un gran obstáculo para que la gente entienda la profundidad de su propio pecado. Muestra el enfoque de la sociedad en sí misma, no en Dios.

El capítulo 5, «El pecado y su cura», examina el carácter del pecado y cómo intentamos justificarlo. Explora el problema teológico en cuanto a la procedencia del pecado y el mal, y de cómo encajan en la providencia de Dios. Luego gira al tema de la liberación del pecado a través de la unión con Cristo y el nuevo nacimiento.

El capítulo 6, «El enemigo interior conquistado», examina algunos intentos religiosos —erróneos— para tratar con el pecado. Además, expone los peligros del perfeccionismo y examina varios grupos perfeccionistas en la historia de la iglesia. Muestra la importancia de mantener la relación adecuada entre la santificación y la justificación. Trata acerca de lo que significa ser «liberado del pecado».

4

¿Qué quiere decir «totalmente depravado»?

El ciego no puede ver la diferencia entre una obra maestra de Tiziano o Rafael y el rostro de la reina en un anuncio del pueblo. El sordo no puede distinguir entre un silbato y un órgano de una catedral. Los propios animales, cuyo olor es tan molesto para nosotros, no tienen idea de que lo es y para ellos —de hecho— no lo es. Pero el hombre —el hombre caído—, creo, no puede tener una idea clara de lo vil que es el pecado a la vista de ese Dios cuya obra es absolutamente perfecta.

J. C. RYLE[1]

Ningún concepto es más importante para los gurús de la sicología moderna que la autoestima. Según el credo de la autoestima, no hay malas personas, solo personas que piensan mal de sí mismas.

Por años, expertos en educación, sicólogos y un número creciente de líderes cristianos han defendido la autoestima como una panacea para todo tipo de miserias humanas. Según los proveedores de esta doctrina, si las personas se sienten bien consigo mismas, se comportarán mejor, tendrán menos problemas emocionales y lograrán más. Se nos dice que las personas con alta autoestima tienen menos probabilidades de cometer delitos, actuar inmoralmente, fallar académicamente o tener problemas en sus relaciones con los demás.

La fe ciega de la autoestima

Los defensores de la autoestima han tenido un éxito notable al convencer a las personas de que esa es la solución a lo que sea que le aqueje. Una encuesta reveló que la mayoría de las personas ven la autoestima como el motivador más importante para el trabajo arduo y el éxito. De hecho, la autoestima clasificó varios puntos por encima de la responsabilidad o el miedo al fracaso.

Pero, ¿funciona realmente la autoestima? ¿Promueve, por ejemplo, un mayor logro? Hay muchas pruebas que sugieren que no es así. En un estudio reciente, se realizó una prueba de matemáticas estandarizada a adolescentes de seis naciones. Además de las preguntas de matemáticas, la prueba les pidió a los jóvenes que respondieran sí o no a la pregunta: «Soy bueno en matemáticas». Los estudiantes estadounidenses obtuvieron la calificación más baja en las preguntas de matemáticas, muy por detrás de los coreanos, que obtuvieron las mejores calificaciones. Irónicamente, más de las tres cuartas partes de los estudiantes coreanos respondieron que no a la pregunta «Soy bueno en matemáticas». Sin embargo, en marcado contraste, el sesenta y ocho por ciento de los alumnos estadounidenses creía que sus habilidades matemáticas estaban bien. Nuestros niños pueden estar fallando en las matemáticas, pero obviamente se sienten bastante bien en cuanto a cómo lo están haciendo.

Respecto a lo moral, nuestra cultura está esencialmente en el mismo barco. La evidencia empírica sugiere fuertemente, como hemos visto, que la sociedad está en su punto moral más bajo. Podríamos esperar que la autoestima de las personas también esté sufriendo. Pero las estadísticas muestran que los estadounidenses se sienten mejor consigo mismos más que nunca. En una encuesta realizada en 1940, el once por ciento de las mujeres y el veinte por ciento de los hombres estuvieron de acuerdo con la declaración «Soy una persona importante». En la década de los noventa, esas cifras se elevaron al sesenta y seis por ciento en las mujeres y sesenta y dos por ciento en los hombres. El noventa por ciento de las personas encuestadas en una medición reciente de Gallup dice que su propio sentido de autoestima es fuerte y saludable. Extraordinariamente, mientras el tejido moral de la sociedad continúa desenredándose, la autoestima prospera. Todo el pensamiento positivo sobre nosotros parece no estar haciendo nada para elevar la cultura o motivar a las personas a tener una vida mejor.

¿Puede ser realmente que la baja autoestima es lo que está mal hoy en día con las personas? ¿Cree alguien, seriamente, que hacer que las personas se sientan mejor consigo mismas ha ayudado a resolver los problemas del crimen, la decadencia moral, el divorcio, el abuso infantil, la delincuencia juvenil, la adicción a las drogas y todos los otros males que han arrasado con la sociedad? ¿Podrían estar equivocados en nuestra cultura si las suposiciones de los teóricos de la autoestima fueran ciertos? ¿Realmente imaginamos que una mayor autoestima al fin resolverá los problemas de la sociedad? ¿Hay incluso un ápice de evidencia que respalde tal creencia?

Absolutamente ninguno. Un informe en *Newsweek* sugirió que «el caso de la autoestima... se trata menos de pedagogía científica que de fe: la fe en que los pensamientos positivos pueden manifestar la bondad inherente en cualquiera». En otras palabras, la noción de que la autoestima hace que las personas sean mejores es simplemente una cuestión de fe religiosa y ciega. No solo eso, es una religión que es antitética al cristianismo, porque se basa en la presuposición no bíblica de que las personas son básicamente buenas y necesitan reconocer su propia bondad.

La iglesia y el culto a la autoestima

Los defensores más persuasivos de la religión de la autoestima, sin embargo, siempre han incluido al clero. La doctrina del «pensamiento positivo» de Norman Vincent Peale, que era popular hace una generación, era simplemente un modelo de autoestima temprano. Peale escribió *El poder del pensamiento positivo* en 1952.[2] El libro iniciaba con estas palabras: «¡Cree en ti mismo! ¡Ten fe en tus habilidades!» En la introducción, Peale llamó a su obra un «manual de mejoramiento personal... escrito con el único objetivo de ayudar al lector a lograr una vida feliz, satisfactoria y que valga la pena».[2] El libro se comercializó como terapia motivacional, no como teología. Pero en la evaluación de Peale, todo el tratado era simplemente «cristianismo aplicado; un sistema simple pero científico de técnicas prácticas para una vida exitosa que funcione».[2]

Los evangélicos en su mayoría tardaron en adoptar un sistema que instaba a las personas a tener fe en sí mismas más que en Jesucristo. La autoestima, como lo describió Norman Vincent Peale, era la descendencia del liberalismo teológico casado con la neoortodoxia.

> Los defensores más persuasivos de la religión de la autoestima, sin embargo, siempre han incluido al clero.

El tiempo, evidentemente, ha desgastado la resistencia de los evangélicos a tal doctrina. Ahora, muchos de los libros más vendidos en las librerías cristianas promueven la autoestima y el pensamiento positivo. Incluso *Newsweek* ha comentado sobre la tendencia. Al señalar que la autoestima se considera «religiosamente correcta» en la actualidad, la revista señaló:

> La noción [de autoestima] puede desanimar a cualquiera que sea lo suficientemente mayor como para recordar cuando «cristiano», como adjetivo, a menudo era seguido por «humildad». Pero las iglesias estadounidenses, que una vez no dejaban de llamar a sus congregantes miserables, se han movido hacia una visión más grata de la naturaleza humana... Castigar a los pecadores se considera contraproducente: los hace sentir peor consigo mismos.[3]

Seguro que la voz más influyente que vende la autoestima a los cristianos evangélicos es el discípulo más conocido de Norman Vincent Peale, el doctor Robert Schuller. Con la transmisión semanal a millones de personas, en todo el mundo, de su programa «La hora del poder», Schuller promovía inexorablemente la «teología» de la autoestima. Más que cualquier otra fuente, esta exposición semanal en los medios de comunicación ha abogado por y normalizado la autoestima de la iglesia en nuestros días. Ha generado un movimiento efectivo al crear un apetito por recibir esta enseñanza. De hecho, esa es su intención.

A diferencia de Peale, que hasta los últimos años no pretendía ser evangélico, Schuller siempre ha enmarcado su enseñanza en la terminología de la teología reformada, tradicional y conservadora. Habla de la conversión, llama a los no creyentes a nacer de nuevo y afirma la necesidad de una relación personal con Jesucristo. Pero la enseñanza real de Schuller se debe mucho más a la neoortodoxia que al evangelicalismo. De hecho, sus doctrinas de la autoestima reflejan el humanismo secular, un sistema de pensamiento no religioso que coloca a los seres humanos, sus valores y sus necesidades por encima de la gloria de Dios.

Si esta enseñanza es gravemente errónea, como estoy convencido de que lo es, debe ser refutada y la iglesia debe ser advertida del peligro (Tito 1:9ss).

J. C. Ryle denunció la tendencia de su propia época a tolerar una teología seriamente aberrante bajo la rúbrica de la magnanimidad y la caridad:

> La tendencia del pensamiento moderno es rechazar dogmas, credos y todo tipo de límites en la religión. Se considera grandioso y sabio no condenar ninguna opinión en absoluto, y declarar que todos los maestros serios e inteligentes son confiables, por muy heterogéneas y mutuamente destructivas que puedan ser sus opiniones. ¡Todo, por cierto, es verdad y nada es falso! ¡Todos tienen razón y nadie está equivocado! ¡Es probable que todos se salven y nadie se pierda![4]

El amor cristiano exige que caminemos en la verdad (2 Juan 6), y que no nos hagamos de la vista gorda ante el error. Como suelo predicar y publicar, debo rendir cuentas ante la Palabra de Dios por lo que enseño. También deben hacerlo todos los predicadores. Por favor, comprenda que mi crítica a la enseñanza del fallecido doctor Schuller no es en modo alguno un ataque a su carácter personal. Mis preocupaciones son totalmente doctrinales, no personales. Debido a la influencia agresiva de su enseñanza en la iglesia contemporánea en todo el mundo, es imperativo que lo dejemos hablar por sí mismo y luego medir lo que dice por la pura Palabra de Dios.

¿Santificación del orgullo humano?

Robert Schuller decía que «la "voluntad de amarse a sí mismo" es el más profundo de todos los deseos humanos».[5] Lejos de ser un pecado, afirmaba, la lujuria de las personas por el amor propio es algo bueno que debe incentivarse, fomentarse y sustentarse. Calificaba la aversión histórica de la iglesia al orgullo como «neurótica»; y sostenía que a las personas se les debe enseñar a no temer al orgullo humano.[5] *«La cruz santifica la marcha del*

ego», escribió.[5] Amplificando esa declaración en un programa de
televisión, declaró: «Jesús tenía un ego. Él dijo: "Yo, cuando sea
levantado de la tierra, atraeré a todos a mí mismo". *Vaya, ¡qué
clase de ego estaba mostrando!*»[6]

Según Schuller, «el pecado es abuso sicológico de uno mismo».[5] Más específicamente: «El pecado es cualquier acto o
pensamiento que le robe a uno mismo o a otro ser humano su
autoestima», y el infierno es simplemente el acto que sigue a la
pérdida del orgullo.[5]

¿Pueden conciliarse tales declaraciones con la enseñanza
bíblica de que el orgullo en sí mismo fue el primer pecado, que
resultó en la caída de Satanás (cf. Isaías 14:12-14) así como en la
de Adán (Génesis 3)? ¿Pueden ellas armonizar con las palabras
de Jesús sobre el publicano que lamentó su propia miseria? Jesús
sostuvo a ese hombre como un ejemplo de arrepentimiento verdadero (Lucas 18:13-14).

> **Lejos de ser un pecado, afirmaba, la lujuria de las
> personas por el amor propio es algo bueno que
> debe incentivarse, fomentarse y sustentarse.**

Sin embargo, en la teología de la autoestima, un «profundo sentido de indignidad» no es la virtud; es la incredulidad.[5]
Además, de acuerdo con esa doctrina, «El pecado más grave es el
que me hace decir: "No soy digno. Puede que no tenga derecho a
la filiación divina si me examinas en mi peor momento". Por una
vez que una persona crea que es un "pecador indigno", es dudoso
si realmente puede aceptar francamente la gracia salvadora que
Dios ofrece en Jesucristo».[5] El Dr. Schuller incluso sugería que
«demasiadas oraciones de confesión de pecado y arrepentimiento
han sido destructivas para la salud emocional de los cristianos
al alimentar su sentido de falta de valor».[5]

Es probable que aquellos que toman toda la Biblia al pie de
la letra supongan algo diferente. David oró: «El sacrificio que te
agrada es un espíritu quebrantado; tú, oh Dios, no desprecias

al corazón quebrantado y arrepentido» (Salmos 51:17). En la primera de sus bienaventuranzas, Jesús dijo: «Bienaventurados los pobres en espíritu, porque de ellos es el reino de los cielos» (Mateo 5:3, RVR1960). Santiago escribió: «Acérquense a Dios, y él se acercará a ustedes. ¡Pecadores, límpiense las manos! ¡Ustedes los inconstantes, purifiquen su corazón! Reconozcan sus miserias, lloren y laméntense. Que su risa se convierta en llanto, y su alegría en tristeza. Humíllense delante del Señor, y él los exaltará» (Santiago 4:8-10). Las Escrituras también dicen: «Al fracaso lo precede la soberbia humana; a los honores los precede la humildad» (Proverbios 18:12; cf. Proverbios 15:33). «Dios se opone a los orgullosos, pero da gracia a los humildes. Humíllense, pues, bajo la poderosa mano de Dios, para que él los exalte a su debido tiempo» (1 Pedro 5:5-6). «Porque el que a sí mismo se enaltece será humillado, y el que se humilla será enaltecido» (Mateo 23:12).

En una entrevista radial, se le preguntó al Dr. Schuller cómo reconcilia su enseñanza con Escrituras como esas. Su respuesta fue: «El hecho de que esté en la Biblia no significa que debas predicarlo».[7] Tomar prestado un error rudimentario de la neoortodoxia, minimiza la autoridad de la Escritura, estableciendo una falsa dicotomía entre la autoridad de Cristo y la de su Palabra («Cristo es el Señor sobre las Escrituras; las Escrituras no son el Señor sobre Cristo... La Biblia no debe competir con el Señor por el asiento de la gloria»).[5] Él hacía eco de la noción neoortodoxa común de que las palabras de Jesús son «terreno más seguro» sobre el cual construir el ministerio de uno que los escritos del apóstol Pablo.[5] Schuller era particularmente opuesto a expresiones como «la ira de Dios»: *«Nunca usaré ese lenguaje»*, le dijo a un presentador de un programa de entrevistas. «Me interesa atraer a las personas, no llevarlas más lejos... Hay momentos en que, si somos realmente sabios, hay un lenguaje que no debemos usar».[5] ¿Por qué? Porque según el Dr. Schuller, «el mensaje del evangelio no solo es defectuoso sino potencialmente peligroso si tiene que humillar a una persona antes que intentar levantarla».[5]

En efecto, Schuller afirmaba que el «defecto básico» del cristianismo contemporáneo es nuestro «fracaso en proclamar el evangelio de una manera que pueda satisfacer las necesidades más profundas de cada persona: el hambre espiritual por la gloria».[5] Decía que la iglesia debe glorificar al ser humano y reinterpretar el pecado de una manera que no atente contra la autoestima del individuo.[5] «Lo que necesitamos», declaró, «es una teología de la salvación que comience y termine con el reconocimiento del hambre de gloria de cada persona».[5]

¿Qué pasa con la gloria de Dios? Según la nueva teología de la autoestima, ese es el punto de partida equivocado: «La teología clásica ha errado en su insistencia por estar "centrada en Dios", no "en el hombre"».[5] «Esto es parte de la razón por la cual la iglesia está en la situación en la que se encuentra hoy», alegaba el Dr. Schuller.[5] A consideración suya, «la teología de la Reforma [además] no dejó en claro que el núcleo del pecado es la falta de autoestima».[5] Él llama a un nuevo punto de partida para nuestra fe, que no sea la Escritura, que no sea la doctrina de Dios. Ese nuevo punto de partida, sugiere, debe ser un énfasis en la gloria de la humanidad. «La dignidad de la persona», escribió Schuller, «será el nuevo punto de referencia teológico».[5] «Y el resultado será una fe que traerá gloria a la raza humana».[5]

¿Qué es el hombre, que eres consciente de él?

No obstante, ¿es la gloria humana un objetivo digno? Dios dice: «Yo soy el SEÑOR; ¡ese es mi nombre! No entrego a otros mi gloria, ni mi alabanza a los ídolos» (Isaías 42:8). Dios ha dicho: «Por amor a mi nombre contengo mi ira; por causa de mi alabanza me refreno, para no aniquilarte. ¡Mira! Te he refinado, pero no como a la plata; te he probado en el horno de la aflicción. Y lo he hecho por mí, por mí mismo. ¿Cómo puedo permitir que se me profane? ¡No cederé mi gloria a ningún otro!» (Isaías 48:9-11, énfasis agregado). En otras palabras, Dios extiende su paciencia, gracia y misericordia a la humanidad no porque seamos dignos de ello, sino por el bien de su propio nombre, por su propia gloria, no la nuestra. «Señor, *¿qué es el mortal* para que lo cuides? ¿Qué es el ser humano para que en él pienses? Todo mortal es como un suspiro; sus días son fugaces como una sombra» (Salmos 144:3-4, énfasis agregado; cf. Job 7:17; 15:14; Salmos 8:4; Hebreos 2:6).

> En otras palabras, Dios extiende su paciencia, gracia y misericordia a la humanidad no porque seamos dignos de ello, sino por el bien de su propio nombre, por su propia gloria, no la nuestra.

Por otro lado, el evangelio según la teología de la autoestima dice: «¡Debemos decirle a cada individuo en todas partes que Dios quiere que se sientan bien consigo mismos!»[5]

¿Quiere Dios realmente que todas las personas se sientan bien consigo mismas? ¿O llama primero a los pecadores a reconocer la absoluta impotencia de su propio estado? La respuesta es obvia para aquellos que dejan que las Escrituras hablen por sí mismas.

La teología de la autoestima se ve obligada a redefinir el pecado de una manera que minimice la ofensa a Dios: «El núcleo del pecado es una imagen negativa de sí mismo».[5] En otras palabras, el pecado, según el evangelio de la autoestima, es una ofensa contra la gloria humana. Es una transgresión contra nosotros mismos, nuestra propia dignidad, no necesariamente un delito contra Dios o su ley. De hecho, la definición de la teología clásica del pecado como rebelión contra Dios ahora se considera «superficial e insultante».[5]

Robert Schuller llega a negar que la naturaleza humana caída sea verdaderamente maligna: «Por naturaleza tenemos miedo, lo cual no es malo... Califíquelo como una "autoimagen negativa", pero no diga que el núcleo del alma humana es la maldad. Si esto fuera así, entonces verdaderamente, el ser humano está «totalmente depravado».[5]

Cómo entender la doctrina de la depravación total

Las Escrituras, por supuesto, enseñan de principio a fin que toda la humanidad está totalmente depravada. Pablo dice que las personas no redimidas están «muertas... en delitos y pecados» (Efesios 2:1). Aparte de la salvación, todas las personas andan en la mundanalidad y en desobediencia (v. 2). Los que conocemos y amamos al Señor, en un tiempo, «vivimos en los deseos de nuestra carne, complaciéndonos en los deseos de la carne y de la mente, y fuimos por naturaleza hijos de ira, como el resto de la humanidad» (v. 3). Estábamos «separados de Cristo, excluidos de la comunidad de Israel y extraños a los pactos de la promesa, sin esperanza y sin Dios en el mundo» (v. 12).

> Las Escrituras, por supuesto, enseñan de principio a fin que toda la humanidad está totalmente depravada.

En esos pasajes, Pablo describe el estado de los incrédulos como uno de alejamiento de Dios. Las palabras de Pablo no se pueden torcer para respaldar la afirmación del Dr. Schuller en cuanto a que el problema humano es el miedo más que la depravación. De hecho, Pablo declara: «No hay temor de Dios delante de sus ojos» en la persona no regenerada (Romanos 3:18). Antes de nuestra salvación, en realidad, éramos enemigos de Dios (Romanos 5:8, 10). Estábamos «alejados de Dios» (Colosenses 1:21). Las pasiones pecaminosas, contaminadas por nuestro odio a la ley de Dios, motivaban toda nuestra vida (Romanos 7:5). Estábamos manchados por el pecado en cada área de nuestro ser. Éramos corruptos, malvados, completamente pecaminosos.

Los teólogos se refieren a esta doctrina como «depravación total». No significa que los pecadores incrédulos sean siempre tan malos como podrían serlo (cf. Lucas 6, 33; Romanos 2:14). Ni tampoco que la expresión de la naturaleza humana pecaminosa viva siempre al máximo. No significa que los no creyentes sean incapaces de ejecutar actos de bondad, benevolencia, buena voluntad o altruismo humano. Ciertamente no significa que los no cristianos no puedan apreciar la bondad, la belleza, la honestidad, la decencia o la excelencia. Significa que nada de esto tiene ningún mérito delante Dios.

La depravación también significa que el mal ha contaminado todos los aspectos de nuestra humanidad: nuestro corazón, mente, personalidad, emociones, conciencia, motivos y voluntad (cf. Jeremías 17:9; Juan 8:44). Por lo tanto, los pecadores no redimidos son incapaces de hacer algo para agradar a Dios (Isaías 64:6). Son incapaces de amar verdaderamente al Dios que se revela en las Escrituras. Son incapaces de obedecer desde lo profundo del corazón, con motivos justos. Son incapaces de comprender la verdad espiritual. Son incapaces de tener una fe genuina. Y eso significa que son incapaces de agradar a Dios o de buscarlo verdaderamente (Hebreos 11:1).

La depravación total significa que los pecadores no tienen la capacidad de hacer el bien espiritual ni esforzarse por su propia salvación del pecado. Están tan poco inclinados a amar la justicia, tan completamente muertos en el pecado, que no pueden salvarse a sí mismos, ni siquiera prepararse para la salvación de Dios. La humanidad incrédula no tiene la capacidad de desear, comprender, creer o aplicar la verdad espiritual: «El que no tiene el Espíritu no acepta lo que procede del Espíritu de Dios, pues para él es locura. No puede entenderlo, porque hay que discernirlo espiritualmente» (1 Corintios 2:14). A pesar de todo eso, ¡las personas están orgullosas de sí mismas! La falta de autoestima no es el problema.

Debido al pecado de Adán, este estado de muerte espiritual llamado depravación total ha pasado a toda la humanidad. Otro término para esto es «pecado original». La Escritura lo explica de esta manera: «Por medio de un solo hombre el pecado entró en el mundo, y por medio del pecado entró la muerte; fue así como la muerte pasó a toda la humanidad, porque todos pecaron» (Romanos 5:12). Cuando, como jefe de la raza humana, Adán pecó, toda la raza se corrompió. «Porque así como por la desobediencia de uno solo muchos fueron constituidos pecadores» (Romanos 5:19). Cómo pudo suceder tal cosa, esto ha sido objeto de mucha discusión teológica durante siglos. Para nuestros propósitos, sin embargo, es suficiente afirmar que las Escrituras claramente enseñan que el pecado de Adán trajo la culpa sobre toda la raza. Estábamos «en Adán» cuando él pecó, y por lo tanto la culpa del pecado y la sentencia de muerte nos pasaron a todos: «En Adán todos mueren» (1 Corintios 15:22).

Podríamos sentirnos tentados a pensar: *Si soy pecador por nacimiento y nunca tuve una naturaleza moralmente neutral, ¿cómo puedo ser considerado responsable de serlo?* Pero nuestra naturaleza corrupta lo es precisamente porque nuestra culpa es un asunto muy serio. El pecado fluye desde el alma de nuestro ser. Es debido a nuestra naturaleza pecaminosa que cometemos actos maliciosos: «Porque de adentro, del corazón humano, salen los malos pensamientos, la inmoralidad sexual, los robos, los homicidios, los adulterios, la avaricia, la maldad, el engaño, el libertinaje, la envidia, la calumnia, la arrogancia y la necedad. Todos estos males vienen de adentro y contaminan a la persona» (Marcos 7:21-23). Somos «por naturaleza hijos de ira» (Efesios 2:3). El pecado original, incluidas todas las tendencias corruptas y las pasiones pecaminosas del alma, es tan merecedor de castigo como todos nuestros pecaminosos actos espontáneos. ¿Qué es el pecado, después de todo, sino confusión: «transgresión» (1 Juan 3:4)? O, como dice el *Catecismo Menor de Westminster*: «El pecado es cualquier falta de conformidad o transgresión de la ley de Dios» (pregunta 14). Lejos de ser una excusa, el pecado original está en el centro de por qué somos culpables. Y el pecado original en sí mismo es motivo suficiente para nuestra condenación ante Dios.

Además, el pecado original con su depravación resultante es la razón por la cual cometemos actos voluntarios de pecado. David Martyn Lloyd-Jones escribió:

> ¿Por qué decide el hombre pecar? La respuesta es que el hombre se ha alejado de Dios y, como resultado, toda su

naturaleza se ha vuelto pervertida y pecaminosa. Toda la parcialidad del hombre está lejos de Dios. Por naturaleza, odia a Dios y siente que Dios se opone a él. Su dios es él mismo, sus propias habilidades y sus poderes, sus propios deseos. Se opone a toda idea de Dios y a las demandas que Dios le hace... Además, al hombre le gustan, y codicia, las cosas que Dios prohíbe, pero no le gustan las cosas y el tipo de vida a la que Dios lo llama. Estas no son meras declaraciones dogmáticas. Son hechos. Solo ellos explican el embrollo moral y la fealdad que caracterizan la vida actual en tal medida.[7]

La salvación del pecado original es solo a través de la cruz de Cristo: «Porque así como por la desobediencia de uno solo muchos fueron constituidos pecadores, también por la obediencia de uno solo muchos serán constituidos justos» (Romanos 5:19). Nacemos en pecado (Salmos 51:5), por lo que si queremos convertirnos en hijos de Dios y entrar en su reino, debemos nacer de nuevo por el Espíritu de Dios (Juan 3:3-8).

En otras palabras, contrario a lo que la mayoría de la gente piensa, contrario a las presuposiciones de la doctrina de la autoestima, los hombres y las mujeres no son naturalmente buenos. Todo lo opuesto es cierto. Somos, por naturaleza, enemigos de Dios, pecadores, amantes de nosotros mismos y esclavos de nuestro propio pecado. Somos ciegos, sordos y muertos a los asuntos espirituales, incapaces hasta de creer si no es por la bendita intervención de Dios. ¡Sin embargo, somos inexorablemente orgullosos! De hecho, nada es más ilustrativo de la maldad humana que el deseo de autoestima. Y el primer paso para una autoimagen adecuada es reconocer que estas cosas son ciertas.

> Somos, por naturaleza, enemigos de Dios, pecadores, amantes de nosotros mismos y esclavos de nuestro propio pecado.

Es por eso que Jesús elogió al recaudador de impuestos, en vez de criticarlo por su baja autoestima, cuando el hombre golpeó su pecho y suplicó: «¡Oh Dios, ten compasión de mí, que soy pecador!» (Lucas 18:13). Aquel hombre, finalmente, había llegado al punto de verse a sí mismo por lo que era y estaba tan abrumado que su emoción se liberó en actos de autocondenación. La verdad es que su autoimagen nunca había sido más sólida que en ese momento. Librado del orgullo y la pretensión, ahora veía que no había nada que pudiera hacer para ganarse el favor de Dios. Al contrario, le suplicó a Dios misericordia. Y, por lo tanto, «Les digo que este, y no aquel, volvió a su casa justificado ante Dios» (v. 14). Por primera vez, estaba en condiciones de percatarse de la verdadera alegría, la paz con Dios y un nuevo sentido de autoestima que la gracia de Dios otorga a aquellos que adopta como sus hijos (Romanos 8:15).

Todos hemos pecado

En lo profundo de nuestros corazones, todos sabemos que algo está exasperadamente mal con nosotros. Nuestra conciencia nos confronta constantemente con nuestra propia pecaminosidad. Intentamos culpar a los demás o buscar explicaciones sicológicas respecto a cómo nos sentimos, no podemos escapar de la realidad. En última instancia, no podemos negar nuestras propias conciencias. Todos sentimos culpa y sabemos la horrible verdad sobre quiénes somos por dentro.

Nos *sentimos* culpables porque lo *somos*. Solo la cruz de Cristo puede responder al pecado de una manera que nos libere de nuestra propia vergüenza. La sicología podría enmascarar parte del dolor de nuestra culpa. La autoestima podría ocultarlo por un tiempo. Otras cosas, como buscar consuelo en las relaciones o culpar de nuestros problemas a otra persona, pueden hacernos sentir mejor, pero el alivio es solo superficial. Y es peligroso. De hecho, a menudo intensifica la culpa, porque agrega indecencia y orgullo al pecado que originalmente hirió la conciencia.

> Nos sentimos culpables porque lo somos. Solo la cruz
> de Cristo puede responder al pecado de una manera
> que nos libere de nuestra propia vergüenza.

La verdadera culpa tiene una sola causa: el pecado. Hasta que se aborde el pecado, la conciencia luchará por acusar. Y el pecado, no la baja autoestima, es lo que el evangelio ha de vencer. Por eso, como vimos en el capítulo 3, el apóstol Pablo comenzó su presentación del evangelio a los romanos con un largo discurso sobre el pecado. La depravación total es la primera verdad del evangelio que presentó, y pasó casi tres capítulos completos tratando ese tema. Romanos 1:18-32 demuestra la culpa de los paganos. Romanos 2:1-16 prueba la culpa del moralista, que viola el estándar por el cual juzga a los demás. Y Romanos 2:17—3:8 establece la culpa de los judíos, que tuvieron acceso a todos los beneficios de la gracia divina, pero en general rechazaron la justicia de Dios.

Desde Romanos 1, Pablo argumenta de manera elocuente, citando evidencia de la naturaleza, la historia, la razón firme y la conciencia para comprobar la total pecaminosidad de toda la humanidad. Y en los versículos 9-20 del capítulo 3, lo resume todo. Pablo razona como un abogado dando su resumen final. Revisa sus argumentos como un fiscal que ha presentado un caso irónico contra toda la humanidad. Es una presentación poderosa y convincente, repleta de cargos, pruebas convincentes y el veredicto ineludible.

La acusación. «¿Entonces qué? ¿Somos mejores que ellos? «¡De ninguna manera! Ya hemos demostrado que tanto los judíos como los gentiles están bajo el pecado» (Romanos 3:9). La acusación de Pablo comienza así con dos preguntas: ¿Qué entonces? o «¿Hay alguna necesidad de más testimonio?» Y, ¿Estamos mejor que ellos? o «¿Puede alguien afirmar con franqueza, que vive por encima del nivel de la naturaleza humana que he estado describiendo?»

«En absoluto», responde. Todos, desde los más degenerados, los pecadores pervertidos (Romanos 1:28-32) a los judíos más rígidamente legalistas caen en la misma categoría de depravación total. En otras palabras, toda la raza humana, sin excepción, es procesada en la corte divina y acusada de estar «bajo pecado», totalmente subyugada al poder del pecado. Pablo afirma que todas las personas no redimidas están subordinadas al pecado, esclavizadas por él, llevadas cautivas a la autoridad del pecado.

Los lectores judíos de Pablo habrían encontrado esta verdad tan impactante e increíble como debe serlo para aquellos que siguen la doctrina moderna de la autoestima. Sus lectores judíos creían que eran aceptables para Dios por nacimiento y que solo los gentiles eran pecadores por naturaleza. Los judíos eran, después de todo, el pueblo elegido de Dios. La idea de que todos los judíos eran pecadores era contraria a las creencias de los fariseos. Enseñaban que solo los abandonados, los mendigos y los gentiles nacieron en pecado (cf. Juan 9:34). Pero las Escrituras afirman claramente lo contrario. Incluso David dijo: «Yo sé que soy malo de nacimiento; pecador me concibió mi madre» (Salmos 51:5) «Sabemos que somos hijos de Dios, y que el mundo entero está bajo el control del maligno» (1 Juan 5:19). La humanidad moderna, criada por la sicología de la autoestima, también encuentra impactante saber que todos somos criaturas pecaminosas e indignas por naturaleza.

La prueba. Pablo, siguiendo con el resumen del tribunal, continúa probando —con las Escrituras del Antiguo Testamento— la universalidad de la depravación humana:

Así está escrito:

«No hay un solo justo, ni siquiera uno; no hay nadie que entienda, nadie que busque a Dios. Todos se han descarriado, a una se han corrompido. No hay nadie que haga lo bueno; ¡no hay uno solo! Su garganta es un sepulcro abierto; con su lengua profieren engaños. ¡Veneno de víbora hay en sus labios! Llena está su boca de maldiciones y de amargura. Veloces son sus pies para ir a derramar sangre; dejan ruina y miseria en sus caminos, y no conocen la senda de la paz» (Romanos 3:10-17).

Observe la manera en que Pablo subraya la universalidad del pecado. En esos pocos versículos, él dice «ni siquiera uno» o sea «nadie» seis veces. Ninguna persona escapa a la acusación. «La Escritura ha encerrado a todos los hombres bajo pecado» (Gálatas 3:22).

El argumento de Pablo se basa en tres partes: el modo en que el pecado corrompe el carácter (Romanos 3:10-12), la forma en que el pecado contamina la conversación (vv. 13-14) y la manera en que el pecado pervierte la conducta (vv. 15-17). Primero prueba cómo corrompe el pecado al carácter: «No hay justo... no hay quien haga el bien, ni siquiera hay uno» (Romanos 3:10-12). Aquí Pablo hace seis acusaciones. Dice que, debido a su innata depravación, las personas son universalmente malvadas («no hay un solo justo»), espiritualmente ignorantes («nadie que entienda»), rebeldes («nadie que busque a Dios»), descarriados («todos se han descarriado»), moralmente corruptos («todos se han corrompido») y espiritualmente inútiles («no hay nadie que haga lo bueno»).

El versículo que cita Pablo es el Salmo 14:1: «Dice el necio en su corazón: "No hay Dios". Están corrompidos, sus obras son detestables; ¡no hay uno solo que haga lo bueno!» Las palabras al final de Romanos 3:12, «¡no hay uno solo!», son un comentario editorial de Pablo, agregado para hacer que la verdad sea irrevocable para alguien que de otra manera podría pensar en sí mismo como una excepción a la regla, como es la actitud común de los pecadores que se justifican a sí mismos.

Tenga en cuenta que Pablo no sugiere que algunos pecadores sean propensos a pensar peor de sí mismos de lo que deberían. Todo lo contrario, es cierto: «Por la gracia que se me ha dado, les digo a todos ustedes: Nadie tenga un concepto de sí más alto que el que debe tener, sino más bien piense de sí mismo con moderación, según la medida de fe que Dios le haya dado» (Romanos 12:3).

El orgullo indebido es la respuesta típica y predecible de los pecadores. La enseñanza moderna de la autoestima, de hecho, es la expresión de ese orgullo. Hacer que una persona cruel se sienta bien consigo misma solo aumenta su letalidad.

Una vez más, la depravación total que Pablo describe ciertamente no significa que todas las personas manifiesten la expresión de su pecado hasta el máximo grado. Es cierto que hay algunas personas que son «buenas» en un sentido relativo. Pueden tener características como compasión, generosidad, amabilidad, integridad, decencia, consideración, etc. Pero incluso esas características son imperfectas y contaminadas por el pecado y la debilidad humanos. Nadie, «ni siquiera uno», se acerca a la verdadera justicia. La norma de Dios, después de todo, es la perfección absoluta: «Debes ser perfecto, como tu Padre celestial es perfecto» (Mateo 5:48). En otras palabras, nadie —por perfecto que se crea—, es aceptable para Dios. ¿Qué le hace eso a la teología de la autoestima? ¿Cómo se siente bien consigo mismo cuando el propio Dios nos declara dignos de su ira?

Hay una respuesta al dilema, por supuesto. Dios justifica a los impíos por la fe (Romanos 4:5). La propia y perfecta justicia de Cristo se imputa a nuestra cuenta, por lo que por fe podemos estar delante de Dios vestidos de una justicia perfecta que no es nuestra (Filipenses 3:9). Esto no tiene que ver con obras que hagamos. Es una justicia superior, la totalidad de la propia justicia de Cristo, acreditada a nuestra cuenta. Cristo, en nuestro nombre, ya ha cumplido el requisito de ser tan perfecto como nuestro Padre celestial es perfecto. Su virtud está asignada a nuestra cuenta, por lo que Dios nos considera totalmente justos.

Sin embargo, estamos saltando la evidencia cuidadosamente dispuesta del apóstol. Añade una paráfrasis también del Salmo 14: «El Señor miró desde los cielos a los hijos de los hombres, para ver si hay alguno que entienda, que busque a Dios» (v. 2; cf. 53:3). La ignorancia y la depravación van de la mano. Pero las personas no son pecaminosas y enemigas de Dios debido a su ignorancia espiritual; más bien son espiritualmente ignorantes debido a su pecaminosidad y su disposición contraria a Dios. «A causa de la ignorancia que los domina y *por la dureza de su corazón*, estos tienen oscurecido el entendimiento y están alejados de la vida que proviene de Dios» (Efesios 4:18, énfasis agregado). En otras palabras, debido a que odian a Dios y a su amor por su propio pecado, rechazan el testimonio de Dios en la creación y el testimonio de su conciencia (Romanos 1:19-20). Eso, como notamos en el capítulo 3, endurece el corazón y oscurece la mente.

El corazón endurecido y la mente oscura se niegan a buscar a Dios: «No hay quien busque a Dios». Eso nuevamente hace eco del Salmo 14:2. Dios invita al que lo busca y promete que aquellos que lo buscan con todo su corazón lo encontrarán (Jeremías 29:13). Jesús también prometió que todos los que lo buscan lo encontrarán (Mateo 7:8). Pero el corazón pecaminoso se aleja de Dios y no quiere buscarlo. Sin la intervención bendita y soberana de Dios, buscando y atrayendo a los pecadores a sí mismo primero, nadie lo buscaría ni sería salvo. Jesús mismo dijo: «Nadie puede venir a mí si no lo atrae el Padre que me envió, y yo lo resucitaré en el día final» (Juan 6:44).

> Sin la intervención bendita y soberana de Dios, buscando y atrayendo a los pecadores a sí mismo primero, nadie lo buscaría ni sería salvo.

Más que buscar a Dios, los pecadores inevitablemente siguen su propio camino. Aun usando el Salmo 14, Pablo cita el versículo 3: «Pero todos se han descarriado», o como dice Romanos 3:12, «Todos se han apartado». Esto evoca a Isaías 53:6: «Todos andábamos perdidos, como ovejas; cada uno seguía su propio camino, pero el Señor hizo recaer sobre él la iniquidad de todos nosotros». Los pecadores son, por naturaleza, descarriados. Inherente a la depravación humana es el alejamiento inevitable de la verdad y la justicia. Los pecadores siempre pierden el rumbo: «Hay caminos que al hombre le parecen rectos, pero que acaban por ser caminos de muerte» (Proverbios 14:12).

La mancha del pecado hace que el pecador sea «inútil» (v. 12), traduciendo una palabra griega que se usa para describir la leche en mal estado o la comida contaminada que se debe desechar. Las personas no redimidas no son aptas para ningún bien espiritual, son inútiles para la justicia, aptas solo para ser arrojadas al fuego y quemadas (Juan 15:6). Su gran necesidad no es la autoestima ni el pensamiento positivo, sino la redención de su orgulloso pecado.

En los siguientes versículos, Pablo presenta su segunda prueba referente a *cómo contamina el pecado a la conversación*: «Su garganta es un sepulcro abierto; con su lengua profieren engaños. ¡Veneno de víbora hay en sus labios! Llena está su boca de maldiciones y de amargura» (3:13-14). El verdadero carácter de uno se manifiesta inevitablemente en la conversación. Las Escrituras están llenas de afirmaciones de esta verdad:

- «De la abundancia del corazón habla la boca. El que es bueno, de la bondad que atesora en el corazón saca el bien, pero el que es malo, de su maldad saca el mal» (Mateo 12:34-35).
- «Pero lo que sale de la boca viene del corazón y contamina a la persona» (15:18).
- «La boca del justo profiere sabiduría, pero la lengua perversa será cercenada. Los labios del justo destilan bondad; de la boca del malvado brota perversidad» (Proverbios 10:31-32).
- «La lengua de los sabios hace que el conocimiento sea aceptable, pero la boca de los necios dice locura... El corazón de los justos reflexiona sobre cómo responder, pero la boca de los impíos derrama cosas malas» (Proverbios 15:2, 28).
- «Son las iniquidades de ustedes las que los separan de su Dios. Son estos pecados los que lo llevan a ocultar su rostro para no escuchar. Ustedes tienen las manos manchadas de sangre y los dedos manchados de iniquidad. Sus labios dicen mentiras» (Isaías 59:2-3).

- «Tensan su lengua como un arco; en el país prevalece la mentira, no la verdad... Cuídese cada uno de su amigo, no confíe ni siquiera en el hermano, porque todo hermano engaña, y todo amigo difama. Se engañan unos a otros; no se hablan con la verdad. Han enseñado sus lenguas a mentir, y pecan hasta el cansancio» (Jeremías 9:3-5).

Pablo elige otros pasajes más de los salmos para enfatizar el punto:

- «Afilan su lengua cual lengua de serpiente; ¡veneno de víbora hay en sus labios!» (Salmos 140:3).
- «En sus palabras no hay sinceridad; en su interior solo hay corrupción. Su garganta es un sepulcro abierto; con su lengua profieren engaños» (Salmos 5:9).
- «Llena está su boca de maldiciones, de mentiras y amenazas; bajo su lengua esconde maldad y violencia» (Salmos 10:7).

Esos versículos, todos escritos para condenar a «los malvados», Pablo los aplica a todos. Él está señalando que la depravación humana es universal. Todos son malvados. Todos son culpables. Nadie puede reclamar exención de las acusaciones que Pablo formula.

Además, está ilustrando cuán profundamente impregna y empapa el pecado a todos los aspectos de nuestra humanidad. Observe cómo contamina completamente el pecado a la conversación: contamina la «garganta», corrompe la «lengua», envenena los «labios» y contamina la «boca». Las malas conversaciones, una expresión de la maldad del corazón, corrompen todos los órganos que toca cuando «sale de la boca», infectando a toda la persona (Mateo 15:11).

Tercero, Pablo concluye su prueba citando varios versículos para mostrar la forma en que el pecado pervierte la conducta: «Veloces son sus pies para ir a derramar sangre; dejan ruina y miseria en sus caminos, y no conocen la senda de la paz»

(Romanos 3:15-17). Aquí Pablo está citando un pasaje de Isaías. Esto es significativo, porque en esos versículos Isaías estaba censurando a Israel por sus pecados contra Jehová. Esto no era una denuncia contra los malvados paganos, sino una acusación a personas religiosas que creían en Dios: «Veloces son sus pies para ir a derramar sangre; dejan ruina y miseria en sus caminos, y no conocen la senda de la paz» (Isaías 59:7-8).

En una semana típica, en algunas de nuestras ciudades más grandes, se producirán por lo menos hasta doscientos asesinatos.

La frase «sus pies son rápidos para ir a derramar sangre» describe la inclinación de la humanidad pecadora al asesinato. Recuerde, Jesús enseñó que el odio es el equivalente moral del asesinato (Mateo 5:21-22). La semilla del odio crece y madura, y el fruto que produce es el derramamiento de sangre. Los pecadores se sienten naturalmente atraídos por el odio y sus derivados violentos. Las personas son «rápidas» en su avance hacia tales actos. Esto lo vemos muy claramente en nuestra propia sociedad. Un artículo de *Newsweek*, por ejemplo, reportó recientemente que «un niño de doce años se volteó sin decir una palabra y [disparó] matando a una niña de siete años porque se paró sobre su sombra».[8]

En una semana típica, en algunas de nuestras ciudades más grandes, se producirán por lo menos hasta doscientos asesinatos. Los tiroteos automovilísticos, las peleas entre borrachos, la violencia de las pandillas, los pleitos familiares y otros delitos contribuyen al recuento de cadáveres. Si la falta de autoestima es el problema del corazón humano, ¿por qué, debemos preguntarnos, va la tasa de asesinatos en aumento tan dramáticamente en una sociedad en la que la autoestima también está creciendo? La respuesta es que la baja autoestima no es el problema. Por el contrario, el orgullo en sí mismo es el problema que conduce a todo pecado, incluido el odio, la hostilidad y el asesinato. El gusto por los derramamientos de sangre supura en el corazón de la humanidad pecadora. Elimine las restricciones morales de la sociedad y el resultado inevitable será una escalada de asesinatos y violencia, sin importar cuán buenas personas se sientan consigo mismas.

«Destrucción y miseria» caracterizan aun más las tendencias de la humanidad depravada. Insisto, nadie familiarizado con las tendencias de la sociedad moderna puede negar la verdad de las Escrituras sobre este punto. Eso es revelador, podemos ver claramente la verdadera naturaleza del corazón humano. ¿Qué más podría explicar nuestra cultura, donde las personas son robadas, golpeadas, violadas o asesinadas sin más motivo que el puro placer? La destrucción insensata es una parte tan importante de la sociedad que nos hemos acostumbrado a gran parte de ella.

El «rap gangsta» o rap malandro, música que glorifica el asesinato, la violación y el consumo de drogas, representa muchos de los álbumes más vendidos en las listas de éxitos. La letra de la mayoría del rap gangsta es indescriptiblemente detestable. Combinan violencia, imágenes sexuales y blasfemias inimaginables de una manera repulsiva y deliberadamente ofensiva. Peor aún, incitan descaradamente a los jóvenes a unirse a las pandillas, a matar policías, a violar mujeres, a promover disturbios y cometer otros actos de destrucción sin sentido. Hoy día, el rap gangsta es un gran negocio. Sus grabaciones no se venden secretamente desde la parte trasera del auto de algunos matones, sino que se comercializan públicamente en tiendas minoristas de todas partes, con elegantes campañas publicitarias diseñadas por ejecutivos de empresas como Capitol Records. Y el objetivo principal de tales productos son los chicos menores de dieciocho años. Una generación entera está siendo adoctrinada con esos vicios. La destrucción y la miseria están en camino. ¡Y ay de aquellos desdichados que se crucen en su camino! En los últimos meses, varios artistas de rap conocidos a nivel nacional han sido acusados de crímenes violentos, incluidos asesinatos y violaciones en grupo.

¿Por qué la miseria y la desesperación son tan características de esta era moderna, a pesar de que la humanidad ha hecho avances tan notables en tecnología, sicología y medicina? Porque la depravación está en el centro del alma humana. Todos esos problemas están tan ligados al corazón humano que ninguna cantidad de aprendizaje ni ninguna medida de autoestima los borrará. A medida que avanza la ciencia, las personas solo se vuelven más sofisticadas en el uso de medios malvados. La destrucción y la miseria causadas por el pecado humano no disminuyen; se acelera. La historia de este siglo, llena de guerras mundiales, holocaustos, asesinos en serie, crímenes crecientes y revoluciones sangrientas, es una prueba gráfica de ello. La depravación está ligada al corazón humano.

En otras palabras, «el camino de la paz» es desconocido para la humanidad pecadora (Romanos 3:17). Aunque escuchamos mucho hablar en estos días de «paz, paz», no hay paz (cf. Jeremías 6:14).

Pablo resume la evidencia de la depravación humana: «No hay temor de Dios delante de sus ojos» (Romanos 3:18). Allí vuelve a los salmos para una cita final. El Salmo 36:1 dice: «Dice el pecador: "Ser impío lo llevo en el corazón". No hay temor de Dios delante de sus ojos». La pecaminosidad humana es un defecto del corazón humano. El mal impera en el corazón del hombre. Los corazones de las personas están naturalmente en armonía con la maldad. No tienen temor innato de Dios.

> No escuchamos mucho acerca de temer a Dios en estos tiempos. Incluso muchos cristianos parecen sentir que el lenguaje del temor es, de alguna manera, demasiado duro o negativo.

El temor al Señor, por supuesto, es el requisito previo y principal para la sabiduría espiritual (Proverbios 9:10). Moisés le ordenó a Israel: «Teme al Señor tu Dios, sírvele solamente a él, y jura solo en su nombre» (Deuteronomio 6:13). De hecho, cuando Moisés resumió las responsabilidades de los israelitas, esto es lo que dijo: «Y ahora, Israel, ¿qué te pide el Señor tu Dios? Simplemente que le *temas* y andes en todos sus caminos, que lo ames y le sirvas con todo tu corazón y con toda tu alma, y que cumplas los mandamientos y los preceptos que hoy te manda cumplir, para que te vaya bien» (Deuteronomio 10:12-13, énfasis añadido). También en la era del Nuevo Testamento se nos ordena «limpiarnos de toda contaminación de carne y espíritu, perfeccionando la santidad en el temor de Dios» (2 Corintios 7:1). «Den a todos el debido respeto: amen a los hermanos, *teman* a Dios, respeten al rey» (1 Pedro 2:17, énfasis agregado; cf. Apocalipsis 14:7).

«El temor del Señor imparte sabiduría» (Proverbios 15:33). «Con amor y verdad se perdona el pecado, y con temor del Señor se evita el mal» (Proverbios 16:6). «El temor del Señor es fuente de vida, y aleja al hombre de las redes de la muerte» (Proverbios 14:27).

No escuchamos mucho acerca de temer a Dios en estos tiempos. Incluso muchos cristianos parecen sentir que el lenguaje del temor es, de alguna manera, demasiado duro o negativo. ¡Cuánto más fácil es hablar del amor y la misericordia infinita de Dios! Pero la paciencia, la amabilidad y tales atributos no son las verdades que faltan en el concepto de Dios de la mayoría de las personas. El problema es que la mayoría de la gente no piensa en Dios como alguien a quien temer. No se dan cuenta de que Él odia a los orgullosos y castiga a los malhechores. Presumen de su gracia. Temen lo que la gente piensa más de lo que les importa lo que Dios piense. Buscan su propio placer, sin importar el disgusto de Dios. Su conciencia está contaminada y en peligro de extinción. «No hay temor de Dios ante sus ojos».

El temor de Dios, por cierto, es un concepto diametralmente opuesto a la doctrina de la autoestima. ¿Cómo podemos promover el temor al Señor en las personas y al mismo tiempo estar obsesionados con aumentar su autoestima? ¿Cuál es la búsqueda más bíblica? Las Escrituras hablan por sí mismas.

El veredicto. Habiendo presentado un caso convincente para la depravación total, Pablo aclara el veredicto: «Ahora bien, sabemos que todo lo que dice la ley, lo dice a quienes están sujetos a ella, para *que todo el mundo se calle la boca y quede convicto delante de Dios*» (Romanos 3:19, énfasis agregado).

Aquí Pablo critica la suposición de aquellos que creían que el simple hecho de tener la ley de Dios hacía, de alguna manera, a los judíos moralmente superiores a los paganos gentiles. La ley llevaba su propia condena contra aquellos que no la guardaban perfectamente: «Maldito sea quien no practique fielmente las palabras de esta ley» (Deuteronomio 27:26; cf. Gálatas 3:10). «Porque el que cumple con toda la ley, pero falla en un solo punto ya es culpable de haberla quebrantado toda» (Santiago 2:10). El simple hecho de tener la ley no hizo que los judíos fueran mejores que el resto de la humanidad.

Los gentiles, por otro lado, eran responsables ante la ley escrita en sus propias conciencias (Romanos 2:11-15). Ambos grupos son probados en cuanto a la violación de las leyes que poseían. La acusación permanece. No puede haber defensa. Cada boca debe callarse. El caso está cerrado. La humanidad no redimida es culpable de todas las acusaciones. No hay motivos para absolverla. El mundo entero se declara culpable ante Dios.

La autoestima no es la solución a la depravación humana. ¡La agrava! Los problemas de nuestra cultura, especialmente la angustia que destroza los corazones humanos, no se resolverán con el engaño de hacer que las personas piensen mejor de sí mismas. En realidad, todos somos pecaminosos hasta la médula. La culpa y la vergüenza que todos sentimos como pecadores son legítimas, naturales e incluso apropiadas. Tienen el beneficioso propósito de hacernos ver la profundidad de nuestra propia pecaminosidad. No nos atrevamos a dejar eso a un lado por las enseñanzas defectuosas de la autoestima humanista.

> **La autoestima no es la solución a la depravación humana.**

Hace poco leí un artículo inusualmente claro sobre el mito de la bondad humana desde una perspectiva no cristiana. El autor, un crítico social judío, escribe:

> Creer que la gente es básicamente buena después de Auschwitz, el Gulag y los otros horrores de nuestro siglo, es una declaración de fe irracional, tan irracional como

cualquier creencia religiosa [fanática]. Cada vez que me encuentro con personas, especialmente judíos, víctimas del mal más lacónico de la historia, que persisten en creer en la bondad esencial de las personas, sé que son personas para quienes la evidencia es irrelevante. ¿Cuántos males tendrían que cometer los seres humanos para estremecer la fe de un judío en la humanidad? ¿Cuántas personas más inocentes tienen que ser asesinadas y torturadas? ¿Cuántas mujeres más deben ser violadas?[9]

Este artículo enumera cinco consecuencias del mito de que las personas son básicamente buenas. Observe cómo contribuyen todos a la destrucción de la conciencia:

La primera consecuencia es, lógicamente, la atribución de todo mal a causas ajenas a las personas. Dado que estas son básicamente buenas, lo malo que hacen debe ser causado por alguna fuerza externa. Dependiendo de quién sea el culpable, esa fuerza externa podría ser el entorno social, las circunstancias económicas, los padres, las escuelas, la violencia televisiva, las armas, el racismo, el demonio, los recortes del gobierno o incluso los políticos corruptos (como lo expresa esta tontería que se escucha con frecuencia: «¿Cómo podemos esperar que nuestros hijos sean honestos cuando el gobierno no lo es?»).

Por lo tanto, las personas no son responsables del mal que cometen. No es mi culpa que viole a mujeres mayores o que haga trampa la mayor parte del tiempo; algo (elegido de la lista anterior) me obligó a hacerlo.

Una segunda consecuencia terrible es la negación del mal. Si lo bueno es natural, entonces lo malo debe ser antinatural o «enfermizo». Las categorías morales han sido reemplazadas por sicológicas. Ya no hay bueno y malo, solo «normal» y «enfermizo».

En tercer lugar, ni los padres ni las escuelas toman en serio la necesidad de enseñar a los niños acerca de la bondad. Solo aquellos que reconocen que las personas no son básicamente buenas valoran la necesidad de enseñar acerca de la bondad.

Cuarto, dado que gran parte de la sociedad cree que el mal proviene de fuera de las personas, ha dejado de intentar cambiar los valores de las personas y se concentra en cambiar las fuerzas externas. ¿Comete crímenes la gente? No es de los valores y del desarrollo del carácter de lo que debemos preocuparnos; necesitamos cambiar el entorno socioeconómico que «produce» violadores y asesinos. ¿Embarazan a las mujeres los hombres irresponsables? No son mejores valores lo que necesitan, sino una mejor educación sexual y un mejor acceso a condones y a los abortos.

Quinto, y lo más destructivo de todo, aquellos que creen que el individuo es básicamente bueno concluyen que las personas no necesitan sentirse responsables de su comportamiento ante Dios ni ante una religión, solo ante sí mismos.[9]

Ese escritor, por extraño que parezca, niega la depravación humana y la bondad humana. Él cree que las personas no son buenas ni malas, sino que eligen su camino en la vida. (Al comienzo de su artículo, sin embargo, cita Génesis 8:21: «La intención del corazón del hombre es malvada desde su juventud».)

A pesar de esa inconsistencia en su posición, el artículo muestra muy claramente los peligros del mito de la bondad humana

La iglesia debe salvaguardar la sana doctrina recuperando la doctrina de la depravación total. Como escribió J. C. Ryle hace casi un siglo:

La visión bíblica del pecado es uno de los mejores antídotos para ese tipo de teología vaga, sutil, brumosa y nebulosa que es tan dolorosamente actual en la era presente. Es en vano cerrar los ojos ante el hecho de que hoy existe una gran cantidad del llamado cristianismo que no se puede declarar positivamente erróneo pero que, sin embargo, no deja de ser errático. Es un cristianismo en el que hay indudablemente «algo de Cristo y algo de la gracia, algo de la fe, algo del arrepentimiento y algo de la santidad», pero no es la verdadera esencia, «como dice» la Biblia. Las cosas están desubicadas y desproporcionadas. Como habría dicho el viejo Latimer, es una especie de «mezcla de malas palabras» que no sirve de nada. No ejerce influencia en la conducta diaria, ni bienestar, ni da paz en la muerte; y quienes lo sostienen a menudo se despiertan demasiado tarde para darse cuenta de que no tienen nada sólido debajo de sus pies. Ahora creo que la forma más probable de curar y reparar este tipo de religión defectuosa es presentar de manera más prominente la antigua verdad bíblica sobre la pecaminosidad del pecado.[10]

> «Creer que la gente es básicamente buena después de Auschwitz, el Gulag y los otros horrores de nuestro siglo, es una declaración de fe irracional, tan irracional como cualquier creencia religiosa [fanática]». —Dennis Prager

Por otro lado, es probable que se esté preguntando: ¿Quiere Dios *que nos revolquemos en la vergüenza y la autocondena permanentemente?* De ningún modo. Dios ofrece libertad del pecado y la vergüenza a través de la fe en Jesucristo. Si estamos dispuestos a reconocer nuestra pecaminosidad y a buscar su gracia, Él nos librará maravillosamente de nuestro pecado y de todos sus efectos. «Por lo tanto, ya no hay ninguna condenación para los que están unidos a Cristo Jesús, pues por medio de él la ley del Espíritu de vida me ha liberado de la ley del pecado y de la muerte» (Romanos 8:1-2). La liberación del pecado que esos versículos describen es la única base sobre la cual realmente podemos sentirnos bien con nosotros mismos. Y es a ese proceso al que ahora dirigimos nuestra atención.

5

El pecado y su cura

*La propia naturaleza del hombre ha caído. El error yace
en el centro de su ser y, por lo tanto, todo está mal. No
puede ser mejorado porque, finalmente, nada será suficiente sino un cambio radical, una nueva naturaleza. El
hombre ama la oscuridad y odia la luz. ¿Qué se puede
hacer por él? ¿Se puede cambiar a sí mismo? ¿Puede
renovar su naturaleza? «¿Puede el etíope cambiar su piel
o el leopardo sus manchas?» ¿Puede el hombre cambiar
todo el prejuicio de su vida? Dale ropa nueva, dale una
casa a estrenar en un entorno nuevo, entretenlo con
lo mejor y más alentador, edúcalo y entrena su mente,
enriquece su alma con dosis frecuentes de la mejor cultura jamás conocida, haz todo eso y más, pero aun así
seguirá siendo el mismo hombre en esencia; sus deseos
y su vida más íntima no cambiarán.*

D. Martyn Lloyd-Jones[1]

La exitosa novela de 1987 de Tom Wolfe, *La hoguera de las vanidades*,[2] narraba la historia de un joven magnate ficticio de Wall Street, Sherman McCoy, que se ve atrapado en el centro de un escándalo después que él y su amante, sin darse cuenta, se desviaron por una salida incorrecta en una autopista del Bronx. Perdidos en el lado equivocado de la ciudad, son amenazados por unos matones que intentan bloquear su automóvil. Uno de los jóvenes atacantes es gravemente herido por el auto de McCoy y su amante que lo atropella, estos huyen de la escena. El joven permanece en coma por más de un año antes de morir. Mientras tanto, el caso se convierte en una causa política célebre, con McCoy a merced de una prensa despiadada y un sistema de justicia inepto. El libro cuenta la historia de cómo su mundo se desmorona lenta y dolorosamente.

Aunque inocente de la mayoría de las acusaciones en su contra, McCoy no es en absoluto culpable. Sus problemas comienzan porque él trata de ocultar su adulterio. Combina su propia culpa con una serie de mentiras en un intento por encubrir su conducta. Su doble vida, en definitiva, lo lleva a problemas cada vez más profundos. Al final, pierde su carrera, su familia, su fortuna y todos sus amigos, y parece encaminado a un largo juicio, probablemente seguido de una pena de prisión.

El libro de Wolfe anticipó con notable precisión una serie de escándalos de celebridades que caracterizaron la segunda mitad de la década de los años ochenta. Jim y Tammy Bakker, Gary Hart, Jimmy Swaggart, Michael Milken y muchos otros vieron cómo se desintegraban sus vidas en una manera que evocaba a Sherman McCoy. Lo que todos estos casos demuestran tan gráficamente son los efectos destructivos y catastróficos del pecado. El pecado, una vez comenzado, comerá como gangrena el alma humana. Deshonrará al pecador, lo expondrá, lo escandalizará y finalmente destruirá su vida. «Y pueden estar seguros de que no escaparán de su pecado» (Números 32:23).

El escándalo del pecado

El pecado gobierna cada corazón humano y, si se saliera con la suya, condenaría a cada alma humana. Si no entendemos nuestra propia pecaminosidad ni vemos nuestro pecado como Dios lo ve, no podemos entender o hacer uso del remedio del pecado. Aquellos que quieren negar su culpa u ocultar su propia pecaminosidad no pueden descubrir la cura del pecado. Aquellos que tratan de justificar su pecado pierden la justificación de Dios. Hasta que comprendamos cuán absolutamente aborrecible es nuestro pecado, no podremos conocer a Dios.

> Si no entendemos nuestra propia pecaminosidad ni vemos nuestro pecado como Dios lo ve, no podemos entender o hacer uso del remedio del pecado.

El pecado es abominable para Dios. Lo odia (cf. Deuteronomio 12:31). Sus ojos «son demasiado puros para aprobar el mal, y [no puede] mirar la maldad con gracia» (Habacuc 1:13). El pecado es contrario a la naturaleza de Dios (Isaías 6:3; 1 Juan 1:5). La pena máxima —la muerte— se aplica a toda infracción contra la ley divina (Ezequiel 18:4, 20; Romanos 6:23). Incluso la transgresión más pequeña es digna de la misma pena severa: «Porque el que cumple con toda la ley, pero falla en un solo punto ya es culpable de haberla quebrantado toda» (Santiago 2:10).

El pecado mancha el alma. Degrada la nobleza de la persona. Oscurece la mente. Nos hace peores que los animales, porque estos no pueden pecar. El pecado contamina, infecta, mancha. Todo pecado es asqueroso, repugnante, nauseabundo, inmundo a la vista de Dios. Las Escrituras lo llaman «suciedad» (Proverbios 30:12; Ezequiel 24:13; Santiago 1:21). El pecado se compara con el vómito, y los pecadores son los perros que lo lamen (Proverbios 26:11; 2 Pedro 2:22). El pecado es el fango y los pecadores son los cerdos que aman revolcarse en él

(Salmos 69:2; 2 Pedro 2:22). El pecado se asemeja a un cadáver putrefacto, y los pecadores son las tumbas que contienen el hedor y la maldad (Mateo 23:27). El pecado ha convertido a la humanidad en una raza contaminada y deshonrada.

Las terribles consecuencias del pecado incluyen el infierno, del cual Jesús dijo: «Y, si tu mano derecha te hace pecar, córtatela y arrójala. Más te vale perder una sola parte de tu cuerpo, y no que todo él vaya al infierno» (Mateo 5:30). Las Escrituras describen el infierno como un lugar espantoso y horrible donde los pecadores son «atormentados con fuego y azufre... Y el humo de su tormento sube por los siglos de los siglos; y no descansan día y noche» (Apocalipsis 14:10-11). Esas verdades se vuelven aun más alarmantes cuando nos damos cuenta de que son parte de la Palabra inspirada de un Dios infinitamente misericordioso y clemente.

Dios quiere que comprendamos la pecaminosidad extrema del pecado (Romanos 7:13). No nos atrevamos a tomarlo a la ligera o a descartar nuestra propia culpa con frivolidad. Cuando realmente veamos el pecado por lo que es, tendremos que odiarlo. La Escritura va más allá de eso: «Allí se acordarán de su conducta y de todas sus acciones con las que se contaminaron, y *sentirán asco de sí mismos* por todas las maldades que cometieron» (Ezequiel 20:43, énfasis agregado). En otras palabras, cuando realmente veamos lo que es el pecado, lejos de abrazar la autoestima, nos despreciaremos a nosotros mismos.

Naturaleza de la depravación humana

El pecado impregna nuestra esencia más íntima. Como vimos en el capítulo anterior, el pecado yace en el centro del alma humana. «Porque del corazón salen los malos pensamientos, los homicidios, los adulterios, la inmoralidad sexual, los robos, los falsos testimonios y las calumnias. Estas son las cosas que contaminan a la persona, y no el comer sin lavarse las manos» (Mateo 15:19-20). «El que es bueno, de la bondad que atesora en el corazón produce el bien; pero el que es malo, de su maldad produce el mal, porque de lo que abunda en el corazón habla la boca» (Lucas 6:45).

Sin embargo, el pecado no es una debilidad o defecto del cual no podamos responsabilizarnos. Es un antagonismo enérgico y decidido contra Dios. Los pecadores eligen el pecado libremente y con agrado. Es parte de la naturaleza humana amar el pecado y odiar a Dios. «La mentalidad pecaminosa es enemiga de Dios, pues no se somete a la ley de Dios, ni es capaz de hacerlo» (Romanos 8:7).

> Sin embargo, el pecado no es una debilidad o defecto del cual no podamos responsabilizarnos. Es un antagonismo enérgico y decidido contra Dios.

En otras palabras, el pecado es rebelión contra Dios. Los pecadores razonan en sus corazones: «Venceremos con la lengua; en nuestros labios confiamos. ¿Quién puede dominarnos a nosotros?» (Salmos 12:4, énfasis agregado). Isaías 57:4 caracteriza a los pecadores como niños rebeldes que abren sus bocas y sacan sus lenguas contra Dios. Si pudiera, el pecado destronaría a Dios, lo depondría, lo usurparía y se colocaría en el lugar que le corresponde a Él. Todo pecado es, en última instancia, un acto de orgullo que dice: «Muévete, Dios; el control es mío». Es por eso que todo pecado, en esencia, es blasfemia.

Al principio amamos nuestro pecado; nos deleitamos en él; buscamos oportunidades para representarlo. Sin embargo, como sabemos instintivamente que somos culpables ante Dios, inevitablemente intentamos camuflar o negar nuestra propia pecaminosidad. Hay muchas maneras de hacerlo, como hemos señalado en capítulos anteriores. Se pueden resumir en aproximadamente tres categorías: encubrirnos, justificarnos y somos ajenos a nuestros propios pecados.

Primero, *tratamos de encubrirnos*. Adán y Eva hicieron esto en el jardín, después del primer pecado: «En ese momento se les abrieron los ojos, y tomaron conciencia de su desnudez. Por eso, para cubrirse entretejieron hojas de higuera» (Génesis 3:7), luego se escondieron de la presencia del Señor (v. 8). El rey David trató inútilmente de cubrir su culpa cuando pecó contra Urías. Había cometido adulterio con la esposa de Urías, Betsabé. Cuando quedó embarazada, David —primero— tramó hacer que pareciera que Urías era el padre del bebé (2 Samuel 11:5-13). Como eso no funcionó, planeó matar a Urías (vv. 14-17). Eso solo agravó su pecado. Durante todos los meses del embarazo de Betsabé, David continuó cubriendo su pecado (2 Samuel 11:27). Más tarde, cuando David se enfrentó a su pecado y se arrepintió, confesó: «Mientras guardé silencio, mis huesos se fueron consumiendo por mi gemir de todo el día. Mi fuerza se fue debilitando como al calor del verano, porque día y noche tu mano pesaba sobre mí» (Salmos 32:3-4).

En segundo lugar, *intentamos justificarnos*. El pecado siempre es culpa de alguien más. Adán culpó a Eva, a quien describió como «la mujer que *me* diste para estar conmigo» (Génesis 3:12, énfasis agregado). Eso muestra que también estaba culpando a Dios. ¡Ni siquiera sabía qué era una mujer, hasta que se despertó casado con una! Dios, razonó, era responsable de la mujer que lo victimizó. Del mismo modo, tratamos de disculpar nuestros errores porque creemos que es culpa de otra persona. O argumentamos que creemos que tenemos una razón válida. Nos convencemos de que es correcto devolver mal por mal (cf. Proverbios 24:29; 1 Tesalonicenses 5:15; 1 Pedro 3:9). O razonamos que, si nuestros motivos finales son buenos, el mal puede justificarse: la perversión de pensar que el fin justifica cualquier medio (cf. Romanos 3:8). Lo llamamos enfermedad del pecado, nos etiquetamos como víctimas o negamos que lo que hemos hecho esté realmente mal. La mente humana es infinitamente creativa cuando se trata de encontrar formas de justificar el mal.

Tercero, somos ajenos a nuestro propio pecado. A menudo pecamos por ignorancia o presunción. Por eso David oró: «¿Quién está consciente de sus propios errores? ¡Perdóname aquellos de los que no estoy consciente! Libra, además, a tu siervo de pecar a sabiendas; no permitas que tales pecados me dominen. Así estaré libre de culpa y de multiplicar mis pecados» (Salmos 19:12-13). Jesús advirtió contra la locura de tolerar una viga en nuestro propio ojo mientras nos preocupa una pequeña mancha en el de otra persona (Mateo 7:3). Debido a que el pecado es tan generalizado, naturalmente tendemos a ser insensibles al propio, así como el zorrillo es indiferente a su propio olor. Incluso una conciencia altamente sensible no puede saberlo todo (cf. 1 Corintios 4:4).

El pecado no se expresa necesariamente en público. Las actitudes pecaminosas, las disposiciones pecaminosas, los deseos pecaminosos y el estado pecaminoso del corazón son tan reprensibles como las acciones que producen. Jesús dijo que la ira es tan pecaminosa como el asesinato, y que la lujuria equivale al adulterio (Mateo 5:21-28).

El pecado es tan engañoso que endurece al pecador contra su propio desatino (Hebreos 3:13). Como es natural, queremos minimizar nuestro pecado, como si realmente no fuera un gran problema. Después de todo, nos decimos: Dios es misericordioso y amoroso, ¿no es así? Él entiende nuestro pecado y no puede ser tan duro con nosotros, ¿verdad? Pero razonar de esa manera es someterse al engaño de la astucia del pecado.

El pecado, según las Escrituras, «es la transgresión de la ley» (1 Juan 3:4). En otras palabras, «Todo el que comete pecado quebranta la ley; de hecho, el pecado es transgresión de la ley». El pecado, por lo tanto, es cualquier falta de conformidad con el perfecto estándar moral de Dios. La demanda central de la ley de Dios es que lo amemos: «Ama al Señor tu Dios con todo tu corazón, con todo tu ser, con todas tus fuerzas y con toda tu mente», y «Ama a tu prójimo como a ti mismo» (Lucas 10:27). Por lo tanto, la falta de amor por Dios es el epítome de todo pecado.

Sin embargo, «la mentalidad pecaminosa es enemiga de Dios, pues no se somete a la ley de Dios, ni es capaz de hacerlo» (Romanos 8:7). Nuestro odio natural hacia la ley es tal que incluso saber lo que ella exige despierta en nosotros la necesidad de desobedecer. Pablo escribió: «Porque, cuando nuestra naturaleza pecaminosa aún nos dominaba, las malas pasiones que la ley nos despertaba actuaban en los miembros de nuestro cuerpo, y dábamos fruto para muerte... ¿Qué concluiremos? ¿Que la ley es pecado? ¡De ninguna manera! Sin embargo, si no fuera por la ley, no me habría dado cuenta de lo que es el pecado. Por ejemplo, nunca habría sabido yo lo que es codiciar si la ley no hubiera dicho: "No codicies"» (Romanos 7:5, 7). Tal es la inclinación del pecador por el pecado que lo controla. Está esclavizado a ello. Sin embargo, lo persigue con un apetito insaciable y con toda la pasión de su corazón.

El problema teológico planteado por el mal

¿De dónde vino el pecado? Sabemos que Dios creó todo en el universo y vio que era muy bueno (Génesis 1:31). «Por medio de él todas las cosas fueron creadas; sin él, nada de lo creado llegó a existir» (Juan 1:3). Eso plantea la obvia pregunta de si Dios es responsable del mal. Si no lo es, ¿quién es? ¿No tenía Dios el poder de evitar que el pecado arruinara su creación perfecta?

Es útil ver que el pecado no es una sustancia separada que existe independientemente de los agentes morales. El mal no es una cosa creada. No es un elemento. El pecado es una realidad ética y moral, no física. El pecado es un defecto en algo bueno. Nadie lo creó; el pecado es la pérdida de perfección en los seres que Dios creó perfectamente.

> Nadie lo creó; el pecado es la pérdida de perfección en los seres que Dios creó perfectamente.

No obstante, eso realmente no resuelve el tema de cómo sucedió el pecado. ¿Cómo podrían los seres perfectos rebelarse? ¿Cómo podrían los ángeles hechos perfectos volverse contra Dios? ¿Cómo podrían los humanos, creados a imagen divina, optar por pecar? Y si Dios pudo haberlo impedido, ¿por qué no lo hizo? ¿Tiene la culpa, en alguna manera, de la existencia del mal?

Los intentos por resolver el problema del origen del pecado de una manera que reivindique la bondad de Dios se llaman «*teodiceas*». La teodicea de los científicos cristianos es simple; niegan rotundamente la realidad del mal. Según su sistema, todo pecado, maldad, enfermedad y otros efectos negativos del mal son simplemente productos de la imaginación, o como dirían, los errores del pensamiento mortal. Jay Adams responde a la teodicea de la Ciencia Cristiana lo siguiente: «Detonan sus propias creencias por esta explicación internamente inconsistente y contradictoria. Si no hay tal cosa como el mal, si Dios es todo, y todo es Dios (como también lo enseñan), entonces, este Dios omnisciente del cual todo ser humano es parte, no puede equivocarse, y no existe tal cosa como una mente mortal».[3] La teodicea de la Ciencia Cristiana no es una respuesta al problema del mal.

Otra teodicea sugiere que Dios no pudo controlar la entrada del mal en el mundo. Habiendo creado seres que disfrutaban del libre albedrío, no podía controlar el uso de su libertad moral ni anular sus elecciones. Dios, de acuerdo con este punto de vista, no tiene control sobre las circunstancias que ocurren en su universo. Está a merced de esas circunstancias. Así como las personas, Dios es «víctima» del pecado y del mal. Esa es esencialmente la opinión expresada en el libro más vendido del rabino Harold Kushner, *When Bad Things Happen to Good People*.[4]

El problema con esa opinión es que niega la soberanía de Dios. Las Escrituras enseñan con claridad que Dios es completamente soberano en todas las cosas. O, como dice la Confesión de Westminster: «Dios, desde toda la eternidad, por el más sabio y santo Consejo de su propia voluntad, ordenó libre e inmutablemente lo que sea que suceda» (cap. 3, sec. 1). «Porque todas las cosas proceden de él, y existen por él y para él. ¡A él sea la gloria por siempre! Amén» (Romanos 11:36). Sus propósitos son inmutables (Hebreos 6:17). Su plan es eterno (Efesios 3:11). Y con Dios «no hay variación, ni sombra cambiante» (Santiago 1:17).

Todas sus obras fueron determinadas de acuerdo a sus propósitos en la eternidad pasada.

De hecho, las Escrituras claramente enseñan que Dios es soberano en cada circunstancia, situación y evento:

Él controla los llamados sucesos aleatorios. «Las suertes se echan sobre la mesa, pero el veredicto proviene del Señor» (Proverbios 16:33). «¿No se venden dos gorriones por una monedita? Sin embargo, ni uno de ellos caerá a tierra sin que lo permita el Padre» (Mateo 10:29).

Él es soberano en cuanto al libre accionar de todos los agentes morales. «En las manos del Señor el corazón del rey es como un río: sigue el curso que el Señor le ha trazado» (Proverbios 21:1). «Porque somos hechura de Dios, creados en Cristo Jesús para buenas obras, las cuales Dios dispuso de antemano a fin de que las pongamos en práctica» (Efesios 2:10). «Pues Dios es quien produce en ustedes tanto el querer como el hacer para que se cumpla su buena voluntad» (Filipenses 2:13).

Él determina incluso los actos más malvados de los pecadores. Pedro le dijo a la multitud que había exigido la crucifixión de Cristo: «Este fue entregado *según el determinado propósito y el previo conocimiento de Dios*; y, por medio de gente malvada, ustedes lo mataron, clavándolo en la cruz. Sin embargo, Dios lo resucitó, librándolo de las angustias de la muerte, porque era imposible que la muerte lo mantuviera bajo su dominio» (Hechos 2:23-24, énfasis agregado). Los compañeros de Pedro y Juan oraron: «En efecto, en esta ciudad se reunieron Herodes y Poncio Pilato, con los gentiles y con el pueblo de Israel, contra tu santo siervo Jesús, a quien ungiste *para hacer lo que de antemano tu poder y tu voluntad habían determinado que sucediera*» (Hechos 4:27-28, énfasis agregado). José les dijo a sus hermanos: «Pero ahora, por favor no se aflijan más ni se reprochen el haberme vendido, pues en realidad fue Dios quien me mandó delante de ustedes para salvar vidas» (Génesis 45:5). E Isaías 10:5 dice que Dios usó a la malvada nación de Asiria como la vara de su ira.

Él designa los poderes que supervisan el malvado sistema mundial. Poncio Pilato le dijo a Jesús: «¿Te niegas a hablarme?, le dijo Pilato. ¿No te das cuenta de que tengo poder para ponerte en libertad o para mandar que te crucifiquen? No tendrías ningún poder sobre mí si no se te hubiera dado de arriba, le contestó Jesús. Por eso el que me puso en tus manos es culpable de un pecado más grande» (Juan 19:10-11). Verdaderamente «no hay autoridad sino de Dios, y las que existen son establecidas por Dios» (Romanos 13:1).

En efecto, todo el curso de los eventos y circunstancias está ordenado en el decreto divino, desde el hito más profundo del plan divino hasta el detalle más trivial. Dios determina, incluso, el número de pelos que tenemos en la cabeza (Mateo 10:30).

En definitiva, debemos admitir que el pecado es algo que Dios quiso que sucediera. Lo planeó, lo ordenó o, en palabras de la Confesión de Westminster, lo decretó. El pecado no es algo que se infiltró y lo tomó por sorpresa, o que arruinó sus planes. La realidad del pecado figuraba en sus propósitos inmutables desde la eternidad pasada. Así, el mal y todas sus consecuencias se incluyeron en el decreto eterno de Dios antes de la fundación del mundo.

> En definitiva, debemos admitir que el pecado
> es algo que Dios quiso que sucediera.

Sin embargo, de la misma manera, Dios no puede ser considerado autor o creador del pecado. «Porque Dios no puede ser tentado por el mal, ni tampoco tienta él a nadie» (Santiago 1:13). «Dios es luz y en él no hay ninguna oscuridad» (1 Juan 1:5).

Dios en ningún sentido *origina* el pecado, lo *incita*, lo *causa*, lo *autoriza*, lo *aprueba* ni lo *consiente*. Dios nunca es la causa ni el agente del pecado. Solo permite que los agentes del mal hagan sus obras, luego anula el mal para sus propios fines sabios y santos. Los propósitos de Dios al permitir el mal siempre son buenos. Es por eso que José pudo decir a sus hermanos, que lo habían vendido como esclavo: «Es verdad que ustedes pensaron hacerme mal, pero Dios transformó ese mal en bien para lograr lo que hoy estamos viendo: salvar la vida de mucha gente» (Génesis 50:20).

Las Escrituras también nos dicen que Dios permitió el mal para poder «demostrar su ira y... dar a conocer su poder» (Romanos 9:22). En otras palabras, permitió que el pecado entrara en su creación perfecta para poder mostrar su odio al mal y destruirlo para siempre. ¿Por qué no eliminó todo mal inmediatamente en el momento en que apareció por primera vez? La Escritura sugiere una respuesta para eso también. «Y qué si Dios, queriendo mostrar su ira y dar a conocer su poder, ¿soportó con mucha paciencia a los que eran objeto de su castigo y estaban destinados a la destrucción? ¿Qué si lo hizo para dar a conocer sus gloriosas riquezas a los que eran objeto de su misericordia, y a quienes de antemano preparó para esa gloria?» (Romanos 9:22-23). Eso significa que Él permite que el mal continúe incluso ahora para que pueda mostrar su misericordia y gracia completamente a través de la redención de los pecadores. El pecado le permite a Dios revelar su gloria en el perdón.

Por último, y sin embargo, las Escrituras no emplean ningún argumento filosófico elaborado para reivindicar a Dios por la existencia del mal. Simplemente declara que Él es «santo, santo, santo» (Isaías 6:3; Apocalipsis 4:8). Revela que odia el mal (Salmos 11:5; Zacarías 8:17; Lucas 16:15). Y deja en claro que la existencia del pecado no disminuye de ninguna manera la gloria de Dios ni contamina su carácter impecable: «Escúchenme, hombres entendidos: ¡Es inconcebible que Dios haga lo malo, que el Todopoderoso cometa injusticias!» (Job 34:10). «¡Alaben la grandeza de nuestro Dios! Él es la Roca, sus obras son perfectas, y todos sus caminos son justos. Dios es fiel; no practica la injusticia. Él es recto y justo» (Deuteronomio 32:3-4). «El Señor es justo; él es mi Roca, y en él no hay injusticia» (Salmos 92:15).

«Tú no eres un Dios que se complazca en lo malo; a tu lado no tienen cabida los malvados» (Salmos 5:4).

La teodicea más satisfactoria está implícita en la cruz de Cristo. Como lo escribió R. L. Dabney: «La doctrina del sacrificio de Cristo, junto con su propia divinidad, nos permite completar nuestra "teodicea" del permiso del mal... Porque si hubiera habido en Dios el menor defecto de [santidad o benevolencia], ciertamente nunca habría cabido en su corazón enviar a su Hijo infinito, más grande e importante que todos los mundos, para redimir a alguien».[5]

El pecado y la cruz de Cristo

En efecto, la cruz es la prueba tanto del inmenso amor de Dios como de la profunda maldad del pecado. ¿Quiere ver el amor de Dios en su cima y la vileza del pecado en su punto más bajo? Mire la pasión de nuestro Señor Jesucristo. Véalo colgado en la cruz: el Cordero de Dios sin pecado, sin mancha, que lleva los pecados del mundo (cf. Juan 1:29). Escúchelo clamar con agonía: «¿Eli, Eli, lama sabachthani?», es decir, «Dios mío, Dios mío, ¿por qué me has desamparado?» (Mateo 27:46). Percátese de que nada menos que la sangre derramada del eterno y amado Hijo de Dios mismo podría haber expiado el pecado. ¡El peso de nuestra culpa debe haber sido infinitamente pesado y la atrocidad de nuestro pecado indescriptiblemente obscura para requerir tal sacrificio! ¡Y el amor de Dios debe haber sido inexpresablemente rico para permitirlo!

> La cruz es la prueba tanto del inmenso amor de Dios como de la profunda maldad del pecado.

El pecado es un tumor maligno horrible para el que no hay otra cura. «¡Ay, nación pecadora, pueblo cargado de culpa, generación de malhechores, hijos corruptos! ¡Han abandonado al Señor!

¡Han despreciado al Santo de Israel! ¡Se han vuelto atrás! ¿Para qué recibir más golpes?¿Para qué insistir en la rebelión? Toda su cabeza está herida, todo su corazón está enfermo. Desde la planta del pie hasta la coronilla no les queda nada sano: todo en ellos es heridas, moretones, y llagas abiertas, que no les han sido curadas ni vendadas, ni aliviadas con aceite» (Isaías 1:4-6). Eso representa al pecado como una lepra incurable del alma. Estamos enfermos de pecado de arriba a abajo, por dentro y por fuera.

Los pecadores no pueden mejorar su propia condición. Jeremías 13:23 dice: «¿Puede el etíope cambiar de piel, o el leopardo quitarse sus manchas? ¡Pues tampoco ustedes pueden hacer el bien, acostumbrados como están a hacer el mal!» El pecado es parte tan importante de nuestra naturaleza y lo amamos tanto que no podemos separarnos de su dominio sobre nuestras vidas. Amamos la oscuridad más que la luz (Juan 3:19). La mente no regenerada es, por naturaleza, «hostil hacia Dios; porque no se somete a la ley de Dios, porque *ni siquiera puede hacerlo*; y los que están en la carne *no pueden agradar a Dios*» (Romanos 8:7-8, énfasis agregado). Los pecadores no redimidos son esclavos de su pecado (Juan 8:34; Romanos 6:20). Como preguntó Job: «¿Quién puede limpiar lo inmundo? ¡Nadie!» (Job 14:4). «Del mismo modo, todo árbol bueno da fruto bueno, pero el árbol malo da fruto malo. Un árbol bueno no puede dar fruto malo, y un árbol malo no puede dar fruto bueno» (Mateo 7:17-18).

Ninguna cantidad de lágrimas puede expiar el pecado. Ninguna cantidad de buenas obras puede enmendar el mal que hemos hecho contra Dios. Ninguna cantidad de oración o devocionales personales puede atenuar nuestra culpa ni cubrirla de ninguna manera. Incluso la quema eterna en el infierno no purificará el alma del pecador. En el reino humano no hay nada en el tiempo o la eternidad que pueda liberarnos de la culpa de nuestro pecado. Aquellos que buscan una solución para el problema del pecado, tipo «hágalo usted mismo», solo se encadenan con mayor seguridad a su culpa.

Además, el pecado más pequeño es tan vil que Dios, a pesar de su infinita misericordia, gracia y perdón, no obviará ni puede pasar por alto ni un pecado sin exigir su castigo absoluto.

Tiene que haber una solución. Debe haber una manera en que Dios pueda satisfacer su justicia perfecta y al mismo tiempo mostrar su rica misericordia hacia los pecadores. La cruz de Cristo proporcionó el camino al permitir que el único sacrificio perfecto expiara el pecado humano de una vez por todas.

La ofrenda por el pecado tenía que ser perfecta, sin mácula, sin mancha de pecado. Jesús llevó una vida santa y sin pecado, en perfecta obediencia a la ley de Dios. «Porque no tenemos un sumo sacerdote incapaz de compadecerse de nuestras debilidades, sino uno que ha sido tentado en todo de la misma manera que nosotros, aunque sin pecado» (Hebreos 4:15). «Nos convenía tener un sumo sacerdote así: santo, irreprochable, puro, apartado de los pecadores y exaltado sobre los cielos» (Hebreos 7:26).

Nuestro Señor, el Inmaculado, fue el Cordero de Dios ofrecido como sacrificio por nuestro pecado (Juan 1:29). Ese es el propósito por el cual vino. «Pero ustedes saben que Jesucristo se manifestó para quitar nuestros pecados. Y él no tiene pecado» (1 Juan 3:5). Mientras pendía de la cruz, llevaba la culpa de *nuestro* pecado. «Ciertamente él cargó con *nuestras* enfermedades y soportó *nuestros* dolores, pero nosotros lo consideramos herido, golpeado por Dios, y humillado. Él fue traspasado por *nuestras* rebeliones, y molido por *nuestras* iniquidades; sobre él recayó el castigo, precio de *nuestra* paz, y gracias a sus heridas fuimos sanados» (Isaías 53:4-5, énfasis agregado). Él «se ofreció sin mancha a Dios» para limpiar nuestras conciencias (Hebreos 9:14). Pagó la pena al máximo en *nuestro* nombre. Y de la misma manera que nuestros pecados le fueron imputados, *de forma* que su justicia nos es contada a los que creemos: «Al que no cometió pecado alguno, por nosotros Dios lo trató como pecador, para que en él recibiéramos la justicia de Dios» (2 Corintios 5:21). Él resucitó de los muertos para declarar su victoria sobre el pecado. «[Él] fue entregado a la muerte por nuestros pecados, y resucitó para nuestra justificación» (Romanos 4:25).

> Nuestro Señor, el Inmaculado, fue el Cordero de Dios
> ofrecido como sacrificio por nuestro pecado (Juan 1:29).

«Él mismo, en su cuerpo, llevó al madero nuestros pecados, para que muramos al pecado y vivamos para la justicia. *Por sus heridas ustedes han sido sanados*» (1 Pedro 2:24, énfasis agregado). Ese es el único remedio posible para nuestro pecado. Es la única forma en que Dios puede ser «justo y justificador de quien tiene fe en Jesús» (Romanos 3:26).

La sanidad de Dios por el pecado implica más que perdón y justificación. Dios transforma la naturaleza misma del pecador. Nos hace partícipes de su propia naturaleza (2 Pedro 1:4). Martyn Lloyd-Jones escribió:

> El hombre necesita una nueva naturaleza. ¿De dónde puede obtenerla? Insisto, solo hay una respuesta, en Jesucristo, el Hijo de Dios. Vino del cielo y llevó sobre Él la naturaleza humana perfecta y completa. Él es Dios y hombre. Solo en Él están unidos lo divino y lo humano. Y se ofrece a darnos su propia naturaleza. Él desea hacer de nosotros nuevos hombres. Él es «el primogénito entre muchos hermanos». Todos los que creen en Él y lo reciben, obtienen esta nueva naturaleza y, como resultado, todas las cosas se vuelven diferentes. Los que odiaban a Dios ahora lo aman y desean saber más y más sobre Él. Su deseo supremo ahora es complacerlo, honrarlo y glorificarlo. Ahora odian y detestan las cosas que antes les deleitaban; y lo que anhelan son los caminos de Dios.[6]

Esa es la bendita respuesta de Dios a nuestro pecado. Él redime a los que creen y los hace nuevas criaturas (2 Corintios 5:17). Les da una naturaleza completamente nueva, que incluye un amor por la justicia y una aversión al pecado. Como veremos en capítulos posteriores, el residuo del pecado ha de permanecer en los creyentes hasta que finalmente sean glorificados, pero ya no están esclavizados al pecado ni son incapaces de agradar a Dios.

Dios amó tanto al mundo

Por mucho que Dios odie al pecado, ama a los pecadores. Con los oscuros antecedentes de nuestro pecado, la gracia de Dios se vuelve aun más maravillosa. El pasaje más familiar en toda la Escritura es Juan 3:16. Sin una comprensión de la maldad del pecado, sin embargo, no podemos entender el tremendo significado de este versículo: «Porque tanto amó Dios al mundo que dio a su Hijo unigénito, para que todo el que cree en él no se pierda, sino que tenga vida eterna».

> Porque tanto amó Dios al mundo que dio a su Hijo unigénito, para que todo el que cree en él no se pierda, sino que tenga vida eterna (Juan 3:16).

«Dios amó mucho...» ¿Por qué me amaría a pesar de mi pecado? «Dios amó tanto al mundo...» ¿Por qué amaría Dios a todo un mundo de pecadores?

«Dios amó tanto al mundo que dio a su Hijo unigénito...» ¿Por qué el amor de Dios por los pecadores sería tan convincente como para sacrificar a su amado Hijo y exponerlo a tal agonía y humillación?

«Dios amó tanto al mundo, que dio a su Hijo unigénito, al que cree en él...» ¿Por qué Dios haría tan sencilla la salvación para los pecadores, requiriendo solo la fe de nosotros y haciendo todo el trabajo expiatorio que se requería?

«Dios amó tanto al mundo, que dio a su Hijo unigénito, para que todo el que cree en Él no se pierda...» ¿Por qué querría Dios eximir a los pecadores del juicio que se merecen, al punto de permitir que su Hijo unigénito acepte ese juicio en nombre de aquellos que no merecen su misericordia?

«Dios amó tanto al mundo, que dio a su Hijo unigénito, para que todo el que cree en Él no perezca, sino que tenga vida eterna». ¿Por qué querría Dios dar vida eterna en su presencia a los pecadores que se han opuesto a Él y lo han odiado?

La respuesta se encuentra en la *gracia de Dios*. «Pero Dios, que es rico en misericordia, por su gran amor por nosotros, nos dio vida con Cristo, aun cuando estábamos muertos en pecados. ¡Por gracia ustedes han sido salvados!» (Efesios 2:4-5). «Porque la paga del pecado es muerte, mientras que la dádiva de Dios es vida eterna en Cristo Jesús, nuestro Señor» (Romanos 6:23). «¡Dichosos aquellos a quienes se les perdonan las transgresiones y se les cubren los pecados! ¡Dichoso aquel cuyo pecado el Señor no tomará en cuenta!» (Romanos 4:7-8).

Debes nacer de nuevo

¿Cómo obtiene perdón el pecador y adquiere la justicia perfecta de Cristo? ¿Cómo puede alguien que es pecador por naturaleza participar en la naturaleza divina?

Como le dijo Jesús a un fariseo llamado Nicodemo: «Debes nacer de nuevo» (Juan 3:3). Nicodemo vio eso como una exigencia imposible: «¿Cómo puede un hombre nacer cuando es viejo?» (v. 4). Jesús simplemente reiteró: «Yo te aseguro que quien no nazca de agua y del Espíritu no puede entrar en el reino de Dios —respondió Jesús—. Lo que nace del cuerpo es cuerpo; lo que nace del Espíritu es espíritu. No te sorprendas de que te haya dicho: Tienen que nacer de nuevo» (vv. 5-7).

Jesús se refería a un renacer espiritual, a un acto regenerativo de Dios. Nicodemo tenía razón al sugerir que el nuevo nacimiento no es algo que un pecador pueda lograr por sí mismo. Es una obra soberana del Espíritu de Dios que no puede controlarse por medios humanos: «El viento sopla donde quiere y oyes su sonido, pero no sabes de dónde viene ni a dónde va; así son todos los que nacen del Espíritu» (v. 8). La salvación es totalmente obra de Dios.

Si está leyendo esto como un incrédulo o como alguien que no está seguro de si alguna vez ha nacido de nuevo, podría sentirse tentado a desesperarse. Si el Espíritu obra soberanamente, cuando, donde y en quien quiera, ciertamente lo hará; ¿lo duda? Puede preguntar, como la gente que escuchó a Pedro en Pentecostés: «¿Qué haremos?» (Hechos 2:37); o como el carcelero de Filipos: «¿Qué debo hacer para ser salvo?» (Hechos 16:30). Si esa es la súplica de su corazón, el Espíritu de Dios *ya* está trabajando en su interior. Dios ha establecido un tiempo para usted y ese momento es *ya*: «Les digo que este es el momento propicio de Dios; ¡hoy es el día de salvación!» (2 Corintios 6:2). «El Espíritu Santo dice: "Hoy, si escuchas su voz, no endurezcas tu corazón"» (Hebreos 3:7-8).

> Nicodemo tenía razón al sugerir que el nuevo nacimiento no es algo que un pecador pueda lograr por sí mismo. Es una obra soberana del Espíritu de Dios que no puede controlarse por medios humanos.

El Espíritu también estaba trabajando en el corazón de Nicodemo. Y Jesús le dijo lo que Dios requería de él: «Como levantó Moisés la serpiente en el desierto, así también tiene que ser levantado el Hijo del hombre, para que todo el que crea en él tenga vida eterna» (Juan 3:14-15). Nuestro Señor estaba recordando un incidente del Antiguo Testamento, cuando los israelitas habían pecado contra Dios murmurando acerca de Moisés, quejándose de que el viaje por el desierto era demasiado difícil y protestando que la comida y el agua eran demasiado escasos (Números 21:5). Dios los castigó enviando una plaga de serpientes venenosas entre ellos. Muchos fueron mordidos y murieron, por lo que Moisés intercedió con Dios en su nombre. «El Señor le dijo: —Hazte una serpiente, y ponla en un asta. Todos los que sean mordidos y la miren vivirán» (Números 21:8). Moisés hizo una serpiente de bronce y la colocó en un poste como Dios le había ordenado. Los israelitas pecadores solo tenían que mirar a la serpiente y eran sanados al instante. Jesús también sería levantado, le dijo a Nicodemo, y el que creyera en Él sería salvo.

Es posible que Nicodemo no haya entendido todos los aspectos de lo que Jesús le estaba diciendo. Seguramente no se le ocurrió que la forma en que Jesús sería «elevado» era colgado en una cruz. Pero Nicodemo, como erudito del Antiguo Testamento, estaba completamente familiarizado con el relato de Moisés sobre la serpiente de bronce. Él sabía esto: que los que tenían que mirar a la serpiente eran los israelitas rebeldes que habían pecado, y que los que miraron fueron sanados únicamente por la gracia milagrosa de Dios, no por ninguna medicina que tomaron, ni por nada de lo que hicieron para ganar el favor de Dios, sino simplemente porque tenían suficiente fe para mirar y confiar en Dios por su sanidad.

Como líder espiritual de Israel, Nicodemo se identificaba indudablemente con Moisés cada vez que leía el relato de la serpiente de bronce. Jesús le estaba sugiriendo que él tomara su lugar con los israelitas pecadores. En otros términos, estaba confrontando a Nicodemo con su pecado. Estaba instándolo a arrepentirse. Y estaba llamando a Nicodemo a creer en Él como el Salvador que sería levantado para que el que creyera fuera salvo.

En otras palabras, «Arrepiéntete y cree en el evangelio» (Marcos 1:15) fue el llamado que Jesús le hizo a Nicodemo. Ese es el mensaje de Dios para todos los pecadores, invitación que extiende ampliamente para que «*quien* crea en Él no perezca, sino que tenga vida eterna» (Juan 3:16, énfasis agregado). Si está leyendo esto, y no está seguro de su condición espiritual, o anhela ser libre de su pecado, este mensaje del Señor también es para usted: «Declaren y presenten sus pruebas, deliberen juntos. ¿Quién predijo esto hace tiempo, quién lo declaró desde tiempos antiguos? ¿Acaso no lo hice yo, el Señor? Fuera de mí no hay otro Dios; Dios justo y Salvador, no hay ningún otro fuera de mí. *Vuelvan a mí y sean salvos*, todos los confines de la tierra, porque yo soy Dios, y no hay ningún otro» (Isaías 45:21-22, énfasis agregado). O como algunas traducciones contemporáneas traducen el versículo: «Vuélvete a mí y sé salvo».

Arrepentirse. El giro al que ese pasaje insta es al *arrepentimiento* para asemejarse a Cristo. No se trata de una «decisión positiva por Cristo». No podemos sencillamente agregar a Cristo a una vida pecaminosa y seguir amando al pecado, como si servirle de labios pudiera santificar toda nuestra maldad. Arrepentirse significa apartarnos de nuestro amor al pecado y volvernos a Jesucristo para salvarnos: «Por tanto, para que sean borrados sus pecados, arrepiéntanse y vuélvanse a Dios, a fin de que vengan tiempos de descanso de parte del Señor» (Hechos 3:19).

Arrepentimiento significa, concretamente, «apartarse de todas sus transgresiones» (Ezequiel 18:30). Significa confesar y abandonar sus iniquidades (Proverbios 28:13). Significa aborrecer su pecado, indignarse por completo contra él (2 Corintios 7:11).

El arrepentimiento ciertamente no significa que deba hacer obras de penitencia o corregir su comportamiento antes de que pueda volverse a Cristo. Vuélvase al Salvador ahora y, al volverse a Él, apartará su corazón de todo lo que lo deshonra (cf. 1 Tesalonicenses 1:9). Él comenzará una buena obra en usted que perfeccionará hasta su consumación (Filipenses 1:6).

«Arrepiéntase y vuélvase a Dios», y descubrirá que el cambio de comportamiento es el fruto inevitable (Hechos 26:20; Lucas 3:8; Mateo 7:20).

Más bien, «mientras dure ese "hoy", anímense unos a otros cada día, para que ninguno de ustedes se endurezca por el engaño del pecado» (Hebreos 3:13). «Que abandone el malvado su camino, y el perverso sus pensamientos. Que se vuelva al Señor, a nuestro Dios, que es generoso para perdonar, y de él recibirá misericordia» (Isaías 55:7). «¿No ve que desprecia las riquezas de la bondad de Dios, de su tolerancia y de su paciencia, al no reconocer que su bondad quiere llevarle al arrepentimiento?» (Romanos 2:4). «Dios no [se alegra] con la muerte del malvado, sino con que se convierta de su mala conducta y viva» (Ezequiel 33:11).

Estas verdades se aplican a *usted*. El llamado al arrepentimiento es universal: «Pues bien, Dios pasó por alto aquellos tiempos de tal ignorancia, pero ahora manda a todos, en todas partes, que se arrepientan» (Hechos 17:30). «El Señor... tiene paciencia con ustedes, porque no quiere que nadie perezca, sino que todos se arrepientan» (2 Pedro 3:9). «Por lo tanto, arrepiéntete y vive» (Ezequiel 18:32).

El arrepentimiento significa que uno se vuelve y sigue a Jesús. Jesús hizo esta invitación abierta: «Si alguno quiere venir en pos de mí... sígame» (Mateo 16:24, RVR1960). «Quien quiera servirme debe seguirme; y donde yo esté, allí también estará mi siervo. A quien me sirva, mi Padre lo honrará» (Juan 12:26).

Sin embargo, no puede seguirlo a medias. La invitación completa es esta: «Si alguien quiere ser mi discípulo, *que se niegue a sí mismo, lleve su cruz cada día* y me siga» (Lucas 9:23, énfasis agregado). «Nadie, después de poner su mano en el arado y mirar hacia atrás, es apto para el reino de Dios» (v. 62). «El que quiere a su padre o a su madre más que a mí no es digno de mí; el que quiere a su hijo o a su hija más que a mí no es digno de mí; y el que no toma su cruz y me sigue no es digno de mí» (Mateo 10:37-38). «Si alguno viene a mí y no sacrifica el amor a su padre y a su madre, a su esposa y a sus hijos, a sus hermanos y a sus hermanas, y aun a su propia vida, no puede ser mi discípulo. Y el que no carga su cruz y me sigue, no puede ser mi discípulo» (Lucas 14:26-27).

Jesús le advierte que calcule el costo cuidadosamente (Lucas 14:28-33). «Porque quien quiera salvar su vida, la perderá; pero quien pierda su vida por mi causa y la del evangelio la salvará. ¿De qué le sirve a un hombre ganar el mundo entero y perder su alma? ¿Qué dará el hombre a cambio de su alma?» (Marcos 8:35-37).

Nuestro Señor incluso imaginó el arrepentimiento como una especie de muerte: «Ciertamente les aseguro que, si el grano de trigo no cae en tierra y muere, se queda solo. Pero, si muere, produce mucho fruto» (Juan 12:24).

Creer. El arrepentimiento y la fe van de la mano. Si el arrepentimiento enfatiza nuestro *alejamiento* del pecado y del yo, creer apunta *hacia* lo que se torna nuestro corazón. «Cree en el Señor

Jesús, y serás salvo» (Hechos 16:31). «Si confiesas con tu boca que Jesús es el Señor y crees en tu corazón que Dios lo levantó de entre los muertos, serás salvo» (Romanos 10:9). El arrepentimiento sin fe no sería bueno, porque la justicia no viene por el dolor debido al pecado. «La justicia... procede de Dios, basada en la fe» (Filipenses 3:9). Nuestra penitencia no nos salva; solo Cristo puede hacerlo. Las buenas resoluciones no pueden ganar el favor de Dios; debemos echar mano de Cristo por la fe. «De hecho, en ningún otro hay salvación, porque no hay bajo el cielo otro nombre dado a los hombres mediante el cual podamos ser salvos» (Hechos 4:12).

> El arrepentimiento y la fe van de la mano.
> Si el arrepentimiento enfatiza nuestro alejamiento
> del pecado y del yo, creer apunta hacia lo
> que se torna nuestro corazón.

Usted debe creer en el Cristo de las Escrituras. Él es a la vez Salvador y Señor (cf. Lucas 2:11). «Yo, yo soy el Señor, fuera de mí no hay ningún otro salvador» (Isaías 43:11). Debe darle la bienvenida como su Señor, no solo como Salvador (Colosenses 2:6). Debe recibirlo en sus propios términos; no puede tener su perdón sin aceptar también su derecho de gobernarle a usted.

Y no puede aferrarse a Cristo mientras se sujeta a su pecado. Él vino para salvar a su pueblo de sus pecados (Mateo 1:21), no para ofrecer el cielo a los pecadores que todavía se deleitan en su maldad. La salvación que ofrece no es simplemente un escape de las llamas del infierno, sino que es, ante todo, una gloriosa liberación del dominio del pecado sobre usted.

Habiendo visto la terrible realidad del pecado, ¿por qué alguien querría una salvación que no llegara a liberar al pecador de la esclavitud del pecado? Cuando entienda la pecaminosidad del pecado, cuando se dé cuenta de su poder sobre usted y cuando conozca los peligros terribles que representa para su alma, debe dirigirse a Cristo como su refugio.

> Lo que es realmente maravilloso es que Él promete
> recibir a los que vienen a Él (Juan 6:37).

Lo que es realmente maravilloso es que Él promete recibir a los que vienen a Él (Juan 6:37). Más que eso, Él les pide que vengan: «Vengan a mí todos ustedes que están cansados y agobiados, y yo les daré descanso. Carguen con mi yugo y aprendan de mí, pues yo soy apacible y humilde de corazón, y encontrarán descanso para su alma. Porque mi yugo es suave y mi carga es liviana» (Mateo 11:28-30).

El reconocimiento del pecado es el primer paso necesario en el único camino hacia Cristo y la salvación que Él ofrece.

6

El enemigo interior conquistado

Permítanme decirlo de esta manera: no tiene sentido decir que creemos que Cristo murió por nosotros y que creemos que nuestros pecados son perdonados, a menos que también podamos decir que para nosotros las cosas viejas pasaron y que todas las cosas son hechas nuevas; que nuestra perspectiva del mundo y su método de vida ha cambiado por completo. No es que no tengamos pecado, ni que seamos perfectos, sino que hayamos terminado con ese estilo de vida. Lo hemos visto por lo que es y somos nuevas criaturas, para quienes todo se ha vuelto nuevo.

D. MARTYN LLOYD-JONES[1]

Nadie es perfecto. Esa verdad, que debería hacernos temblar ante un Dios que es santo, santo, santo, por lo general se invoca para disculpar el comportamiento pecaminoso y hacernos sentir mejor. ¿Con qué frecuencia escuchamos a las personas dejar de lado sus propios errores con la casual frase: «Bueno, después de todo, nadie es perfecto»? Las personas afirman que no son perfectas para aumentar su autoestima, pero esa es otra evidencia de una conciencia decadente. Hay una precisión en el reclamo, pero debe ser una confesión tímida, no un medio impertinente para justificar el pecado.

Las Escrituras reconocen que no somos perfectos. Incluso el apóstol Pablo escribió: «*Hermanos, no pienso que yo mismo lo haya logrado ya.* Más bien, una cosa hago: olvidando lo que queda atrás y esforzándome por alcanzar lo que está delante, sigo avanzando hacia la meta para ganar el premio que Dios ofrece mediante su llamamiento celestial en Cristo Jesús» (Filipenses 3:12-14, énfasis agregado).

> Es una locura pensar que ser imperfectos
> nos proporciona —de alguna manera—
> una excusa legítima para eximirnos
> del estándar perfecto de Dios.

Nos falta mucho para la perfección, mucho. Pablo nos enseña que nuestra propia imperfección solo debe impulsarnos hacia la meta de la completa semejanza de Cristo. Cuando comenzamos a usar nuestra fragilidad humana como excusa de la culpa, estamos caminando sobre terreno peligroso. Debemos continuar avanzando hacia la meta: «Por tanto, sean perfectos, así como su Padre celestial es perfecto « (Mateo 5:48). «Pues está escrito: Sean santos, porque yo soy santo» (1 Pedro 1:16). Es una locura pensar que ser imperfectos nos proporciona —de alguna manera— una excusa legítima para eximirnos del estándar perfecto de Dios.

El peligro del perfeccionismo

Sin embargo, por irónico que parezca, es igualmente peligroso, o seguramente aun más, pensar que la perfección espiritual es algo que los cristianos pueden lograr en esta vida. La historia de la iglesia está llena de ejemplos de sectas y organizaciones que enseñaron varias versiones del perfeccionismo cristiano. Casi todos esos grupos han hecho un completo naufragio de la fe o se han visto obligados a modificar su perfeccionismo para acomodar la imperfección humana. Cada perfeccionista inevitablemente se encuentra cara a cara con clara y abundante evidencia empírica de que el residuo del pecado permanece en la carne y perturba incluso a los cristianos más espirituales a lo largo de sus vidas terrenales. Para aferrarse a la doctrina perfeccionista, deben redefinir el pecado o disminuir el estándar de santidad. Con demasiada frecuencia hacen esto a expensas de sus propias conciencias.

Uno de esos grupos perfeccionistas, la Comunidad Oneida, fundada por John Humphrey Noyes, creció en Nueva York desde 1849 hasta 1879. Basado en una noción de perfeccionismo que tenía mucho en común con la enseñanza de Charles Finney (del que Noyes era converso), la Comunidad Oneida fue la más conocida de más de cincuenta comunas utópicas que operaron en el estado de Nueva York en la segunda mitad del siglo diecinueve. Los miembros de Oneida (unos trescientos de ellos) vivían en una comuna cuyo centro era una gran mansión de piedra. Iniciaron una empresa de artículos de mesa que prospera hasta hoy. Trabajaban juntos, adoraban juntos y crearon un estilo de vida comunitario que fue ampliamente aclamado en su tiempo como un modelo de hermandad y santidad cristiana.

Lo que el mundo exterior no entendió completamente, hasta que la comuna se disolvió en 1879, es que la Comunidad Oneida también practicaba el matrimonio comunal. Se consideraba que todas las mujeres estaban casadas con todos los hombres, por lo que todas tenían la libertad de mantener relaciones sexuales con cualquier otra persona de la comunidad que eligieran. Peor aún, se esperaba que los niños fueran sexualmente activos tan pronto como tuvieran la edad suficiente. El propio Noyes generalmente iniciaba a las jóvenes tan pronto como llegaban a la pubertad.[2]

Noyes, como todos los perfeccionistas, simplemente adaptó los estándares morales para satisfacer sus propias preferencias. En vez de reconocer que el deseo sexual fuera del matrimonio es pecado y aceptar el resultado de que su propia lujuria demostró que aún no era perfecto, ideó una doctrina que le permitió a él y a los demás en Oneida satisfacer sus pasiones carnales y aún afirmar que habían alcanzado la impecabilidad.

La Comunidad Oneida fue sin duda uno de los ejemplos más atroces de cómo se abusa del perfeccionismo. Pero en todo tipo de perfeccionismo existe la misma tendencia. En última instancia, todos los perfeccionistas se ven obligados a idear definiciones reducidas de pecado, santidad y perfección que puedan acomodar las imperfecciones de la carnalidad humana.

> La mayoría de los que sostienen este punto
> de vista creen que la «santificación completa»
> se obtiene de una vez a través de una segunda
> obra de gracia.

El movimiento de santidad es una variedad más típica de perfeccionismo que los extremos fanáticos de Oneida. La llamada «doctrina de la santidad» tiene sus raíces en la teología *wesleyana* y se puede encontrar en el metodismo tradicional (pero no necesariamente en la rama liberal de la denominación), el *Ejército de Salvación*, la *Iglesia del Nazareno* y muchas denominaciones carismáticas. La mayoría de los que sostienen este punto de vista creen que la *«santificación completa»* se obtiene de una vez a través de una segunda obra de gracia. El creyente se eleva así a una posición de santidad «perfecta» en la cual ya no peca, al menos no de manera consciente o intencional. Las fallas ordinarias se llaman «errores» o «tentaciones», no pecados. Solo los actos deliberados, premeditados y grotescos se denominan pecado. El pecado se exterioriza así. Los males claramente nombrados como pecado en las Escrituras se reducen a delitos menores. Y la conciencia debe humedecerse para hacer frente a la doctrina.

H. A. Ironside, expastor de la Iglesia Moody, Chicago, escribió un libro sobre su lucha con la doctrina perfeccionista como joven oficial del Ejército de Salvación. Ironside finalmente se fue de la organización y abandonó su creencia en el perfeccionismo. Describió el perfeccionismo como una doctrina que destruye la conciencia:

> La enseñanza de la santidad en la carne [o perfeccionismo] tiende a endurecer la conciencia y hacer que quien la profesa baje el nivel a su propia y pobre experiencia. Cualquiera que se mueva mucho entre sus pares en esta profesión pronto comenzará a darse cuenta de cuán predominantes son las condiciones que he descrito. Los instructores de la santidad casi siempre son incisivos, censuradores, poco caritativos y duros en su juicio a los demás. Las exageraciones, que equivalen a una franca indecencia, son promovidas inconscientemente y, a menudo, se entregan a ellas en las reuniones en las que dan su «testimonio».
>
> Los defensores de la santidad tienen todas las pequeñas y desagradables cosas que tanto juzgan en muchos de nosotros: no están más libres de las penurias, los chismes, las calumnias, el egoísmo y las debilidades afines que sus vecinos.
>
> Y en cuanto a la maldad y la inmundicia, lamento tener que escribir que los pecados de un carácter positivamente inmoral se temen con mucha más frecuencia en las iglesias de santidad... más de lo que el extraño pensaría posible. Sé de lo que hablo; y solo el deseo de salvar a otros de las amargas decepciones que tuve que enfrentar me lleva a escribir como lo hago.[3]

Todo perfeccionismo es, en esencia, una equivocación desastrosa acerca de cómo obra Dios en la santificación. La santificación es un proceso por el cual Dios, trabajando en los creyentes a través del Espíritu Santo, los mueve gradualmente hacia la semejanza de Cristo (2 Corintios 3:18). El proceso de santificación afina la conciencia del creyente y evita que desaparezca. Muchos versículos de las Escrituras confirman que la transformación es gradual, no instantánea, y nunca se completa en esta vida.

Como notamos al comienzo de este capítulo, por ejemplo, el apóstol Pablo escribió casi al final de su ministerio que aún no era perfecto (Filipenses 3:12). Él les dijo a los romanos: «Sino sean transformados mediante la renovación de su mente» (Romanos 12:2). Y a los gálatas les escribió que trabajaría con ellos «hasta que Cristo sea formado en ustedes» (Gálatas 4:19). La santificación no terminará hasta que «todos llegaremos a la unidad de la fe y del conocimiento del Hijo de Dios, a una humanidad perfecta que se conforme a la plena estatura de Cristo» (Efesios 4:13). Pablo instó a los efesios a dejar de ser niños, susceptibles al error y las tendencias. ¿Cómo iban a hacer eso? ¿Buscando una experiencia repentina? No, por eso les escribió: «*[crezcamos]* hasta ser en todo como aquel que es la cabeza, es decir, Cristo» (4:14-15, énfasis agregado).

Del mismo modo, Pedro instruyó a los creyentes a «crecer en la gracia y el conocimiento de nuestro Señor y Salvador Jesucristo» (2 Pedro 3:18). Él escribió: «Deseen con ansias la leche pura de la palabra, como niños recién nacidos. Así, por medio de ella, crecerán en su salvación» (1 Pedro 2:2).

Todo perfeccionismo es, en esencia, una equivocación desastrosa acerca de cómo obra Dios en la santificación. La santificación es un proceso por el cual Dios, trabajando en los creyentes a través del Espíritu Santo, los mueve gradualmente hacia la semejanza de Cristo (2 Corintios 3:18).

La Biblia enseña de manera clara que los cristianos nunca han de alcanzar la perfección sin pecado en esta vida. ¿Quién puede afirmar: «Tengo puro el corazón; estoy limpio de pecado»? (Proverbios 20:9). «Todos fallamos mucho. Si alguien nunca falla en lo que dice, es una persona perfecta, capaz también de controlar todo su cuerpo» (Santiago 3:2). «Porque esta desea lo que es contrario al Espíritu, y el Espíritu desea lo que es contrario a ella. Los dos se oponen entre sí, de modo que ustedes no pueden hacer lo que quieren» (Gálatas 5:17). «Si afirmamos que no tenemos pecado, nos engañamos a nosotros mismos y no tenemos la verdad» (1 Juan 1:8).

La santificación nunca es completa en esta vida. Solo en el cielo se perfeccionan los espíritus de las personas justas (Hebreos 12:23). Y al regreso de Cristo, «Sabemos, sin embargo, que cuando Cristo venga seremos semejantes a él, porque lo veremos tal como él es» (1 Juan 3:2). «Y no solo ella, sino también nosotros mismos, que tenemos las primicias del Espíritu, gemimos interiormente, mientras aguardamos nuestra adopción como hijos, es decir, la redención de nuestro cuerpo» (Romanos 8:23). Esos versículos describen la *glorificación*, la finalización inmediata e instantánea de nuestra santificación.

En su magistral trabajo contra el perfeccionismo, B. B. Warfield caracterizó a los perfeccionistas como «almas impacientes» que «toleran más fácilmente la idea de una perfección imperfecta que la admisión de un perfeccionamiento lento. A toda costa, deben tener todo lo que les viene a la vez».[4] En otras palabras, los perfeccionistas rechazan la idea de que la santificación es un proceso de toda la vida. Insisten en que es algo que Dios hace de una vez. Y, por lo tanto, se ven obligados por la pura realidad a concluir que la obra de Dios en la santificación debe detenerse ante la verdadera conformidad con la semejanza perfecta de Cristo. Abandonan la búsqueda de la auténtica santificación bíblica a cambio de un sustituto rápido y sucio. Y para hacerlo, inevitablemente deben atenuar sus conciencias.

El error clave del perfeccionismo

Warfield explica las raíces teológicas comunes de todo perfeccionismo moderno:

> Fue John Wesley quien contaminó al mundo protestante moderno con esa noción de «santificación instantánea y completa». Con esto no estamos presentando una acusación contra él. No había ningún elemento de su enseñanza que le proporcionara mayor satisfacción que este. No hay ningún elemento suyo que sea más alabado por sus seguidores, ni de los cuales celebren más... A medida que la ola del «movimiento de santidad» ha caído sobre nosotros durante el siglo pasado, cada una ha traído, sin duda, algo que los distingue. Pero algo común y fundamental que los ha permeado a todos es el carácter que les ha sido comunicado por la doctrina wesleyana. Los elementos esenciales de esa doctrina se repiten en todos esos movimientos y dan forma a sus rasgos característicos. *En todos ellos, la justificación y la santificación se dividen entre sí como dos dones separados de Dios.* En todos ellos, la santificación se representa como obtenida, al igual que la justificación, por un acto sencillo de fe; aunque no por el mismo acto de fe por el cual se obtiene la justificación, sino por uno nuevo y separado, ejercido para ese propósito específico. En todos por igual, la santificación que se produce en este [segundo] acto de fe, viene inmediatamente al creer, y de una vez —y en todos por igual—, esta santificación, así recibida, es una santificación completa. Sin embargo, en todos ellos por igual, se agrega, que esta santificación completa no trae libertad de todo pecado; sino solo, digamos, liberación del pecado; o solamente libertad del pecado consciente; o de la comisión de «pecados conocidos». Y en todos ellos, esta santificación no es una condición estable en la que se entra definitivamente por fe, sino que es un logro

momentáneo que debe mantenerse instante a instante, y que puede fácilmente perderse —lo que, a menudo, sucede—, pero también puede recuperarse instantánea y repetidamente.[5]

El traspié que Warfield describe, esa tendencia a hacer una separación radical entre la santificación y la justificación, es el error clave del perfeccionismo. Prácticamente todos los perfeccionistas tratan la santificación como si fuera una segunda experiencia de conversión. Bajo ese esquema, la santidad debe obtenerse mediante un acto de fe separado que ocurre en algún momento posterior a la salvación inicial, una «segunda bendición», como a menudo se la llama.

Desde una perspectiva bíblica, como veremos, la santificación comienza inmediatamente en la justificación y continúa su trabajo —a pesar de nuestros frecuentes fracasos—, hasta el final de la vida. En mi libro, *Faith Works*, examiné este mismo tema desde una óptica totalmente diferente.[6] En ese libro estaba respondiendo al error de los que afirman que la santificación es opcional. Aquí, sin embargo, mi propósito es examinar cómo funciona el proceso de santificación en la vida de los creyentes mientras libran su batalla de por vida contra el pecado en su propia carne. Lo interesante es que los problemas son prácticamente idénticos. Eso se debe a que la clave para una sana doctrina en materia de santificación es una comprensión correcta de la estrecha relación entre la santificación y la justificación.

Al contrario de los perfeccionistas, de los llamados maestros de «vida más profunda», y contrario a la noción predominante de lo que significa estar lleno del Espíritu, la santificación no es algo que comience con una experiencia en algún momento de inflexión después de la conversión. La santificación empieza en el momento mismo de la conversión y continúa a lo largo de la vida terrenal del cristiano. Como sugirió el Dr. Warfield en la cita anterior, la santificación se obtiene por el mismo acto de fe con el que nos aferramos a la justificación. Jesucristo viene a ser para todos los que creen, «sabiduría de Dios, y *justicia, santificación*

y redención» (1 Corintios 1:30, énfasis agregado). Si la santificación no se produjo en el momento de la salvación, no se podría
decir de todos los creyentes fueron: «lavados... santificados...
justificados» (1 Corintios 6:11).

> Desde una perspectiva bíblica, como veremos, la
> santificación comienza inmediatamente en la
> justificación y continúa su trabajo —a pesar de nuestros
> frecuentes fracasos—, hasta el final de la vida.

Esta no es una doctrina exclusiva para cristianos avanzados.
Nada en la vida cristiana es más práctico que una comprensión
correcta de cómo opera el Espíritu Santo para conformarnos a
la imagen de Cristo. Por el contrario, es difícil imaginar algo que
debilite más a los cristianos espiritualmente saludables que vivir
con un concepto erróneo de la santificación.

¿Cómo funciona la santificación?

El verbo santificar, en la Escritura, proviene de unas palabras
hebreas y griegas que significan «apartarse». Por tanto, ser santifi-
cado es separarse del pecado. En la conversión, todos los creyentes se desconectan de la esclavitud del pecado, son liberados del
cautiverio del pecado; son apartados para Dios o santificados. Sin
embargo, el proceso de separación del pecado en ese momento
solo se inicia. A medida que crecemos en Cristo, nos separamos
más del pecado y nos consagramos más a Dios. Por lo tanto, la
santificación que ocurre en la conversión solo inicia un proceso
de por vida por el cual nos separamos más y más del pecado y
nos asemejamos más y más conforme a Cristo, apartados del
pecado y separados para Dios.

Los cristianos maduros nunca se justifican a sí mismos, ni se
jactan ni se sienten satisfechos con su progreso. No persiguen
la autoestima; buscan, en cambio, contender con su pecado. Y

cuanto más nos volvemos como Cristo, más sensibles somos a las inmundicias restantes de la carne. A medida que maduramos en la piedad, nuestros pecados se vuelven más dolorosos y más obvios para nosotros mismos. Cuanto más descartamos el pecado, más notamos las tendencias pecaminosas que aún necesitan ser eliminadas. Esta es la paradoja de la santificación: cuanto más santos nos volvemos, más frustrados nos sentimos por los obstinados residuos de nuestro pecado. El apóstol Pablo describió vívidamente su propia angustia por esta realidad en Romanos 7:21-24:

> Así que descubro esta ley: que, cuando quiero hacer el bien, me acompaña el mal. Porque en lo íntimo de mi ser me deleito en la ley de Dios; pero me doy cuenta de que en los miembros de mi cuerpo hay otra ley, que es la ley del pecado. Esta ley lucha contra la ley de mi mente, y me tiene cautivo. ¡Soy un pobre miserable! ¿Quién me librará de este cuerpo mortal?

Romanos 7 plantea una serie de desafíos difíciles para los intérpretes bíblicos, pero seguramente la pregunta más dificultosa de todas es cómo pudo Pablo decir esas cosas después de escribir en el capítulo 6: «Sabemos que nuestra vieja naturaleza fue crucificada con él para que nuestro cuerpo pecaminoso perdiera su poder, de modo que ya no siguiéramos siendo esclavos del pecado; porque el que muere queda liberado del pecado» (Romanos 6:6-7).

Estas son verdades vitales para que el cristiano las entienda. Sostienen la fórmula para un caminar espiritual saludable, y dan una visión práctica de cómo debemos combatir el pecado en nuestras propias vidas. Para entenderlas mejor, debemos volver a Romanos 6. Según el Dr. Warfield, Romanos 6 «fue escrito con el único propósito de afirmar y demostrar que la justificación y la santificación están indisolublemente unidas».[7] O, según las propias imágenes de Pablo, morir con Cristo (justificación) y vivir con Cristo (santificación) son resultados necesarios de la verdadera fe. Aquellos que piensan que la gracia hace que la santidad sea opcional son trágicamente engañados. Aquellos que piensan que han experimentado toda la santificación que necesitan, están igualmente engañados. Quienes piensen que la autoestima es más importante que la santidad son ciegos a la verdad. Si conocemos los principios de Dios para lidiar con el pecado, debemos entender que es una lucha de vida o muerte hasta el final. Complacerse con buenos sentimientos acerca de uno mismo es deleitarse con el pecado.

¿Continuaremos en pecado?

La gracia de Dios no implica que la santidad sea opcional. Siempre ha habido personas que abusan de la gracia de Dios y suponen que tienen licencia para pecar. Parafraseando esa filosofía, Pablo escribe: «¿Qué concluiremos? ¿Vamos a persistir en el pecado para que la gracia abunde?» (Romanos 6:1). Si la gracia abunda más donde el pecado es peor (Romanos 5:20-21), entonces ¿no magnifica, nuestro pecado, la gracia de Dios? ¿Deberíamos continuar en pecado para que la gracia de Dios pueda ser magnificada?

> La gracia de Dios no implica
> que la santidad sea opcional.

¡Que no sea así nunca! Responde Pablo con una frase tan enfática que la versión Reina Valera 1960 lo traduce como «¡En ninguna manera!» La noción de que cualquiera usaría tal argumento para indultar el pecado era claramente ofensiva para Pablo. «¡De ninguna manera! Nosotros, que hemos muerto al pecado, ¿cómo podemos seguir viviendo en él?» (Romanos 6:2).

En otra parte, Pablo escribió: «He sido crucificado con Cristo, y ya no vivo yo, sino que Cristo vive en mí. Lo que ahora vivo en el cuerpo, lo vivo por la fe en el Hijo de Dios, quien me amó y dio su vida por mí» (Gálatas 2:20).

Pero, ¿en qué sentido estamos muertos al pecado? Todos los cristianos sinceros testificarán que todavía somos tentados, aún caemos, todavía somos culpables de pecado, todo el tiempo. ¿Qué quiere decir Pablo con que los creyentes han «muerto al pecado»?

Él habla de nuestra unión con Cristo. Todos los creyentes están unidos a Cristo por la fe:

> ¿Acaso no saben ustedes que todos los que fuimos bautizados para unirnos con Cristo Jesús en realidad fuimos bautizados para participar en su muerte? Por tanto, mediante el bautismo fuimos sepultados con él en su muerte, a fin de que, así como Cristo resucitó por el poder del Padre, también nosotros llevemos una vida nueva.
>
> En efecto, si hemos estado unidos con Él en su muerte, sin duda también estaremos unidos con Él en su resurrección (Romanos 6:3-5).

Las frases «bautizados para unirnos con Cristo... bautizados para participar en su muerte» no tienen nada que ver con el bautismo en agua. Pablo está usando la expresión *baptizō*, de la misma manera que la empleó en 1 Corintios 10:2, donde habló de los israelitas como «bautizados en Moisés». *Bautizado* en ese sentido significa «*identificado con*», «*vinculado a*». En Gálatas 3:27, Pablo dice: «Porque todos los que han sido bautizados en Cristo se han revestido de Cristo» (Gálatas 3:27). Nuevamente, está hablando de la unión con Cristo: «El que se une al Señor es un espíritu con Él» (1 Corintios 6:17).

Nuestra unión con Cristo es la premisa de la que dependen la justificación, la santificación y cualquier otro aspecto de la obra salvífica de Dios. Si entendemos nuestra salvación, antes debemos comprender lo que significa estar unidos con Cristo. Sobre esta doctrina, *Martyn Lloyd-Jones* escribió lo que sigue:

> En realidad, estamos en unión con Cristo y unidos a Él. No puede haber leído el Nuevo Testamento ni siquiera de manera indirecta sin haber leído constantemente esta

frase repetidas veces: «en Cristo», «en Cristo Jesús». Los apóstoles continúan repitiéndola y es una de las declaraciones más significativas y gloriosas en todo el dominio y alcance de la verdad. Significa que estamos unidos al Señor Jesucristo; nos hemos convertido en parte de Él. Estamos en Él. Le pertenecemos. Somos miembros de su cuerpo.

Y la enseñanza es que Dios nos considera como tales; y esto, por supuesto, significa que ahora, *en esta relación, somos colaboradores y participamos de todo lo que es la verdad del Señor Jesucristo mismo.*[8]

«Pues, así como en Adán todos mueren, también en Cristo todos volverán a vivir» (1 Corintios 15:22). «En Adán» describe el estado de la persona no regenerada que todavía está esclavizada al pecado, muriendo, que es incapaz de agradar a Dios en ninguna manera. Pero «en Cristo» describe precisamente lo contrario, la posición de cada verdadero creyente en Cristo. Somos libres de la tiranía del pecado, somos capaces de amar y obedecer a Dios desde lo más profundo del corazón; somos partícipes de toda la bendición de Cristo mismo, somos objeto del favor amoroso de Dios, destinados a una eternidad gloriosa. «Por lo tanto, ahora no hay condenación para los que están en Cristo Jesús» (Romanos 8:1).

Nuestra unión con Cristo resulta en algunos cambios muy dramáticos. En primer lugar, estamos justificados. La justificación ocurre en el tribunal de Dios. Es un veredicto divino que dice: «no culpable». El término *justificación* no describe el cambio real en el carácter del pecador; describe el cambio en su posición ante Dios.

> Nuestra unión con Cristo es la premisa
> de la que dependen la justificación,
> la santificación y cualquier otro aspecto
> de la obra salvífica de Dios.

Pero debido a que estamos unidos con Cristo, también ocurren cambios en nuestra naturaleza. *Regeneración, conversión* y *santificación* son las palabras que describen ese cambio. Nacemos de nuevo, somos regenerados, se nos da un nuevo corazón, un nuevo espíritu y un nuevo amor por Dios (Ezequiel 36:26; 1 Juan 4:19-20). Nos convertimos en participantes de la naturaleza divina (2 Pedro 1:3-4). Nacemos de nuevo para caminar en novedad de vida (Romanos 6:4). Y el viejo yo pecaminoso muere: «Sabemos que nuestra vieja naturaleza fue crucificada con él para que nuestro cuerpo pecaminoso perdiera su poder, de modo que ya no siguiéramos siendo esclavos del pecado; porque el que muere queda liberado del pecado» (Romanos 6:6-7).

¿Somos liberados del pecado?

Aquí es precisamente donde surge el desafío de comprender Romanos 6 y 7. ¿Qué es esta «vieja naturaleza» que se dice que está crucificada? Si la vieja naturaleza es anulada, ¿por qué todavía luchamos tanto con el pecado? Y si «El que murió [en Cristo] es liberado del pecado» (Romanos 6:7), ¿por qué Pablo escribe más tarde: «¡Soy un pobre miserable! ¿Quién me librará de este cuerpo mortal?» (Romanos 7:24).

Los términos que Pablo usa aquí, nos ayudan a entender. Cuando él dice «*vieja naturaleza*» se refiere a la naturaleza no regenerada, lo que éramos cuando estábamos «en Adán». No es el «otro yo del doctor Merengue», personaje alegórico parecido al doctor Jekyll y el señor Hyde. No es la mitad de un temperamento dual exclusivo de los cristianos. No es una «*vieja naturaleza*» que lucha con nuestra nueva naturaleza por el control de nuestra voluntad. Es simplemente lo que solíamos ser antes de nacer de nuevo. La vieja naturaleza o el viejo yo, ya no existe. Ha sido crucificado, muerto, olvidado, dejado de lado. Todas esas expresiones se usan en las Escrituras.

Por ejemplo, Pablo les dijo a los efesios: «Con respecto a la vida que antes llevaban, se les enseñó que debían quitarse el ropaje de

la vieja naturaleza, la cual está corrompida por los deseos engañosos; ser renovados en la actitud de su mente» (Efesios 4:22-23).
Los tiempos verbales griegos son infinitivos, no imperativos.
Podrían traducirse *como* «usted ha dejado de lado» y «está reno-
vado», no como órdenes, sino como declaraciones. Eso parece
tener un mejor sentido de lo que dice Pablo. Ciertamente, es la
única forma en que podemos leer el pasaje paralelo, Colosenses
3:9-10: «Dejen de mentirse unos a otros, *ahora que se han quitado
el ropaje de la vieja naturaleza con sus vicios, y se han puesto el
de la nueva naturaleza*, que se va renovando en conocimiento a
imagen de su creador» (énfasis agregado). Al poner todos estos
versículos juntos, queda muy claro que la vieja naturaleza —el
viejo «yo» no regenerado—, está «crucificada con Cristo; y ya no
soy yo quien vive, sino que Cristo vive en mí» (Gálatas 2:20).

La *carne* (Romanos 6:19; 7:18) es como el cadáver del viejo
yo. Aunque está muerto, continúa influyendo e infectando todo
lo que toca con descomposición, suciedad, podredumbre, hedor
a muerte y una contaminación rancia.

Cuando era niño, vivía en Filadelfia; en ese entonces murió
un amigo de la familia. Como era costumbre, su cuerpo perma-
neció en la sala de su casa durante varios días. Eso debía ser un
homenaje a él con el fin de facilitarles la separación a la familia y
a los amigos. Pensé que aquello era extraño: ¡un hombre muerto
en la sala de una casa pequeña! Su presencia influía en todo.
Estaba muerto, pero todavía estaba allí ejerciendo influencia
sobre todas las actividades.

Cuando Pablo habla de «la carne», se refiere a los restos de
nuestra pecaminosidad: nuestra debilidad mortal, nuestro egoísmo y nuestra tendencia al pecado y al fracaso. Estos no serán
erradicados hasta que finalmente seamos glorificados.

Pero no estamos completamente a merced del pecado, como era
el caso bajo nuestra antigua esclavitud. «Así que les digo: Vivan por
el Espíritu, y no seguirán los deseos de la naturaleza pecaminosa.
Porque esta desea lo que es contrario al Espíritu, y el Espíritu desea
lo que es contrario a ella. Los dos se oponen entre sí, de modo que
ustedes no pueden hacer lo que quieren» (Gálatas 5:16-17).

La «carne» en tales contextos no se refiere al cuerpo físico. Tampoco describe una parte específica de nuestro ser. Pablo no está estableciendo un dualismo entre lo material y lo inmaterial de la humanidad, o entre el cuerpo y el alma. «Espíritu» en esos versículos se refiere al Espíritu Santo. «Carne» se refiere a la pecaminosidad que permanece en nosotros mientras estamos en esta tierra. Es una corrupción que impregna e influye en todos los aspectos de nuestro ser: cuerpo, mente, emociones y voluntad. Es lo que nos hace susceptibles al pecado, incluso después de habernos hecho partícipes de la naturaleza divina (cf. 2 Pedro 1:4). Aunque el pecado no reina en nosotros, *permanece* en nosotros. Está *destronado*, pero no *destruido*.

«La carne», entonces, no es el cuerpo, ni el alma, ni ninguna otra parte de nuestro ser. Es un principio que funciona en nosotros. Es la fuente y el estímulo de nuestro pecado. Aunque privado de su dominio, no se ha despojado de su potencia, sus pasiones ni su capacidad persuasiva. La carne libra una batalla contra nuestros deseos piadosos con el fervor de un monarca depuesto que busca recuperar su trono.

Se dice que los no creyentes están «en la carne» (cf. Romanos 8:8-9). Los cristianos ya no están *en* la carne. Estamos en el espíritu. Pero todavía somos «carnales» (1 Corintios 3:1), es decir, todavía somos humanos caídos. Incluso dice: «Pero yo soy meramente humano, y estoy vendido como esclavo al pecado» (Romanos 7:14).

Ese versículo enfatiza el dilema entre Romanos 6 y 7. Como hemos señalado, Pablo ya ha declarado explícitamente que los creyentes están «liberados del pecado» (6:7). Ahora parece estar afirmando lo contrario. Esto ha hecho que muchos comentaristas supongan que Romanos 7 describe la vida de Pablo antes de su salvación. Pero, como siempre, el contexto deja muy claro su significado. Romanos 7:23 muestra qué tipo de «esclavitud» tiene presente este capítulo: «pero me doy cuenta de que en los miembros de mi cuerpo hay otra ley, que es la ley del pecado. Esta ley lucha contra la ley de mi mente, y me tiene cautivo». Esto no habla de la mortal esclavitud del alma al pecado a la que Pablo se refiere en 6:7. Aquí está hablando de una persistente debilidad espiritual en sus «miembros»: su cuerpo, su boca, su mente, sus emociones, su imaginación, etc. Esta «esclavitud» es una trampa persistente que lo hace seguir tropezando y arrastrándolo al pecado que odia. Esta es la experiencia de todos los cristianos.

¿En qué sentido, entonces, son los creyentes «liberados del pecado» (Romanos 6:7)? ¿Qué quiere decir Pablo cuando afirma que nuestra vieja naturaleza es crucificada para que «nuestro cuerpo pecaminoso perdiera su poder» (v. 6)? «Perder su poder» luce como si dijera que el pecado es erradicado, eliminado, «destruido», aniquilado. Pero la palabra griega *(katargeoō)* literalmente significa *«dejar de funcionar»*, «anular» (cf. Romanos 3:3, 31; 4:14). La palabra para «liberado» en 6:7 es *dikaioō,* la cual es traducida generalmente como «justificado». En otras palabras, los creyentes son liberados de la terrible penalidad y condena del pecado. Debido a que están justificados, declarados no culpables y cubiertos con la justicia perfecta de Cristo, el pecado y la muerte no tienen poder sobre ellos.

Además, debido a que han sido justificados de la pena del pecado, también son santificados, liberados de la tiranía absoluta del pecado. El viejo yo es crucificado y el cuerpo del pecado anulado. Eso habla del cambio de carácter que se produce en la regeneración. Los creyentes están emancipados de la corrupción total de su naturaleza, que los incapacitó para hacer otra cosa que pecar. Son libres de amar y obedecer a Dios.

> Los creyentes están emancipados de la corrupción total de su naturaleza, que los incapacitó para hacer otra cosa que pecar. Son libres de amar y obedecer a Dios.

Sin embargo, todavía no están totalmente libres del alcance del pecado. Aún son propensos a su poder seductor. Son incapaces de liberarse de la presencia del pecado. Todavía son vulnerables a su encanto. Aún llevan en su carne corrupta la tendencia a pecar.

Ya no soy yo quien peca

Hay un comentario de Pablo que, por lo general, es mal entendido. En Romanos 7 él escribe:

> No entiendo lo que me pasa, pues no hago lo que quiero, sino lo que aborrezco. Ahora bien, si hago lo que no quiero, estoy de acuerdo en que la ley es buena; pero, en ese caso, *ya no soy yo quien lo lleva a cabo, sino el pecado que habita en mí.* Yo sé que en mí, es decir, en mi naturaleza pecaminosa, nada bueno habita. Aunque deseo hacer lo bueno, no soy capaz de hacerlo. De hecho, no hago el bien que quiero, sino el mal que no quiero. Y, si hago lo que no quiero, *ya no soy yo quien lo hace, sino el pecado que habita en mí* (vv. 15-20, énfasis agregado).

Es importante entender que Pablo no estaba renunciando a la responsabilidad de su pecado. No estaba usando un argumento dualista, atribuyendo todo su pecado a una «vieja naturaleza» o a un perverso ego alterado. Sobre todo, no estaba tratando de evadir la culpa de su propio pecado.

Simplemente estaba diciendo que el pecado es contrario a los impulsos de su nueva disposición como creyente. Antes de la salvación, todos somos definidos por nuestra pecaminosidad. Somos enemigos de Dios, esclavos del pecado, enamorados del pecado, incapaces de otra cosa que no sea pecar, pecaminosos hasta la esencia de nuestro ser. Pero cuando nos convertimos en creyentes, ese viejo yo muere. Nacemos otra vez con una nueva naturaleza que ama a Dios y desea hacer justicia. Estamos «de acuerdo con la ley». «El deseo [de obedecer] está presente» en nosotros. El pecado ya no define nuestro carácter; es «lo que odiamos». Nuestro nuevo «yo» (cf. Gálatas 2:20) anhela la justicia y aborrece el pecado.

Cuando pecamos, por lo tanto, es una contradicción de todo lo que representamos como creyentes. Ya no soy «yo» el que peco, lo que significa que el pecado ya no es una expresión de nuestro verdadero carácter.

¿Por qué pecamos? Porque el principio corrupto de la carne permanece en nosotros. Y eso es lo que nos arrastra a la desobediencia. Ciertamente somos responsables de nuestros pecados. Pero cuando pecamos, ya no es por *lo que somos*. Es por el tenaz principio de la carne que permanece en nosotros y ejerce su influencia continua hasta que seamos transformados a la gloria celestial. Como dice Pablo: «Así que descubro esta ley: que, cuando quiero hacer el bien, me acompaña el mal» (Romanos 7:21).

Tanto las Escrituras como la experiencia demuestran que todos los cristianos han de luchar con debilidades pecaminosas y tendencias carnales mientras vivan. La tiranía absoluta del pecado se ha roto; estamos libres de sus garras. Pero aún sucumbimos a sus tentaciones. Llevamos en nuestra propia carne, el principio del pecado que permanece en nosotros («este cuerpo mortal», Romanos 7:24), como una atadura. Somos creaciones completamente nuevas, redimidas y fortalecidas por el Espíritu Santo, llenas de toda la plenitud de Dios, pero encarceladas en carne pecaminosa. «Y no solo ella, sino también nosotros mismos, que tenemos las primicias del Espíritu, gemimos interiormente, mientras aguardamos nuestra adopción como hijos, es decir, la redención de nuestro cuerpo» (Romanos 8:23).

El pecado es inherente a nosotros, por lo tanto, aunque sea un «enemigo conquistado», aún debe ser vigorosamente vencido a lo largo de nuestras vidas. Somos liberados del pecado, pero debemos permanecer en guardia. El perfeccionismo, además, solo deshace el proceso de santificación. No somos perfectos. Somos humanos. Todavía gemimos.

Mientras gemimos y esperamos ese glorioso día, debemos continuar luchando contra el enemigo vencido que llevamos dentro. Las Escrituras dan instrucciones claras sobre cómo debemos llevar a cabo nuestra campaña contra el pecado en la carne. En la tercera parte, recurrimos a los medios prácticos que tenemos a nuestra disposición para obtener la victoria sobre el pecado en nuestro caminar diario.

Cómo tratar con el pecado

La tercera parte expone algunas soluciones útiles para obtener la victoria sobre el pecado en nuestro andar diario.

El capítulo 7, «Descuartice a Agag», describe la necesidad de «cómo» mortificar continuamente al pecado en nuestras vidas, para que no continúe brotando e hiriéndonos.

El capítulo 8, «Cómo tratar con la tentación», analiza la glorificación de los siete pecados capitales en la sociedad. Sugiere formas de superar la tentación observando sus medios, naturaleza y alcance. Muestra que Dios no envía tentaciones sino pruebas, de las cuales podemos aprender, mismas que no están más allá de nuestra resistencia.

El capítulo 9, «Cómo mantener una mente pura», examina los peligros de una vida de pensamiento pecaminoso y brinda sugerencias para resguardarse de los pecados intelectuales vigilando nuestro corazón y conociendo cómo peca la mente.

El capítulo 10, «Aférrese al misterio de la fe con una conciencia clara», enfatiza el modo en que el evangelicalismo moderno ha obviado la pecaminosidad extrema del pecado y, en cambio, pre-ocupa a los creyentes con la búsqueda del «bienestar». Examina la postura de la Biblia sobre el valor intrínseco de la hostilidad de los individuos y de la sicología moderna contra la doctrina del pecado. Concluye mostrando principios específicos y prácticos para ayudar a nuestras conciencias a detectar y enfrentar la presencia del pecado en nuestras vidas.

7

Descuartice a Agag

La mortificación disminuye la fuerza [del pecado], pero no modifica su naturaleza. La gracia cambia la naturaleza del hombre, pero nada puede transformar la naturaleza del pecado... Puede ser destruido, y lo será, pero curado no puede ser... Si no se vence ni se destruye, vencerá y destruirá al alma.

Y aquí yace no una pequeña parte de su poder... Nunca se queda tranquilo, [ya sea] conquistando [o] venciendo.

¿Lo mortifica usted? ¿Hace su trabajo diario? Manténgase siempre en lucha con ello mientras viva; no cese ni un día de trabajar; mate al pecado o él lo matará a usted.

JOHN OWEN[1]

Si el pecado es un enemigo derrotado, ¿cómo puede causarnos tantos problemas? Si se ha roto su dominio, ¿por qué parece dominarnos tan a menudo? ¿Por qué las fuerzas del humanismo secular, el nuevo hedonismo, la Nueva Era, la enseñanza de la autoestima y toda esa teología barata han tenido tanto impacto entre los *creyentes*? ¿Por qué la conciencia parece desvanecerse incluso en el mundo evangélico?

Todo cristiano sincero testificará que la tendencia a pecar no se elimina al convertirse en creyente. Todavía obtenemos placer del pecado. Aún luchamos con los hábitos pecaminosos. Algunos de ellos están tan profundamente arraigados que aún luchamos contra ellos tras años de guerra espiritual. Caemos en pecados terribles y vergonzosos. Lo cierto es que pecamos diariamente. Nuestros pensamientos no son lo que deberían ser. Desperdiciamos nuestro tiempo en actividades frívolas y mundanas muy frecuentemente. Las cosas de Dios, ocasionalmente, se enfrían en nuestros corazones. ¿Por qué sucede todo eso si el dominio del pecado está roto?

> Caemos en pecados terribles y vergonzosos.
> Lo cierto es que pecamos diariamente.

Esta sección del libro examina el antídoto bíblico a la influencia del pecado en la vida del creyente. Aquí veremos que las Escrituras nos instan a evitar cualquier enfoque negligente con el fin de que tratemos con nuestro pecado. Debemos matar al pecado y su influencia a lo largo de nuestra vida. Es aquí donde nuestro estudio se vuelve más útil.

La ira de Dios contra Amalec

Una ilustración del Antiguo Testamento puede ayudar a aclarar nuestra relación con el pecado. En 1 Samuel 15, leemos que

Samuel ungió a Saúl y le dio, solemnemente, estas instrucciones del Señor: «Así que ve y ataca a los amalecitas ahora mismo. Destruye por completo todo lo que les pertenezca; no les tengas compasión. Mátalos a todos, hombres y mujeres, niños y recién nacidos, toros y ovejas, camellos y asnos» (v. 3).

La orden de Dios fue clara. Saúl debía tratar despiadadamente a los amalecitas, matando incluso a sus niños y sus animales. Toda su tribu debía ser total y arrasada sin misericordia; además no debía tomar rehenes.

¿Qué haría que un Dios con un amor infinito enviara un juicio tan severo? Los amalecitas eran una antigua raza nómada, descendientes de Esaú (Génesis 36:12). Habitaron la parte sur de Canaán y fueron enemigos perennes de los israelitas. Eran la misma tribu que atacó brutalmente a Israel en Refidín poco después del Éxodo, en la famosa batalla cuando Aarón y Hur tuvieron que sostener los brazos de Moisés (Éxodo 17:8-13). Ellos atacaron a Israel desde la retaguardia, masacrando a los rezagados que estaban más cansados (Deuteronomio 25:18). Fue un ataque cobarde y despiadado por parte de la tribu más poderosa y salvaje de toda la región. Dios liberó, de una manera sobrenatural, a Israel ese día; mientras los amalecitas huyeron a su escondite. Al concluir ese combate, Dios le juró a Moisés lo siguiente: «Borraré por completo la memoria de Amalec de debajo del cielo» (v. 14). En efecto, señaló en la ley mosaica que Israel debía destruir a Amalec:

> Recuerda lo que te hicieron los amalecitas después de que saliste de Egipto: cuando estabas cansado y fatiga-do, salieron a tu encuentro y atacaron por la espalda a todos los rezagados. ¡No tuvieron temor de Dios! Por eso, cuando el Señor tu Dios te dé la victoria sobre todas las naciones enemigas que rodean la tierra que él te da como herencia, borrarás para siempre el recuerdo de los descendientes de Amalec. *¡No lo olvides!* (Deuteronomio 25:17-19, énfasis agregado).

Los amalecitas eran guerreros temibles. Su presencia intimidante fue una de las razones por las cuales los israelitas desobedecieron a Dios y se negaron a entrar a la tierra prometida en Cades-barnea (Números 13:29).

La ira de Dios ardió contra los amalecitas debido a la maldad de ellos. Incluso obligó al corrupto profeta Balaam a que profetizara su destino: «Amalec fue el primero entre las naciones, pero su fin será la destrucción total» (Números 24:20). Los amalecitas solían hostigar a Israel al entrar en la tierra después de sembrar los cultivos y moverse a través de esas tierras con sus tiendas y su ganado, arrasando todo a su paso (Jueces 6:3-5). Odiaban a Dios, detestaban a Israel y parecían deleitarse con sus actos perversos y destructivos.

Las instrucciones de Dios a Saúl, por lo tanto, cumplieron el voto que juró a Moisés. Saúl debía acabar con la tribu para siempre. Él y sus ejércitos eran el instrumento a través del cual un Dios justo llevaría a cabo su sacro juicio a un pueblo siniestro.

La locura de la obediencia parcial

Sin embargo, la obediencia de Saúl solo fue parcial. Ganó una aplastante derrota contra los amalecitas, al derrotarlos «Saúl atacó a los amalecitas desde Javilá hasta Sur, que está cerca de la frontera de Egipto» (1 Samuel 15:7). Según lo ordenado, mató a toda la gente, pero «capturó vivo a Agag, el rey de los amalecitas» (v. 8). «Además de perdonarle la vida al rey Agag, Saúl y su ejército preservaron las mejores ovejas y vacas, los terneros más gordos y, en fin, todo lo que era de valor. Nada de esto quisieron destruir; solo destruyeron lo que era inútil y lo que no servía» (v. 9). En otras palabras, motivados por la codicia, guardaron todas las mejores posesiones de los amalecitas, recogiendo el botín de la victoria y desobedeciendo así, voluntariamente, las instrucciones del Señor.

¿Por qué perdonó Saúl a Agag? Tal vez quería usar al humillado rey de los amalecitas como trofeo para mostrar su propio poder. A esas alturas, Saúl parecía motivado solo por el orgullo; incluso se erigió un monumento a sí mismo en Carmel (v. 12). Cualesquiera que hubiesen sido sus razones, desobedeció el expreso mandato de Dios y permitió que Agag viviera.

El pecado fue tan grave que Dios inmediatamente depuso a Saúl y a sus descendientes para siempre del trono de Israel. Samuel le dijo: «Como tú has rechazado la palabra del Señor, él te ha rechazado como rey» (v. 23).

Luego dijo Samuel: «Tráiganme a Agag, rey de Amalec» (v. 32).

Agag, evidentemente pensando que había salvado su vida y sintiéndose bastante confiado, «vino a él alegremente». «Pero Samuel le dijo: «Ya que tu espada dejó a tantas mujeres sin hijos, también sin su hijo se quedará tu madre». Las Escrituras simplemente dicen: «Y allí en Guilgal, en presencia del Señor, Samuel descuartizó a Agag» (v. 33).

Nuestras mentes retroceden de manera instintiva ante lo que parece un acto despiadado. Pero fue *Dios* quien ordenó que eso se hiciera. Este fue un acto de juicio divino para mostrar la ira de un Dios indignado contra el pecado. A diferencia de sus compatriotas y su rey, Samuel estaba decidido a cumplir por completo el mandato del Señor. Así las cosas, la batalla que se suponía que exterminaría a los amalecitas terminó para siempre antes de que se lograra el objetivo. Las Escrituras registran que solo unos años después, la tribu revitalizada asaltó el territorio del sur y tomó cautivas a todas las mujeres y niños, incluida la familia de David (1 Samuel 30:1-5).

Cuando David encontró a los merodeadores amalecitas: «El egipcio los guió hasta los amalecitas, los cuales estaban dispersos por todo el campo, comiendo, bebiendo y festejando el gran botín que habían conseguido en el territorio filisteo y en el de Judá» (v. 16). «David los atacó al amanecer y los combatió hasta la tarde del día siguiente. Los únicos que lograron escapar fueron cuatrocientos muchachos que huyeron en sus camellos» (v. 17).

Los amalecitas son una buena ilustración del pecado que permanece en la vida del creyente. Ese pecado, ya completamente derrotado, debe ser tratado sin piedad y cortado en pedazos, o revivirá y continuará destruyendo y saqueando nuestros corazones y minando nuestra fuerza espiritual. No podemos ser misericordiosos con Agag, o él se volverá contra nosotros e intentará devorarnos. De hecho, el pecado restante en nosotros a menudo se hace más feroz y determinado después que ha sido derrocado por el evangelio.

> Ese pecado, ya completamente derrotado, debe ser tratado sin piedad y cortado en pedazos, o revivirá y continuará destruyendo y saqueando nuestros corazones y minando nuestra fuerza espiritual.

Las Escrituras nos ordenan combatir nuestro pecado hasta matarlo: «Por tanto, hagan morir todo lo que es propio de la naturaleza terrenal: inmoralidad sexual, impureza, bajas pasiones, malos deseos y avaricia, la cual es idolatría. Por estas cosas viene el castigo de Dios» (Colosenses 3:5-6). No podemos obedecer parcialmente, ni a medias, cuando tratemos de eliminar por completo al pecado de nuestras vidas. No podemos parar mientras la tarea permanezca incompleta. Los pecados, como los amalecitas, tienen una forma de escapar de la masacre, criarse, revivir, reagruparse y lanzar nuevos e inesperados ataques a nuestras áreas más vulnerables.

La vida en el espíritu

En Romanos 8:13, Pablo también escribió que «si por medio del Espíritu dan muerte a los malos hábitos del cuerpo, vivirán». Después de declarar la victoria sobre el pecado en Romanos 6, y describir la lucha continua con el pecado en el capítulo 7, narra la experiencia triunfante de la vida en el Espíritu a lo largo del capítulo 8. En medio de ese capítulo, el apóstol declara que el comportamiento distintivo de aquellos que son guiados por el Espíritu es que matan sus malas acciones constantemente.

Es significativo que el Espíritu Santo se mencione solo una vez en la introducción de la epístola (1:4, «el Espíritu de santidad»), y no se vuelva a mencionar hasta Romanos 8:1. Solo en Romanos 8 hay al menos veinte referencias al Espíritu Santo.

Romanos 8 retrata al Espíritu Santo como el agente divino que nos libera del pecado y la muerte (vv. 2-3), nos permite vivir rectamente (4-13), nos asegura y consuela en nuestra aflicción (14-19), nos preserva y nos sostiene en Cristo (20-28), y garantiza nuestra victoria final en gloria eterna (29-39). Justo en el contexto de esta profunda enseñanza sobre el papel del Espíritu Santo en la vida del cristiano, Pablo tiene algunas cosas importantes que decir acerca de la mortificación del pecado. Comienza por contrastar la vida en el Espíritu con la vida en la carne y bajo la ley. Es importante comprender estas verdades en su contexto adecuado:

> En efecto, la ley no pudo liberarnos porque la naturaleza pecaminosa anuló su poder; por eso Dios envió a su propio Hijo en condición semejante a nuestra condición de pecadores, para que se ofreciera en sacrificio por el pecado. Así condenó Dios al pecado en la naturaleza humana, a fin de que las justas demandas de la ley se cumplieran en nosotros, que no vivimos según la naturaleza pecaminosa, sino según el Espíritu. Los que viven conforme a la naturaleza pecaminosa fijan la mente en los deseos de tal naturaleza; en cambio, los que viven conforme al Espíritu fijan la mente en los deseos del Espíritu. La mentalidad pecaminosa es muerte, mientras que la mentalidad que proviene del Espíritu es vida y paz. La mentalidad pecaminosa es enemiga de Dios, pues no se somete a la ley de Dios, ni es capaz de hacerlo. Los que viven según la naturaleza pecaminosa no pueden agradar a Dios. *Sin embargo, ustedes no viven según la naturaleza pecaminosa, sino según el Espíritu, si es que el Espíritu de Dios vive en ustedes.* Y, si alguno no tiene el Espíritu de Cristo, no es de Cristo. Pero, si Cristo está en ustedes, el

cuerpo está muerto a causa del pecado, pero el Espíritu que está en ustedes es vida a causa de la justicia. Y, si el Espíritu de aquel que levantó a Jesús de entre los muertos vive en ustedes, el mismo que levantó a Cristo de entre los muertos también dará vida a sus cuerpos mortales por medio de su Espíritu, que vive en ustedes (vv. 3-11, énfasis agregado).

En otras palabras, la vida en el Espíritu es marcadamente diferente de la del incrédulo. Todos los cristianos verdaderos están «en el Espíritu». Ellos «no caminan según la carne, sino según el Espíritu». Aquellos que andan según la carne son incrédulos, y Pablo es muy específico al dejar eso bien claro: «Sin embargo, ustedes no viven según la naturaleza pecaminosa, sino según el Espíritu, si es que el Espíritu de Dios vive en ustedes. Y, si alguno no tiene el Espíritu de Cristo, no es de Cristo» (v. 9). Más adelante agrega: «Porque todos los que son guiados por el Espíritu de Dios son hijos de Dios» (v. 14).

> El Espíritu Santo cambia nuestra disposición básica cuando nacemos de nuevo. Nos pone de acuerdo consigo mismo.

Eso significa que solo hay dos tipos de personas en el mundo: los que están de acuerdo con la carne y los que están de acuerdo con el Espíritu. Por supuesto, hay personas en el Espíritu en muchos niveles de madurez espiritual. Las personas en la carne también vienen en diversos grados de maldad. Pero todos están «en la carne» (v. 8) o «en el Espíritu» (v. 9). No hay una categoría «intermedia».

Lo que Pablo sugiere es que el Espíritu Santo cambia nuestra disposición básica cuando nacemos de nuevo. Nos pone de acuerdo consigo mismo. Él realmente mora en nosotros (vv. 9, 11). Nos convertimos en participantes de la naturaleza divina (2 Pedro 1:4). Nuestra orientación hacia Dios cambia. Donde había enemistad, ahora hay amor (cf. Romanos 8:28). En la carne no podemos agradar a Dios (v. 8), pero ahora el requisito justo de la ley se cumple en nosotros (v. 4). Lo principal de todo esto es la realidad de que toda nuestra mentalidad es nueva. Mientras que la mentalidad carnal significaba la muerte, la del Espíritu resulta en vida y paz (v. 6).

Si su mentalidad —la orientación fundamental de su comprensión, su inclinación, sus disposiciones, sus patrones de pensamiento— no cambió cuando hizo profesión de fe en Cristo, algo está muy mal. Eso no sugiere que los cristianos no puedan caer en viejos patrones y hábitos. Pero sí significa que nuestros pensamientos hacia Dios, el pecado y la justicia son radicalmente diferentes ahora que estamos «en el Espíritu» que cuando vivíamos «en la carne». Tenemos afectos nuevos, santos y anhelos de piedad. Tenemos un amor por Dios que trasciende nuestro apego a este mundo (Santiago 4:4). Ya no podemos «complacer alegremente a la carne con sus deseos corruptos» (2 Pedro 2:10). Ya no tenemos nada en común con aquellos «que piensan en cosas terrenales. Porque nuestra ciudadanía está en el cielo» (Filipenses 3:19-20). Y es hacia las cosas celestiales que nuestras mentes están ahora dirigidas. Nos concentramos en las cosas del Espíritu (Romanos 8:5). Incluso cuando fallamos o caemos en las tentaciones terrenales, «alegremente coincidimos con la ley de Dios en el hombre interior» (7:22). Esa es nuestra mentalidad y orientación básica.

En contraste, «la mente puesta en la carne es muerte» (v. 6). Pablo no dice que la mente puesta en la carne cause la muerte. Declara que es muerte. El estado mental que está dominado por los deseos carnales es una condición de muerte espiritual. En otras palabras, aquellos cuyos pensamientos y deseos son totalmente carnales ya están «muertos en [sus] delitos y pecados» (Efesios 2:1). Esto no puede ser una descripción del verdadero creyente en Cristo.

Como notamos en el capítulo 6, los cristianos ya no están «en la carne»: «Sin embargo, ustedes no viven según la naturaleza pecaminosa, sino según el Espíritu, si es que el Espíritu de Dios vive en ustedes. Y, si alguno no tiene el Espíritu de Cristo, no es de Cristo» (Romanos 8:9). La palabra griega traducida como «vivir» es *oikeō,* que significa «habitar». Pablo afirma que el mismo Espíritu de Dios vive en cada persona que confía en Jesucristo. El Espíritu está en nosotros, y estamos «en el Espíritu». No estamos «en la carne».

Muerte en el cuerpo físico

Todavía somos «de carne» y, por lo tanto, nuestros cuerpos físicos se deterioran y mueren. El germen de la muerte habita en todos nosotros. Debido a la maldición del pecado, empezamos a morir tan pronto como nacemos.

Sin embargo, para el cristiano en esta vida terrenal la muerte no es el final: «Pero, si Cristo está en ustedes, el cuerpo está muerto a causa del pecado, pero el Espíritu que está en ustedes es vida a causa de la justicia» (Romanos 8:10). En otras palabras, el cuerpo humano está sujeto a la muerte (y ya está muriendo) por causa del pecado, pero el espíritu del creyente vive en Cristo. La vida eterna es nuestra posesión. Aunque el cuerpo está muriendo, el espíritu ya está dotado de incorruptibilidad.

> Para el cristiano, en esta vida terrenal, la muerte no es el final.

Aquí la palabra «cuerpo» se refiere claramente al organismo físico (no al principio de la carne), y la expresión «muerto» habla de la muerte física. (Vea la discusión en el apéndice 1, acerca de la manera en que Pablo usa «carne» y «cuerpo» para referirse a la tendencia al pecado que yace en los creyentes.) Note que los versículos 10 y 11 usan la palabra «cuerpo» *(sōma)* en lugar de «carne» *(sarx),* la que Pablo usó en los primeros nueve versículos. Al contrastar «el cuerpo» y «el espíritu» de esta manera, hace que su significado sea ineludible. En el versículo 10, la expresión «el espíritu está vivo» se refiere al espíritu humano, la parte inmaterial de nuestro ser. El cuerpo puede estar muriendo a causa del pecado, pero el espíritu del creyente está completamente vivo y prosperando «debido a la justicia», porque estamos justificados y, por lo tanto, ya hemos «pasado de la muerte a la vida» (Juan 5:24). Pablo simplemente dice aquí lo que también les dijo a los corintios: «Por tanto, no nos desanimamos. Al contrario, aunque por fuera nos vamos desgastando, por dentro nos vamos renovando día tras día» (2 Corintios 4:16).

Es más, el Espíritu interior también promete «vida a [nuestros] cuerpos mortales» en una futura resurrección con un cuerpo glorificado (Romanos 8:11).

El punto de Pablo es que el cuerpo separado del Espíritu de Dios no tiene futuro. Está sujeto a la muerte. Por lo tanto, no tenemos ningún deber para con lo mortal de nuestro ser: «Por tanto, hermanos, tenemos una obligación, pero no es la de vivir conforme a la naturaleza pecaminosa. Porque, si ustedes viven conforme a ella, morirán; pero, si por medio del Espíritu dan muerte a los malos hábitos del cuerpo, vivirán» (Romanos 8:12-13). Aquí Pablo usa la palabra *sarx* («carne») en el sentido de «principio del pecado», y la compara con «las obras del cuerpo». Si vives de acuerdo con la carne, si vives en respuesta a los impulsos pecaminosos, «debes morir».

Una vez más, Pablo está trazando la línea distintiva lo más claramente posible entre cristianos y no cristianos. De ninguna manera está advirtiendo a los creyentes que podrían perder su salvación si viven de acuerdo a la carne. Ya ha señalado que los verdaderos creyentes no viven y *no pueden* vivir de acuerdo al principio del pecado (vv. 4-9). Además, Pablo comenzó el capítulo 8 con la declaración: «Por lo tanto, ahora no hay condenación para los que están en Cristo Jesús» (8:1). Y lo concluye con la promesa de que nada puede separarnos del amor de Dios en Cristo Jesús (vv. 38-39). Una advertencia de la posibilidad de caer contradiría el mismo propósito para el que estaba escribiendo.

Pablo simplemente reitera lo que dice una y otra vez a lo largo de sus epístolas del Nuevo Testamento: que aquellos cuyas vidas y corazones son carnales no son verdaderos cristianos. Ya están espiritualmente muertos (v. 6) y, a menos que se arrepientan, se dirigen a la muerte eterna. Entre tanto, sus vidas terrenales son una especie de esclavitud abyecta al pecado. Están esclavizados por su propia carne, obligados a satisfacer sus deseos carnales.

¿Qué es la mortificación?

Los cristianos, por otro lado, tienen una obligación diferente, no con la carne, sino con el nuevo principio de justicia encarnado en el Espíritu Santo. Por lo tanto, trabajan por el poder del Espíritu para mortificar «[matar] a los malos hábitos del cuerpo». Si está haciendo esto, Él le dice: «vivirá» (Romanos 8:13).

> Nada es más natural que las personas «guiadas por el Espíritu de Dios» (v. 14) mortifiquen su pecado.

Por supuesto, Pablo no sugiere que nadie pueda obtener vida o merecer el favor de Dios mediante el proceso de la mortificación. Lo que está diciendo es que es característico de los verdaderos creyentes que maten las obras de la carne. Nada es más natural que las personas «guiadas por el Espíritu de Dios» (v. 14) mortifiquen su pecado. Una de las pruebas de nuestra salvación es que hacemos esto. Lo cual se espera que los creyentes hagan. Es la expresión de la nueva naturaleza.

En otras palabras, el verdadero creyente no es como Saúl, que quería halagar y preservar a Agag; sino como Samuel, que lo cortó en pedazos sin piedad y sin demora. Saúl pudo haber querido ser un perro faldero de Agag, pero Samuel sabía que eso era completamente imposible. Del mismo modo, no domaremos nunca nuestra carne. No podemos moldear nuestro pecado. Debemos lidiar con eso rápida y severamente.

Al respecto, Jesús dijo:

Por tanto, si tu ojo derecho te hace pecar, sácatelo y tíralo. Más te vale perder una sola parte de tu cuerpo, y no que todo él sea arrojado al infierno. Y, si tu mano derecha te hace pecar, córtatela y arrójala. Más te vale perder una sola parte de tu cuerpo, y no que todo él vaya al infierno (Mateo 5:29-30).

Jesús no estaba hablando en términos literales, por supuesto, aunque muchos han entendido mal este pasaje. No menos que el gran teólogo Origen, que se castró en un esfuerzo equivocado por cumplir literalmente este mandato. Jesús no estaba instando a la automutilación, sino a la mortificación o sometimiento de los actos del cuerpo. La mortificación, en palabras del puritano John Owen, significa que la carne, «con [sus] facultades y propiedades, [su] sabiduría, arte, sutileza, fuerza; esto, dice el apóstol, debe ser exterminada, ejecutada, castigada, es decir, *su poder, vida, vigor y fuerza para producir sus efectos, son eliminados por el Espíritu*».[1]

Romanos 8:12-13, los versículos en los que Pablo introduce la idea de someter el pecado, señalan un punto de inflexión en el hilo lógico que atraviesa este capítulo. Martyn Lloyd-Jones dijo:

Es aquí por primera vez, en este capítulo, que llegamos al ámbito de la aplicación práctica. Todo lo que hemos tenido hasta este punto ha sido una descripción general del cristiano: su carácter, su posición. Pero ahora el apóstol realmente ha llegado de manera explícita a la doctrina de la santificación. *Aquí se nos dice exactamente cómo, en la práctica, el cristiano se santifica*. O, para decirlo de otra manera, aquí se nos dice en detalle y en la práctica cómo debe el cristiano librar la batalla contra el pecado.[2]

Pablo no promete libertad inmediata del acoso del pecado. No describe una santificación en un momento de crisis, en que el creyente se perfeccione de inmediato. Él no les dice a los romanos que «se olviden y dejen que Dios» se encargue mientras estén inactivos. No sugiere que una «decisión» crucial resolverá el asunto de una vez por todas. Por el contrario, habla de una lucha continua con el pecado, en la que estamos persistente y permanentemente «matando las obras del cuerpo».

El lenguaje a menudo es mal entendido. Pablo no está pidiendo una vida de autoflagelación. No está diciendo que los creyentes deberían morir de hambre, torturar literalmente sus cuerpos o privarse de las necesidades básicas de la vida. No les está diciendo que se mutilen ni que lleven vidas monásticas ni nada por el estilo. La mortificación de la que habla Pablo no tiene nada que ver con el autocastigo externo. Es un proceso espiritual realizado «por el Espíritu».

Pablo está describiendo una forma de vida en la que intentamos estrangular al pecado y eliminarlo de nuestras vidas, minar sus fuerzas, desarraigarlo y privarlo de su influencia. Eso es lo que significa mortificar al pecado, someterlo.

¿Cómo mortificamos al pecado?

La mortificación o sometimiento del pecado implica el cultivo de nuevos hábitos piadosos, combinado con la eliminación de las viejas prácticas pecaminosas que caracterizaban nuestro comportamiento. Es una guerra constante que se desarrolla dentro del creyente. Aunque deberíamos esperar que nuestro triunfo sobre el pecado sea cada vez mayor, nuestro sometimiento nunca puede ser completamente perfeccionado antes de que seamos glorificados. Debemos permanecer constantemente consagrados a la tarea. Debemos ver el pecado como un enemigo jurado y comprometernos a matarlo donde sea y siempre que levante la cabeza.

Como es obvio, la mortificación es una obra de los creyentes solamente. Los incrédulos están llamados a arrepentirse y acudir a Cristo. Aquellos que todavía están esclavizados al pecado no tienen medios para matarlo. El Espíritu Santo, el agente de la mortificación, no mora en ellos. Su única esperanza es la salvación que se ofrece a aquellos que confíen en Jesucristo y se encomienden a él. Nadie puede someter el pecado si no está «en Cristo» y «en el Espíritu».

Las Escrituras ofrecen varios medios por los cuales los creyentes pueden someter su pecado. Nuestro crecimiento en la gracia depende de nuestra obediencia a esos deberes. Ninguno de ellos son fórmulas carnales o mecánicas. No son rituales ni actividades religiosas.

John Owen observó que la mayor parte del sistema religioso católico romano consiste de «formas y medios erróneos de mortificación... Sus votos, mandatos, ayunos, penitencias, todos, están edificados sobre esta base; todos son para someter al pecado. Sus predicaciones, sus sermones y sus libros devocionales son enfocados de esta manera».[3]

> Aunque deberíamos esperar que nuestro triunfo
> sobre el pecado sea cada vez mayor,
> nuestro sometimiento nunca puede ser
> completamente perfeccionado antes
> de que seamos glorificados.

Sin embargo, el pecado no puede ser aniquilado a través del legalismo, el monasticismo, el pietismo, el ascetismo, el fariseísmo, el celibato, la autoflagelación, las cabinas confesionales, los rosarios, el Ave María ni cualquier otro medio externo. El instrumento de sometimiento al pecado es el Espíritu Santo, y su poder es la energía que actúa en nosotros para llevar a cabo el proceso. Todos los medios de mortificación o sometimiento son simples mandamientos de las Escrituras que debemos obedecer. Algunos de esos comandos clave se destacan a continuación:

Abstenerse de las lujurias carnales. Pedro escribió: «Queridos hermanos, les ruego como a extranjeros y peregrinos en este mundo que se aparten de los deseos pecaminosos que combaten contra la vida» (1 Pedro 2:11). En otras palabras, deje la lujuria.

Absténgase de ella. Manténgase alejado de eso. «Huir de la inmoralidad» (1 Corintios 6:18). ¿Qué podría ser más directo?

¿Quiere matar los deseos de su corazón? Entonces deje de entretenerlos. Pedro no prescribe un programa de terapia. No sugiere que tal pecado sea tratado como una adicción. Simplemente dice que se abstenga. Que deje de hacerlo. No tiene por qué permitirse tales pensamientos. Guárdelos de inmediato. *Usted mismo* debe hacerlo; nadie lo puede hacer por usted. No tiene sentido esperar un poder celestial para borrar ese pecado automáticamente de su vida. Debe detenerse y detenerlo de inmediato. Martyn Lloyd-Jones dijo:

> No conozco una sola escritura, y hablo con prudencia, que diga que tome mi pecado, particularmente lo que me desanima, y lo lleve a Dios en oración, pedirle que me libere de eso y luego confiar en la fe que lo hará. Ahora, esa enseñanza también se suele decir así: Debes decirle a un hombre que es constantemente derrotado por un pecado en particular: «Creo que tu única esperanza es llevar eso a Cristo y Él te lo quitará». Pero, ¿qué dice la Escritura en Efesios 4:28 al hombre que se encuentra constantemente culpable de robar, al hombre que ve algo que le gusta y lo toma? ¿Qué debo decirle a un hombre así? ¿Debo decirle: «Lleva ese pecado a Cristo y pídele que te libere?» No, lo que el apóstol Pablo le dice es esto: «Que el que robó, no vuelva a robar». Solo eso. Deja de hacerlo. Y si es fornicación o adulterio o pensamientos lujuriosos, insisto: deja de hacerlo, dice Pablo. Él no dice: «Ve y ora a Cristo para que te libere». No. Le dice: Dejarás de hacer eso, cuando te conviertas en hijo de Dios.[4]

Este es quizás el medio más directo y obvio para mortificar o someter nuestro pecado: *dejar de hacerlo*. Demasiadas personas piensan que deben esperar una experiencia extraordinaria, un milagro del cielo, una señal del Señor o lo que sea. Piensan que es necesaria alguna intervención divina especial para liberarlos de una práctica o patrón de pensamiento pecaminoso. No, ese es precisamente el error que Romanos 6 refuta. Usted es libre del pecado; ahora deje de hacerlo. Está muerto al pecado; ahora dé muerte al pecado que queda. ¿Cómo? «Absteniéndose». Considérese muerto al pecado y no lo haga más. «Resiste al diablo y él huirá de ti» (Santiago 4:7). Es tan simple como eso.

No haga provisión para la carne. En Romanos 13:14, Pablo escribe: «Más bien, revístanse ustedes del Señor Jesucristo, y no se preocupen por satisfacer los deseos de la naturaleza pecaminosa». En otras palabras, simplemente rehúse sentirse cómodo con las lujurias carnales. Si tiene problemas con la glotonería, no cargue con comida chatarra cuando compre en el mercado. Si le tienta el deseo sexual, no llene su mente de imágenes que alimenten su lujuria. Si no quiere caer, no camine por donde esté resbaladizo. Niéguese a proporcionarle a su mente los medios para entretener los malos pensamientos. No haga preparativos ante la posibilidad del pecado. De esa manera puede matar al pecado antes de que se reproduzca.

Fije su corazón en Cristo. El apóstol Juan escribió: «Queridos hermanos, ahora somos hijos de Dios, pero todavía no se ha manifestado lo que habremos de ser. Sabemos, sin embargo, que cuando Cristo venga seremos semejantes a él, porque lo veremos tal como él es. Todo el que tiene esta esperanza en Cristo se purifica a sí mismo, así como él es puro» (1 Juan 3:2-3). Es una ley espiritual inexorable que se convierta en el objeto de su adoración. El Salmo 135 dice:

> Los ídolos de los paganos son de oro y plata, producto de manos humanas. Tienen boca, pero no pueden hablar; ojos, pero no pueden ver; tienen oídos, pero no pueden oír; ¡ni siquiera hay aliento en su boca! *Semejantes a ellos son sus hacedores* y todos los que confían en ellos (vv. 15-18, énfasis agregado).

Si los paganos se vuelven como los dioses sin vida que adoran, ¿cuánto más seremos hechos como Cristo, que tiene el Espíritu Santo en nosotros trabajando para lograr ese mismo objetivo? Cuando fijamos nuestros corazones en Cristo, descubrimos que nuestra adoración tiene el efecto de conformarnos a su imagen: «Así, todos nosotros, que con el rostro descubierto reflejamos como en un espejo la gloria del Señor, somos transformados a su semejanza con más y más gloria por la acción del Señor, que es el Espíritu» (2 Corintios 3:18).

Medite en la Palabra de Dios. El salmista escribió: «En mi corazón atesoro tus dichos para no pecar contra ti» (Salmos 119:11). El Señor le dijo a Josué: «Recita siempre el libro de la ley y medita en él de día y de noche; cumple con cuidado todo lo que en él está escrito. Así prosperarás y tendrás éxito» (Josué 1:8). ¿Quiere tener éxito en la batalla contra el pecado? Familiarícese con la Palabra de Dios. Medite en ella «día y noche» (cf. Salmos 1:2). Que sea una lámpara para sus pies y una luz para su camino (Salmos 119:105). A medida que la verdad comience a penetrar en su corazón y su mente, confrontará y atacará al pecado.

Jesús oró: «Santifícalos en la verdad; tu palabra es verdad» (Juan 17:17). La verdad de la Palabra de Dios es el medio que usa el Espíritu Santo en nuestra santificación. Llene su mente y su corazón con eso. Medite cuidadosamente y deje que dirija su caminata. «Por último, hermanos, consideren bien todo lo verdadero, todo lo respetable, todo lo justo, todo lo puro, todo lo amable, todo lo digno de admiración, en fin, todo lo que sea excelente o merezca elogio» Filipenses 4:8). Deje «que la palabra de Cristo habite en usted» (Colosenses 3:16). Descubrirá que «la espada del Espíritu, que es la palabra de Dios» (Efesios 6:17) es el arma más efectiva para cortar la carne en pedazos.

Ore sin cesar. En la noche en que Jesús fue traicionado, llevó a sus discípulos a Getsemaní y les dijo: «Oren para que no entren en la tentación» (Lucas 22:40). Más tarde los encontró durmiendo y los reprendió por su falta de oración. Él les dijo: «Estén alerta y oren para que no caigan en tentación. El espíritu está dispuesto, pero el cuerpo es débil» (Mateo 26:41).

> **La oración debe incluir la confesión y el arrepentimiento para que sea efectiva al someter nuestro pecado.**

«No nos dejes caer en la tentación» fue parte de la oración modelo que Jesús les dio a los discípulos (Lucas 11:4). La oración es un medio efectivo y necesario para evitar las tentaciones pecaminosas antes de que puedan atacar. Asuma la oración como un ataque preventivo contra la carnalidad. Al acercarnos al Señor y enfocar nuestros pensamientos en Él, la oración nos acelera contra la tentación carnal y debilita las tentaciones cuando vengan.

Observe y ore. Identifique las circunstancias que lo llevan al pecado y ore específicamente por fuerzas para enfrentar esas situaciones. Ore por un santo aborrecimiento al pecado. Ore para que Dios le muestre el estado real de su corazón pecaminoso. El salmista pronunció esta oración por la santificación:

> ¿Quién está consciente de sus propios errores? ¡Perdóname aquellos de los que no estoy consciente! Libra, además, a tu siervo de pecar a sabiendas; no permitas que tales pecados me dominen. Así estaré libre de culpa y de multiplicar mis pecados. Sean, pues, aceptables ante ti mis palabras y mis pensamientos, oh Señor, roca mía y redentor mío (Salmos 19:12-14).

La oración debe incluir confesión y arrepentimiento para que sea eficaz al someter nuestro pecado. Juan escribió: «Si confesamos nuestros pecados, Dios, que es fiel y justo, nos los perdonará y nos limpiará de toda maldad» (1 Juan 1:9). Y el escritor de Hebreos dice: «Así que acerquémonos confiadamente al trono de la gracia para recibir misericordia y hallar la gracia que nos ayude en el momento que más la necesitemos» (Hebreos 4:16).

Ejercite el autocontrol. El autocontrol es un fruto del Espíritu (Gálatas 5:23), y también es uno de los medios a través de los cuales el Espíritu nos permite someter las obras del cuerpo. Pablo escribió:

> Todos los deportistas se entrenan con mucha disciplina. Ellos lo hacen para obtener un premio que se echa a perder; nosotros, en cambio, por uno que dura para siempre. Así que yo no corro como quien no tiene meta; no lucho como quien da golpes al aire. Más bien, golpeo mi cuerpo y lo domino, no sea que, después de haber predicado a otros, yo mismo quede descalificado (1 Corintio 9:25-27).

La palabra «disciplina» en ese pasaje es una traducción de la palabra griega *hupoo-piazoō*, que significa «golpear debajo del ojo». Los atletas disciplinan sus cuerpos por simples premios terrenales. Si están dispuestos a hacer eso, ¿no deberíamos también estarlo a ejercer un tipo de autocontrol similar para obtener el premio celestial?

Pablo no está hablando aquí de castigar al cuerpo con autoflagelación o abandono. Ciertamente no aboga por nada que debilite físicamente o dañe al cuerpo. Ningún atleta haría esas cosas.

Una vez conocí a un hombre que llevaba un cinturón con clavos, los que constantemente le rasgaban la carne. Sentía que al castigar su cuerpo expiaba sus propios pecados. Muchas personas a lo largo de los años erradamente han intentado formas similares de tratar con el cuerpo. Martín Lutero casi destruyó su cuerpo con un ayuno excesivo cuando era un joven monje antes de que descubriera que la Palabra de Dios dice: «El justo por la fe vivirá» (Romanos 1:17). En las Filipinas, en la celebración de la Semana Santa cada año, hay hombres que se crucifican en un ritual sangriento que creen que los hace santos.

Ese no es en absoluto el espíritu de lo que las Escrituras requieren. El autocontrol es una disciplina vigilante que se niega a complacer los apetitos del cuerpo a expensas del alma. Jesús dijo: «Tengan cuidado, no sea que se les endurezca el corazón por el vicio, la embriaguez y las preocupaciones de esta vida. De otra manera, aquel día caerá de improviso sobre ustedes» (Lucas 21:34).

Llénese del Espíritu Santo. «No se emborrachen con vino, que lleva al desenfreno. Al contrario, sean llenos del Espíritu» (Efesios 5:18). Estar lleno del Espíritu es estar controlado por el Espíritu Santo, así como estar borracho es estar bajo la influencia del alcohol. Los creyentes deben rendirse por completo al control del Espíritu.

Ahora, esto nos lleva al círculo completo de donde comenzamos en Romanos 8:13. Someteremos al pecado «por el Espíritu». Es el poder del Espíritu Santo en nosotros lo que realmente hace la obra de mortificación en aquellos que son entregados a Él. Sin embargo, debo enfatizar nuevamente que esto no significa que seamos pasivos en el proceso.

Como escribió John Owen:

> Él no trabaja tanto en la mortificación de nosotros como para no mantenerlo como un acto de nuestra *obediencia*. El Espíritu Santo obra en nosotros y sobre nosotros, ya que estamos en condiciones de ser forjados en y sobre Él; es decir, para preservar nuestra propia libertad y obediencia. Él trabaja en nuestros entendimientos, voluntades, conciencias y afectos, de acuerdo con sus propias naturalezas; trabaja en nosotros y con nosotros, no contra nosotros o sin nosotros; para que su asistencia sea un estímulo para facilitar el trabajo, y no una ocasión para la negligencia en cuanto al trabajo en sí.[5]

En otras palabras, como hemos señalado repetidamente, no podemos abandonar nuestra propia responsabilidad y esperar pasivamente a que Dios someta al pecado en nuestro nombre. La vida llena del Espíritu es un esfuerzo activo, vigoroso y laborioso, en el que desarrollamos nuestra propia salvación con temor y temblor (Filipenses 2:12). Cuando obedecemos, descubrimos que en realidad es Dios quien está trabajando en nosotros «pues Dios es quien produce en ustedes tanto el querer como el hacer para que se cumpla su buena voluntad» (v. 13). En otras palabras, Dios moldea nuestras voluntades para obedecer y luego nos da la energía para trabajar de acuerdo a lo que le agrada. Esa es la vida llena del Espíritu.

> En otras palabras, Dios moldea nuestras voluntades para obedecer y luego nos da la energía para trabajar de acuerdo a lo que le agrada. Esa es la vida llena del Espíritu.

Hay muchos más deberes relacionados con mortificar o someter al pecado, como vestirse con humildad (1 Pedro 5:5); tener la mente de Cristo (Filipenses 2:5); alejar los sentimientos rencorosos de los demás (Efesios 4:31-32); ponerse la armadura de Dios (Efesios 6:11-17); dejar de lado las actitudes pecaminosas (Colosenses 3:8-9); agregar las gracias del crecimiento espiritual a la vida de uno (2 Pedro 1:5-7); seguir el patrón de *conocer, calcular, ceder, obedecer, servir* de Romanos 6 (vea apéndice 1) y muchas responsabilidades similares que el Nuevo Testamento asigna a los creyentes. *Todo* eso puede estar incluido en esta categoría básica de estar lleno del Espíritu.

Es realmente tan simple como esto: «Así que les digo: Vivan por el Espíritu, y no seguirán los deseos de la naturaleza pecaminosa» (Gálatas 5:16). El fruto del Espíritu crecerá y ahogará las obras de la carne. «Como tenemos estas promesas, queridos hermanos, purifiquémonos de todo lo que contamina el cuerpo y el espíritu, para completar en el temor de Dios la obra de nuestra santificación» (2 Corintios 7:1).

Golpee al pecado en la cabeza

John Owen escribió: «El que está determinado a matar a un enemigo, si deja de atacar antes de que el otro deje de vivir, solo ha hecho la mitad de su trabajo».[5] Debemos estar siempre en la tarea de someter al pecado. Podemos matar a toda una tribu de amalecitas, pero si permitimos deliberadamente que un Agag se escape, Dios no estará satisfecho con nuestros esfuerzos.

Como sabemos, la carne es muy sutil y engañosa. Un pecado en particular puede dejarnos solos por un tiempo para hacernos pensar que nos hemos librado de él. Pero puede volver con una furia infernal si no estamos en guardia. El pecado nos acecha perpetuamente; debemos estar mortificándolo constantemente. Este es un deber del que no podemos descansar hasta que reposemos en la gloria.

Concédale un centímetro al pecado y se agarrará un kilómetro. Si el pecado puede ganar terreno en nuestras vidas, echará raíces y crecerá como el kudzu (árbol de naturaleza asiática que crece en el sur este de los Estados Unidos y prolifera con rapidez). Nos usará y abusará de nosotros e infligirá la mayor cantidad de desastres posible. Al respecto, Owen escribió:

> Todo pensamiento o mirada impura es potencialmente adulterio; todo deseo codicioso, opresión; todo pensamiento de incredulidad, ateísmo, si pudiera crecer en su cabeza... Crece gradualmente, arreglando el terreno que una vez estuvo duro... Ahora, nada puede evitar eso más que la mortificación; que marchita la raíz y golpea la cabeza del pecado cada momento; de modo que cualquiera que sea su propósito se desvíe. *No existe nadie en este mundo que sea muy santo, pero si renunciara a este deber, caería en tantos pecados malditos como lo haya hecho cualquiera de su clase.*[5]

Más tarde, agregó: «El pecado se pone en contra de cada acto de santidad y de cada grado en el que crecemos. No deje que ese hombre piense que progresa en santidad mientras no deje de complacerse en sus lujurias».[5]

No ignoramos las maquinaciones de Satanás, declara el apóstol (2 Corintios 2:11). Tampoco debemos ser ingenuos con las sutilezas de nuestra propia carne. Cuando Agag venga a nosotros alegremente, diciendo: «Ciertamente la amargura de la muerte ha pasado» (1 Samuel 15:32); cuando quiera hacer amigos y declarar el fin de las hostilidades, es cuando es más imperativo que nos volvamos contra él y lo cortemos despiadadamente ante el Señor. El pecado no se somete cuando simplemente se cubre, se internaliza, se intercambia por otro pecado o se reprime. No se somete hasta que la conciencia ha sido apaciguada.

El pecado no se somete cuando simplemente se cubre. Usted puede ocultar su pecado de la vista de los demás, pero eso no es someterlo. Si un pecado simplemente se recubre con hipocresía, ¿de qué sirve? Si la conciencia solo ha sido aceitada, estamos en un estado mucho más peligroso que antes. «Quien encubre su pecado jamás prospera; quien lo confiesa y lo deja halla perdón» (Proverbios 28:13). Usted no cumple su deber con respecto a su pecado hasta que lo haya confesado y abandonado.

El pecado no se somete cuando solo se internaliza. Si abandona la práctica de algún mal, pero sigue rumiando en la memoria los placeres de ese pecado, tenga cuidado. Es posible que haya movido su pecado a la privacidad de su imaginación, donde solo usted y Dios lo conocen. Pero ese pecado no ha sido sometido. En todo caso, se ha vuelto más mortal al casarse con la pretendida justicia. Jesús reprendió a los fariseos por eso mismo. Evitaban el asesinato, pero toleraban el odio. Se abstenían de fornicar, pero se permitían los pensamientos lujuriosos. Jesús los declaró dignos del infierno eterno (Mateo 5:21-28).

El pecado no se somete cuando se cambia por otro. ¿De qué sirve cambiar la lujuria de la carne por la de los ojos? Esa lujuria no ha sido sometida; solo ha cambiado de forma. El puritano Thomas Fuller dijo: «Algunos piensan que mejoraron en piedad, porque han dejado la prodigalidad y se vuelven codiciosos».[6] Si sucumbe a esa táctica, su corazón corre el peligro de ser endurecido por el engaño del pecado (Hebreos 3:13).

El pecado no se somete hasta que la conciencia se apacigua. El objetivo es «amor de corazón puro, buena conciencia y fe sincera» (1 Timoteo 1:5). Mientras la conciencia permanezca contaminada, afecta nuestro testimonio. «Más bien, honren en su corazón a Cristo como Señor. Estén siempre preparados para responder a todo el que les pida razón de la esperanza que hay en ustedes. Pero háganlo con gentileza y respeto, *manteniendo la conciencia limpia*, para que los que hablan mal de la buena conducta de ustedes en Cristo se avergüencen de sus calumnias» (1 Pedro 3:15-16, énfasis agregado).

Parte del proceso de someter al pecado consiste en trabajar el tema de nuestra culpa. Los que intentan evadir la culpa no han confesado adecuadamente su pecado; por lo tanto, no pueden ser limpiados ni completamente perdonados.

Si quiere someter al pecado, John Owen escribió: «Carga tu conciencia con la culpa de ella».[6] Contrariamente a la sabiduría popular de nuestros días, él creía que las punzadas de la culpa eran una consecuencia natural y saludable de las malas acciones. «Se avergonzó», escribió,[6] porque vio la vergüenza como una ventaja en la mortificación del pecado. Entendió correctamente lo que dijo Pablo en 2 Corintios 7:10: «La tristeza que proviene de Dios produce el arrepentimiento que lleva a la salvación, de la cual no hay que arrepentirse, mientras que la tristeza del mundo produce la muerte».

Aquellos que asienten con la cabeza ante su culpa, reclaman la promesa de perdón, se tranquilizan rápidamente y luego piensan que ninguna más de sus malas acciones se han de someter al engaño del pecado que endurece el corazón, especialmente cuando este amenaza con convertirse en un hábito. Deje que el dolor haga todo su trabajo en su corazón para que produzca un arrepentimiento franco y profundo, y esos pecados se debilitarán severamente.

El pecado no se somete cuando simplemente se reprime. Algunas personas usan distracciones para evitar lidiar con su pecado. Intentan ahogar su conciencia con alcohol o sofocar su culpa con entretenimiento y otras diversiones. Cuando surge la tentación, no dan una respuesta bíblica, como lo hizo Jesús (Mateo 4:4, 7, 10). En vez de eso, buscan una ruta de escape carnal. Respecto a esta tendencia, Martyn Lloyd-Jones dijo:

> Si simplemente reprime una tentación o esta primera maniobra de pecado dentro de usted, probablemente volverá a surgir con más fuerza. Hasta ese punto, estoy de acuerdo con la sicología moderna. La represión siempre es mala. «Entonces, ¿qué hacer?», preguntaría alguien. Le respondo: Cuando sienta esa primera intención de pecar, simplemente levántese y diga: «Por supuesto que no quiero tener en lo absoluto ningún trato con esto». Exponga el pecado y dígale: «Esto es malo, perverso, esta fue la causa de que el primer hombre fuera expulsado del Paraíso». Sáquelo, denúncielo, confiese que lo odia por lo que es; entonces realmente lo habrá tratado. No debe simplemente esconderlo, encubrirlo con un espíritu de miedo y de una manera tímida. Sáquelo, expóngalo y analícelo; luego denúncielo por lo que es hasta que lo odie.[7]

Este es un buen consejo. Debemos tratar con nuestro pecado con valentía, golpeándole la cabeza. Someterlo un poco no es suficiente. Necesitamos exterminarlo, cortarlo en pedazos, buscar por medio de la gracia y el poder del Espíritu arrancarle la vida.

Esta es una tarea de toda la vida, en la que nuestro progreso siempre será gradual. Al principio, puede parecer una pelea desalentadora. Pero tan pronto como nos pongamos a trabajar, descubriremos que el pecado no se adueñará de nosotros, porque estamos bajo la gracia (Romanos 6:14). Eso significa que es Dios el que está trabajando en nosotros tanto para querer como para trabajar por su buena voluntad (Filipenses 2:13). Y habiendo comenzado su buena obra en nosotros, «la perfeccionará hasta el día de su venida» (1:6).[7]

8

Cómo tratar con la tentación

El cristiano... sabe que no puede abrazar esa cruz o, lo que es más importante, abrazar al Cristo que murió en ella; y que ahora vive para estar siempre al servicio de Dios, sin renunciar a todo pecado conocido. No podemos servir a dos señores: un Cristo crucificado que murió por nuestro pecado y al pecado por el que murió. Mientras más nos regocijemos en el camino de la salvación, más someteremos al pecado. Eso no nos hará perfectos, porque no hay sometimiento completo en esta vida. Pero caminar en el poder de Cristo y ser liberados del poder del pecado nos traerá gozo. Esto, en parte, es la respuesta a nuestra confusión común: ¿cómo podemos mantener nuestro camino puro?

SINCLAIR FERGUSON[1]

Al inicio de este libro, enfaticé que nuestra cultura parece haber abandonado la noción de pecado. Hace poco, sin embargo, MTV transmitió un programa especial titulado «Los siete pecados capitales». Vi un video del programa y confirmé mucho más mis peores temores sobre el estado de la cultura contemporánea, sobre todo en cuanto a cómo percibe las fuentes tradicionales de la tentación.

Los siete pecados capitales son el orgullo, la codicia, la lujuria, la ira, la envidia, la gula y la pereza. Esa no es una lista bíblica, sino una clasificación de la teología medieval. Algunos teólogos monásticos probablemente establecieron primero ese grupo de pecados, tratando de sistematizar e identificar la raíz de todos los pecados, no necesariamente los más graves. Los siete pecados capitales, junto con las siete virtudes cardinales (fe, esperanza, amor, justicia, prudencia, templanza y fortaleza) reciben mayor énfasis en la teología católica romana.

> **La gente ama su pecado.**
> **Harán todo lo posible**
> **para racionalizarlo y defenderlo.**

En MTV, sin embargo, los pecados fueron retratados como cualquier cosa menos mortales. Los fragmentos de sonido con celebridades, personajes de dibujos animados, extractos de películas conocidas, rockeros, punk, raperos y entrevistas a personas en centros comerciales fueron editados para proporcionar un comentario uniforme sobre la actitud de la cultura pop hacia el pecado. La mayoría de ellos describió el pecado como una realidad positiva.

«¿Es pecado el orgullo?», preguntó la cantante de rap Queen Latifah. «No sabía eso».

La actriz Kirstie Alley replicó: «No creo que el orgullo sea un pecado; pienso que lo creó algún idiota. ¿Quién inventó todo esto?»

Un rockero del grupo Aerosmith declaró: «La lujuria es para lo que vivo. Para eso me metí en la banda: siempre tendré jovencitas en primera fila».

El rapero Ice-T dijo sobre la ira: «Es necesaria. Tienes que liberar esa tensión porque la vida te agobia. Liberamos nuestra ira cuando hacemos discos. Cuando hicimos "Cop Killer", estábamos furiosos, y los policías se volvieron a enojar».

«La codicia es buena», dijo el personaje que representaba Michael Douglas en la película *Wall Street*.

Y, por supuesto, había un llamado inevitable a la sicología popular para defender todos esos pecados como necesarios para una buena autoestima. Ice-T dijo: «El orgullo es obligatorio. Ese es uno de los problemas de las ciudades: los niños no tienen suficiente orgullo. Me uní a una pandilla por orgullo».

Un artículo interesante de *U.S. News & World Report* resumió el sentir del programa:

En vez de expresarse de manera moderada y emplear el autocontrol, todo el mundo parece hablar el lenguaje terapéutico de los sentimientos y la autoestima. «El orgullo no es pecado, se supone que debes sentirte bien contigo mismo». «La envidia es pecado porque te hace sentir mal contigo mismo». Un rockero dijo: «Cuando tienes sexo con una mujer, ella te hace sentir bien contigo mismo, pero no sé si al final ese acto te salve». Incluso el gay arrepentido está totalmente comprometido con el monólogo interno: «Perdonarme ha sido el desafío de mi vida».

Hay una vaga sensación de que el pecado, si existe, es seguramente un problema de la sicología. El locutor Kurt Loder nos dice, al comienzo del programa, que estamos lidiando con compulsiones: «Los siete pecados capitales no son actos malignos, sino más bien compulsiones humanas universales que pueden ser problemáticas y muy agradables». La discusión sobre la glotonería se deteriora rápidamente en las charlas sobre las adicciones. Así es como se discuten todos los hábitos y apegos en las terapias pop en las que creció la generación MTV. «Soy adicto a mi novia», dice un hombre sobre la glotonería. Alguien más dice que el programa de autoayuda de doce pasos es un regalo de Dios para el siglo veintiuno.[2]

El homosexual arrepentido «mencionado en el artículo de *U.S. News*, un joven que realmente había asesinado a otro homosexual, describe sus remordimientos. Se pregunta constantemente si alguna vez podrá obtener el perdón. Un capellán le ha dicho que el perdón es posible, pero la única forma en que el niño sabe que Dios lo ha perdonado es si algún día «lo siente». Y así vive cada día, esperando ese sentimiento.

El pecado, al parecer, no se define como una cuestión de moralidad, sino que es totalmente subjetivo. Las propias preferencias del individuo determinan la línea entre el bien y el mal. El programa MTV finaliza con un llamado a la tolerancia universal. El verdadero peligro del pecado, según MTV, es el daño que le hace al ego humano. Uno tiene la clara idea de que ningún pecado es tan malo como la actitud alegre de los que piensan que el pecado es ofensivo para un Dios santo.

Toda la producción me recordó que vivimos en una cultura entregada por Dios a sus propios deseos malvados. La gente ama su pecado. Harán todo lo posible para racionalizarlo y defenderlo.

Para los cristianos, sin embargo, la vida no puede reflejar los valores de nuestra cultura. No podemos tratar de disculpar o tolerar el pecado. Fue el pecado lo que puso a nuestro bendito Salvador en la cruz para derramar su sangre y morir. El pecado fue lo que nos puso en enemistad con Dios. Ahora que esa enemistad se ha roto, no queremos tener nada que ver con la vida anterior. Ahora que estamos libres del pecado, no queremos volver a la esclavitud. ¡Y no tenemos que hacerlo! Optar por ello sería negar a nuestro Señor. Como escribió el apóstol amado:

Todo el que permanece en él no practica el pecado. Todo el que practica el pecado no lo ha visto ni lo ha conocido. Queridos hijos, que nadie los engañe. El que practica la justicia es justo, así como él es justo. El que practica el pecado es del diablo, porque el diablo ha estado pecando desde el principio. El Hijo de Dios fue enviado precisamente para destruir las obras del diablo. Ninguno que haya nacido de Dios practica el pecado, porque la semilla de Dios permanece en él; no puede practicar el pecado, porque ha nacido de Dios. Así distinguimos entre los hijos de Dios y los hijos del diablo: el que no practica la justicia no es hijo de Dios; ni tampoco lo es el que no ama a su hermano (1 Juan 3:6-10).

Por supuesto, Juan está hablando de seguir al pecado como práctica. Describe un estilo de vida de pecado incesante e insensato, del que ningún verdadero creyente es capaz de seguir.

¿Podemos, en verdad, vencer la tentación?

No obstante, incluso nosotros los cristianos, estamos asediados constantemente por la tentación. A veces, parece ser abrumador. Podríamos plantearnos la pregunta: ¿Es realmente posible vencer la tentación de alguna manera? ¿Cómo podemos obtener la victoria sobre las fuerzas del pecado? Con Satanás, el mundo y nuestra propia carne en contra de nosotros, ¿hay alguna esperanza de que podamos vencer al impulso del pecado? Nuestros enemigos son muy sutiles y sus estrategias muy sofisticadas, ¿cómo podemos luchar contra ellos? ¿No nos enfrentamos a veces con tentaciones que son tan efectivas que francamente no tenemos esperanza de derrotarlas? ¿No es Satanás tan astuto que no podemos superar algunos de sus planes? ¿Y no es nuestro propio corazón tan engañoso y desesperadamente malvado que nos deja sin una defensa adecuada? ¿No es realmente una locura para nosotros soñar con la victoria sobre nuestro pecado?

> La ficción cristiana, tan popularizada,
> retrata a la iglesia como envuelta en una
> terrible batalla satánica, orquestada por una
> temible conspiración de fuerzas malignas visibles
> e invisibles que quieren derribarnos.

Dé un paso adelante. Con la cantidad de pastores y líderes eclesiales que han caído en pecados graves, intolerables y escandalosos, muchos cristianos se preguntan si la iglesia misma y sus líderes, en particular, están siendo sometidos a algún nivel de asalto para el cual no son contendientes calificados. De hecho, varios de los teleevangelistas caídos han culpado a las fuerzas demoníacas más allá de su control por su propio colapso moral. La ficción cristiana, tan popularizada, retrata a la iglesia como envuelta en una terrible batalla satánica, orquestada por una temible conspiración de fuerzas malignas visibles e invisibles que quieren derribarnos. Y sabemos, por las Escrituras, que estamos envueltos en una guerra espiritual con demonios que no podemos ver (Efesios 6:12). Si todas las fuerzas del infierno están dispuestas contra nosotros, ¿podemos luchar contra eso? ¿O somos realmente víctimas de una tentación abrumadora y no tenemos los recursos para combatirla?

Las Escrituras responden con claridad a esa pregunta. De hecho, responde a todas las preguntas en un versículo: «Ustedes no han sufrido ninguna tentación que no sea común al género humano. Pero Dios es fiel, y no permitirá que ustedes sean tentados más allá de lo que puedan aguantar. Más bien, cuando llegue la tentación, él les dará también una salida a fin de que puedan resistir» (1 Corintios 10:13).

Este versículo seguramente es una de las promesas más gratas y reconfortantes de toda la Escritura. Ninguna tentación puede ser tan abrumadora que no podamos resistirla. Satanás no es tan poderoso; los demonios no son tan eficaces; la conspiración maligna no es tan ingeniosamente ideada; la carne no es tan débil; el corazón humano no es tan engañoso, como para que nos dejen indefensos y ser víctimas de la tentación.

Este versículo contiene principios que nos ayudarán a comprender cómo podemos triunfar sobre tentaciones específicas al entender más sobre los medios por los cuales operan, su naturaleza y su alcance.

Los medios de la tentación

Primero, se nos dice los medios por los cuales funciona la tentación. La tentación quiere alcanzarnos, emboscarnos cuando no estamos preparados, y así dominarnos. Busca el control de nosotros.

La palabra para «tentación» en el texto griego es *peirasmos.* Se puede traducir como «prueba» o «tentación». Las pruebas y las tentaciones son dos lados de una misma cosa. La vida está llena de pruebas y cada una de ellas es una tentación potencial. Una ilustración puede ser útil para mostrar cómo es esto: un amigo me contó una vez acerca de su nuevo trabajo en una empresa muy importante. Tras haber estado en el trabajo solo un rato una noche, después que todos se habían ido de la oficina, notó que alguien había dejado una gran suma de dinero sobre su escritorio. De inmediato lo agarró, lo puso en su maletín y pensó: *Voy a tener que devolver esto.* Lo envolvió y a la mañana siguiente entró en la oficina del jefe, puso el dinero en el escritorio de este y dijo: «Alguien dejó este dinero en mi escritorio y no sé de quién es o a quién se le extravió, pero quería entregarlo lo antes posible para que nadie se angustiara por su ausencia».

Su jefe lo miró a la cara y dijo: «Yo lo puse ahí. Fue una prueba. Pasaste».

La vida nos ofrece pruebas similares. Dependiendo de cómo respondamos, pueden convertirse en tentaciones.

Si mi amigo se hubiera llevado el dinero a casa y lo hubiera contado, y lo hubiera deseado, y hubiera pensado en sus opciones, podría haberse dicho a sí mismo: *Hmm, nadie lo sabrá;* y habría tenido que luchar en su corazón con el dilema de entregarlo o conservarlo para él. Entonces la prueba se habría convertido en tentación. Cuando le permitimos al corazón que haga el mal, eso es una tentación.

La vida está llena de pruebas que tienen potencial de convertirse en tentaciones. Por ejemplo, cuando está en medio de un revés financiero y dice: «Voy a confiar en Dios para satisfacer mis necesidades. Reduciré gastos, viviré con austeridad, presupuestaré cuidadosamente y seré fiel a mis obligaciones. Viviré con menos y confiaré en que el Señor proveerá para mis necesidades»; pasa la prueba. Pero si dice: «Puedo tomar dinero de la caja y nadie lo sabrá. Puedo ahorrar dinero haciendo trampa en mis impuestos sobre la renta. Y puedo reducir los gastos dejando de pagar lo que debo», ha pasado de una prueba a una tentación porque su corazón está siendo solicitado por el mal.

O la prueba puede que sea una decepción personal. Quizás tenía esperanzas con alguien que no cumplió las expectativas de usted. Puede aceptar sus circunstancias con un corazón confiado y amar a esa persona a pesar de su decepción, o puede comenzar a sentir animosidad y amargura en su corazón. En el momento en que esos pensamientos malignos apelan a su corazón, la prueba se convierte en tentación.

O podría enfrentar la prueba de una enfermedad, una lesión o un desastre inesperado. Quizás muera un ser querido. O sus planes se vean frustrados. O no logra algo que ha soñado durante mucho tiempo. Quizás enfrente un problema sin una solución obvia. O tal vez un amigo le inste a hacer algo que sabe que es malo. Este es el tipo de pruebas que conforman la vida. Y cuando comienzan a suplicarnos que respondamos con maldad, se convierten en tentaciones. Job tuvo que enfrentar todas esas pruebas al mismo tiempo.

El apóstol Santiago da una explicación muy lúcida en cuanto a cómo se convierten las pruebas en tentaciones. Él escribe: «Hermanos míos, considérense muy dichosos cuando tengan que enfrentarse con diversas pruebas, pues ya saben que la prueba de su fe produce constancia. Y la constancia debe llevar a feliz término la obra, para que sean perfectos e íntegros, sin que les falte nada» (Santiago 1:2-4). Más adelante, agrega: «Dichoso el que resiste la tentación porque, al salir aprobado, recibirá la corona de la vida que Dios ha prometido a quienes lo aman» (v. 12).

En otras palabras, Dios tiene un propósito benéfico al permitir que pasemos por pruebas. Las pruebas nos perfeccionan, nos moldean a la imagen de Cristo, nos dan resistencia y nos llevan a la plenitud espiritual. El apóstol Pedro dijo algo similar: «Y, después de que ustedes hayan sufrido un poco de tiempo, Dios mismo, el Dios de toda gracia que los llamó a su gloria eterna en Cristo, los restaurará y los hará fuertes, firmes y estables» (1 Pedro 5:10).

Dios nos envía pruebas, no tentaciones. Santiago también dijo: «Que nadie, al ser tentado, diga: "Es Dios quien me tienta". Porque Dios no puede ser tentado por el mal, ni tampoco tienta él a nadie» (Santiago 1:13). Dios nunca es responsable de la apelación a hacer el mal.

Dios nos envía pruebas, no tentaciones.

Por tanto, ¿cómo sucede eso? Santiago 1 nos dice: «Todo lo contrario, cada uno es tentado cuando sus propios malos deseos lo arrastran y seducen. Luego, cuando el deseo ha concebido, engendra el pecado; y el pecado, una vez que ha sido consumado, da a luz la muerte» (vv. 14-15). Es *nuestra propia concupiscencia* la que produce el deseo de hacer el mal. Dios solo da buenos regalos: «Mis queridos hermanos, no se engañen. Toda buena dádiva y todo don perfecto descienden de lo alto, donde está el Padre que creó las lumbreras celestes, y que no cambia como los astros ni se mueve como las sombras» (vv. 16-17). Dios es perfecto, inmutable, invariable. Él no es responsable de nuestras tentaciones, aunque envía pruebas para probarnos.

La victoria comienza con entender cómo viene la tentación. Viene cuando respondemos incorrectamente a las pruebas. Viene cuando somos arrastrados por nuestras propias lujurias. Eso planta las semillas para el pecado y, cuando el pecado da fruto, ese fruto es muerte. Por lo tanto, debemos aprender a responder correctamente a las pruebas.

Naturaleza de la tentación

Volvamos a esa maravillosa promesa en 1 Corintios 10:13 para ver la verdadera naturaleza de la tentación: «Ustedes no han sufrido ninguna tentación que no sea común al género humano». En una palabra, la tentación es *humana*. No es sobrenatural. No es una fuerza tan poderosa, ni extraordinaria, que no podamos tratar con ella. La tentación es común a la humanidad. Las tentaciones que usted enfrenta son las mismas que todos los demás cristianos enfrentan. Es lo mismo para todos nosotros. Las tentaciones que se le presentan a usted son las mismas que se me aparecen a mí. Es posible que cada uno tenga pecados peculiares, acosadores, áreas en las que nuestros hábitos o debilidades con frecuencia nos llevan a cometer los mismos pecados una y otra vez. Podemos ser particularmente vulnerables o susceptibles a diversas tentaciones. Pero todos somos golpeados con las mismas tentaciones.

Más alentador aún, estas son las mismas tentaciones que Jesús experimentó. Hebreos 4:15 dice que Cristo «ha sido tentado en todas las cosas como nosotros». Hebreos 2:17 afirma que fue «hecho como sus hermanos en todas las cosas». Sufrió las mismas tentaciones que son comunes a nosotros. Por eso es un sumo sacerdote tan fiel y misericordioso. Es por eso que se conmueve con el sentimiento de nuestras debilidades.

El alcance de la tentación

Más aun, hay límites en la cantidad o extensión de la tentación que Dios nos permitirá enfrentar: «Dios es fiel y no permitirá que sea tentado más allá de lo que puede soportar». Dios conoce sus limitaciones individuales. Si es cristiano, Él ha planeado su vida para garantizar su seguridad en Cristo eternamente.

Él nunca permitirá que enfrente ninguna prueba que sea superior a lo que usted pueda tratar en cualquier momento de su peregrinaje espiritual.

> Él nunca permitirá que enfrente ninguna prueba que sea superior a lo que usted pueda tratar en cualquier momento de su peregrinaje espiritual.

Vemos una ilustración de este principio en los tratos de Jesús con los once discípulos. En la noche de su traición, Jesús le dijo a Pedro: «Simón, Simón, mira que Satanás ha pedido zarandearlos a ustedes como si fueran trigo. Pero yo he orado por ti, para que no falle tu fe. Y tú, cuando te hayas vuelto a mí, fortalece a tus hermanos» (Lucas 22:31-32). Cuando Pedro le aseguró al Señor que estaba listo para seguirlo hasta la muerte, Jesús respondió: «Pedro, te digo que hoy mismo, antes de que cante el gallo, tres veces negarás que me conoces» (v. 34). Sucedió tal como Jesús le profetizó. Sin embargo, ¿fracasó la fe de Pedro? No, la oración de Jesús por él fue respondida y Pedro, finalmente, fue restaurado a la comunión plena e incluso al liderazgo en la iglesia primitiva.

Esa misma tarde de la traición de Jesús, mientras nuestro Señor estaba orando en el jardín, rogó por sus discípulos: «Mientras estaba con ellos, los protegía y los preservaba mediante el nombre que me diste, y ninguno se perdió sino aquel que nació para perderse, a fin de que se cumpliera la Escritura» (Juan 17:12). En otras palabras, los once habían sido permanentemente custodiados y mantenidos por el soberano y bondadoso poder de Jesús. Solo Judas, que nunca fue un verdadero creyente, tuvo que llevar a cabo sus propios propósitos malvados.

Mientras Jesús oraba, los discípulos se durmieron (Marcos 13:37-43). Cuando los soldados llegaron con Judas, «Jesús, que sabía todo lo que le iba a suceder, les salió al encuentro. "¿A quién buscan?", les preguntó. "A Jesús de Nazaret", contestaron.

"Yo soy". Judas, el traidor, estaba con ellos» (Juan 18:4-5). Sus palabras tuvieron un efecto tan profundo en los soldados «que dieron un paso atrás y se desplomaron» (v. 6).

Él les preguntó nuevamente: «¿A quién buscan?» (v. 7).

Las Escrituras dicen: «Ya les dije que yo soy. Si es a mí a quien buscan, dejen que estos se vayan» (v. 8). Él estaba protegiendo a los discípulos. Dos veces hizo que los soldados dijeran a quién habían ido a buscar. Luego, ofreció voluntariamente la información de que era a Él a quien buscaban, e instó a los soldados a que dejaran ir a los demás. Quería asegurarse de que ninguno de los once fuese arrestado, «Esto sucedió para que se cumpliera lo que había dicho: "De los que me diste ninguno se perdió"» (v. 9).

Esto implica que, si alguno de los discípulos hubiera sido llevado cautivo, habría sido espiritualmente demasiado débil para sobrevivir a esa prueba y habría dejado de ser fiel. Por lo tanto, Jesús se aseguró de que nunca tuvieran que enfrentar tal situación. Pedro casi arruina todo, porque sacó un arma y le cortó la oreja al criado del sumo sacerdote (vv. 10-11). Pero Jesús la curó milagrosamente, reprendió a Pedro y los discípulos pudieron huir (Marcos 14:50).

A pesar de todo, el propio Jesús orquestó todos los acontecimientos para asegurarse de que los discípulos no fueran probados más allá de lo que pudieran resistir. Pedro, sobre todo, fue confrontado con una prueba severa esa misma noche. Y aunque pecó mucho negando al Señor tres veces e incluso sellando su negación con una maldición, la fe de Pedro no fracasó. Se vio obligado a evaluar su propia alma y aprendió algunas lecciones valiosas esa noche. Pero a pesar de todo, el Señor lo sostuvo y se aseguró de que no cayera.

Cualquiera sea el nivel de crecimiento espiritual en el que estemos, nuestro Señor nunca permite que pasemos por ninguna tentación que supere nuestra capacidad de manejar la situación. Si somos verdaderos cristianos, no podemos caer. Nuestro Señor mismo se encarga de eso.

Además, Cristo ora por todos los verdaderos creyentes tal como lo hizo por los once en el jardín. Hebreos 7:25 dice: «Por eso también puede salvar por completo a los que por medio de él se acercan a Dios, ya que vive siempre *para interceder por ellos*» (énfasis agregado). También pone límites al alcance de la tentación que podemos sufrir. Él es fiel. No permitirá que sea tentado más allá de su capacidad.

¿Cómo escapar de la tentación?

Lo mejor de todo, cuando Dios nos permite ser probados, es que Él siempre nos proporciona una salida. Siempre hay un camino a la victoria. Siempre hay una salida de escape. *Ekbasis* es la palabra griega para *«escapar»* en 1 Corintios 10:13. Literalmente significa *«una salida»*.

> Lo mejor de todo, cuando Dios nos permite ser probados, es que Él siempre nos proporciona una salida. Siempre hay un camino a la victoria.

Hay una verdad aquí que tal vez nunca haya notado en este versículo: Pablo nos dice exactamente cuál es el camino de escape: Dios «con la tentación también proporcionará el camino de escape, para que pueda soportarlo». Esa es la salida. La forma de salir de la tentación es soportarla como una prueba y no dejar nunca que se convierta en un deseo del mal. ¿Ha sido agraviado? ¿Ha sido acusado falsamente? ¿Le han difamado o tratado de manera cruel o injustamente? ¿Y qué? Acéptelo. Sopórtelo con alegría (Santiago 1:2); ese es el camino de escape. Por lo general, buscamos una ruta de salida rápida y fácil. El plan de Dios para nosotros es diferente. Él quiere que soportemos todo con gozo «y que la resistencia tenga su resultado perfecto, para que [nosotros] podamos ser perfectos y completos, sin que nada nos falte nada» (v. 4). Dios está usando nuestras pruebas para llevarnos a la madurez.

¿Cómo podemos soportar eso? Hay varias respuestas útiles. Mencionaré solo algunas.

Primero, *medite en la Palabra*: «En mi corazón atesoro tus dichos para no pecar contra ti» (Salmos 119:11). Segundo, *ore*: «No nos dejes caer en la tentación, sino líbranos del mal» (Mateo 6:13). En otras palabras, pídale a Dios que evite que la prueba se convierta en una tentación. Tercero, *resista a Satanás y busque a Dios*: «Así que sométanse a Dios. Resistan al diablo, y él huirá de ustedes» (Santiago 4:7).

Hay mucho más que podría mencionar, pero ¿le son familiares estos consejos? Son precisamente los mismos que enumeramos en el capítulo 8 para someter las obras de la carne. La forma de soportar la tentación es someter las obras de la carne.

Hay una clave más en la que quiero centrarme y es la fe. Hebreos 11 habla de los grandes héroes de la fe, cuya característica común es que aguantaron fielmente hasta el final. Acerca de Moisés, el escritor de Hebreos dice: «Por la fe salió de Egipto sin tenerle miedo a la ira del rey, pues se mantuvo *firme* como si estuviera viendo al Invisible» (11:27, énfasis agregado). Abel, Enoc, Noé, Abraham, Sara, Isaac, Jacob, José y Rahab corrieron la carrera que se les presentó *con resistencia* (12:1). El escritor de Hebreos resume:

> ¿Qué más voy a decir? Me faltaría tiempo para hablar de Gedeón, Barac, Sansón, Jefté, David, Samuel y los profetas, los cuales por la fe conquistaron reinos, hicieron justicia y alcanzaron lo prometido; cerraron bocas de leones, apagaron la furia de las llamas y escaparon del filo de la espada; sacaron fuerzas de flaqueza; se mostraron valientes en la guerra y pusieron en fuga a ejércitos extranjeros. Hubo mujeres que por la resurrección recobraron a sus muertos. Otros, en cambio, fueron muertos a golpes, pues para alcanzar una mejor resurrección no aceptaron que los pusieran en libertad. *Otros sufrieron la prueba de burlas y azotes, e incluso de cadenas y cárceles. Fueron apedreados, aserrados por la mitad, asesinados*

a filo de espada. Anduvieron fugitivos de aquí para allá, cubiertos de pieles de oveja y de cabra, pasando necesidades, afligidos y maltratados. ¡El mundo no merecía gente así! Anduvieron sin rumbo por desiertos y montañas, por cuevas y cavernas.

Aunque todos obtuvieron un testimonio favorable mediante la fe, ninguno de ellos vio el cumplimiento de la promesa (Hebreos 11:32-39, énfasis añadido).

La mayoría de los héroes de la fe soportaron pruebas extraordinarias. Si nuestra fe es genuina, nos permitirá resistir cualquier prueba que el Señor nos permita enfrentar. Si cree que sus propias pruebas son particularmente severas, el escritor de Hebreos nos recuerda: «En la lucha que ustedes libran contra el pecado, todavía no han tenido que resistir hasta derramar su sangre» (Hebreos 12:4).

Por ahora sabemos estas verdades. Cuando llegue la prueba debemos aplicarlas. ¡Qué gran aliento para nuestra fe es saber que ninguna prueba que se nos presente puede ser superior a lo que podemos soportar!

Mientras tanto, debemos mortificar o someter continua y fielmente al pecado en nosotros. Debemos orar y pedirle a Dios que nos libere de las tentaciones. Debemos negarnos a prestar atención a los deseos lujuriosos de nuestra propia carne. Y debemos perseguir el propósito de Dios al permitirnos ser probados: el perfeccionamiento de nuestra fe para la resistencia y la madurez espiritual.

A pesar de todo, debemos buscar a Cristo y apoyarnos en Él, nuestro Sumo Sacerdote misericordioso y fiel, al que le conmueven nuestras debilidades y el que puede entenderlas, porque fue tentado en todas las áreas como nosotros: sin embargo, no tuvo pecado (Hebreos 4:15).

¿Cómo podemos «correr con resistencia la carrera que se nos presenta»? (Hebreos 12:1). «Fijemos la mirada en Jesús, el iniciador y perfeccionador de nuestra fe, quien, por el gozo que le esperaba, soportó la cruz, menospreciando la vergüenza que ella significaba, y ahora está sentado a la derecha del trono de Dios. Así, pues, consideren a aquel que perseveró frente a tanta oposición por parte de los pecadores, para que no se cansen ni pierdan el ánimo» (Hebreos 12:2-3).

Vivimos en una cultura llena de tentación. Nuestra sociedad glorifica al pecado y desprecia a Dios. Ciertamente no es una época fácil para vivir. Pero tampoco lo fue el primer siglo. Recuerde, todavía no hemos resistido al punto en que derramemos sangre.

Algún día Dios puede ponernos a prueba de una manera que requiera que suframos daños físicos, o hasta la muerte, en nuestra lucha contra el pecado. Si llega ese día, estamos seguros de que Él nos sostendrá. Mientras tanto, nuestras pruebas nos fortalecen, nos acercan a Él, construyen nuestra resistencia y nos conforman a su imagen. ¡Qué gran aliento saber que Él, personalmente, asegura que nuestras tentaciones no serán demasiado grandes para nosotros! Él nos sostiene para que no caigamos. «Él mismo dijo: "Nunca te dejaré; jamás te abandonaré". Así que podemos decir con toda confianza: "El Señor es quien me ayuda; no temeré. ¿Qué me puede hacer un simple mortal"?» (Hebreos 13:5-6).

9

Cómo mantener una mente pura

Al ver que el pecado es tan pecaminoso, es malo incluso pecar, aunque solo sea con el pensamiento. Se dice, con frecuencia, que los pensamientos son libres. Y, de hecho, lo son con respecto a los hombres, que no pueden juzgarnos por ellos; pero Dios puede hacerlo y lo hará. Muchas personas que parecen ser moderadas y prudentes en cuanto a las malas palabras y los hechos, hacen lo contrario con sus pensamientos y, como dice el dicho, lo pagarán con la misma moneda. Tales son los pecadores especulativos y contemplativos.

RALPH VENNING[1]

Ningún pecado es más destructivo para la conciencia que el que ocurre en la esfera de la mente. Los pecados de la mente asaltan a la conciencia como ningún otro, porque ella es su único elemento disuasorio. Después de todo, ¿quién sino Dios y el pecador los conocen? «En efecto, ¿quién conoce los pensamientos del ser humano sino su propio espíritu que está en él?» (1 Corintios 2:11). Sin embargo, muchas personas que no cometen malas acciones son audazmente malvadas con sus pensamientos. Un hombre que se abstiene de la fornicación por temor a ser atrapado podría convencerse de que es correcto permitirse fantasías lujuriosas porque cree que nadie más descubrirá un pecado tan privado. Los pecados que deliberadamente entretiene su mente pueden ser mil veces más malignos que cualquier cosa que jamás haya pensado hacer antes que los demás. Las Escrituras dicen que su culpa es la misma que si realizara sus fantasías.

> **Ningún pecado es más destructivo para la conciencia**
> **que el que ocurre en la esfera de la mente.**

Por lo tanto, transigir con los pecados del pensamiento es molestar a la conciencia directamente. Aquellos cuyos pensamientos son impuros *no pueden* tener una conciencia pura; la culpa es inherente al pensamiento malvado. Cuando los pensamientos se contaminan, la conciencia también sufre lo mismo. Es por eso que nada caracteriza más a la incredulidad que una mente impura combinada con una conciencia contaminada: «Para los puros todo es puro, pero para los corruptos e incrédulos no hay nada puro. Al contrario, *tienen corrompidas la mente y la conciencia*» (Tito 1:15, énfasis agregado). De hecho, nada daña más la conciencia que el hábito de caer en malos pensamientos. Por desdicha, una vez comenzada, la práctica se vuelve demasiado fácil. Este es un pecado que no tiene que esperar una oportunidad; la mente puede pecar en cualquier momento, en cualquier lugar, bajo cualquier circunstancia. Por lo tanto, el hábito se establece rápida y fácilmente.

El peligro de una vida de pensamiento pecaminoso

Al involucrar a las facultades internas —mente, emociones, deseo, memoria e imaginación—, los pecados de pensamiento trabajan directamente en el alma, influenciándola al mal. Siembre un pensamiento y coseche un acto. Siembre un acto y coseche un hábito. Siembre un hábito y coseche un carácter. Siembre un carácter y coseche un destino. Los malos pensamientos subyacen y sientan las bases para todos los demás pecados.

> Al involucrar a las facultades internas
> —mente, emociones, deseo, memoria e imaginación—,
> los pecados de pensamiento trabajan directamente
> en el alma, influenciándola al mal.

Nadie nunca «cae» en el adulterio. El corazón del adúltero siempre está formado y preparado por pensamientos lujuriosos antes de que se concrete el hecho. Del mismo modo, el corazón del ladrón es doblegado por la codicia. Y el asesinato es producto de la ira y el odio. Todo pecado se incuba primero en la mente.

Jesús enseñó esta verdad a sus discípulos: «Pero lo que sale de la boca *viene del corazón* y contamina a la persona. Porque del *corazón salen* los malos pensamientos, los homicidios, los adulterios, la inmoralidad sexual, los robos, los falsos testimonios y las calumnias. *Estas son las cosas que contaminan a la persona*, y no el comer sin lavarse las manos» (Mateo 15:18-20, énfasis agregado).

Jesús estaba enseñando que lo que trataba la ley mosaica era la verdad moral encarnada en los requisitos ceremoniales externos. Por eso minimizó los aspectos simbólicos de lavarse y abstenerse de lo que legalmente se declara inmundo. En cambio, enfatizó el requisito moral de la ley. La contaminación, sugirió, no es principalmente un problema ceremonial o externo; lo que verdaderamente contamina el sentido espiritual es la maldad que emana del corazón. En el Nuevo Testamento, «el corazón» es el asiento de toda la persona: mente, imaginación, afectos, conciencia y voluntad. «Corazón» se usa a menudo como sinónimo de «mente». Por lo tanto, en estos versículos, nuestro Señor condenaba la maldad de una vida de pensamiento impuro.

Una y otra vez, Cristo reprendió a los fariseos por su rigurosa observancia de la ley ritual externa y su negligencia insensata en cuanto a los requisitos morales de la ley. Se preocupaban completamente por parecer justos. Sin embargo, estaban dispuestos a tolerar los pecados más graves del corazón. Pensaban que nadie más podría descubrir lo que realmente había dentro de ellos. Pero nuestro Señor sabía lo que había en sus corazones (Mateo 9:4; 12:25). Los comparó con sepulturas elegantes, hermosas por fuera, pero llenas de contaminación y muerte por dentro:

> ¡Ay de ustedes, maestros de la ley y fariseos, hipócritas! Limpian el exterior del vaso y del plato, pero por dentro están llenos de robo y de desenfreno. ¡Fariseo ciego! Limpia primero por dentro el vaso y el plato, y así quedará limpio también por fuera.
>
> ¡Ay de ustedes, maestros de la ley y fariseos, hipócritas!, que son como sepulcros blanqueados. Por fuera lucen hermosos, pero por dentro están llenos de huesos de muertos y de podredumbre. Así también ustedes, por fuera dan la impresión de ser justos, pero por dentro están llenos de hipocresía y de maldad (Mateo 23:25-28).

La enseñanza de los fariseos inculcó tanto esa noción en las personas que, comúnmente, se creía que los malos pensamientos no eran realmente pecaminosos, siempre y cuando no se convirtieran en actos. Esa es precisamente la razón por la cual nuestro Señor destacó los pecados del corazón en su Sermón del Monte:

> Ustedes han oído que se dijo a sus antepasados: «No mates, y todo el que mate quedará sujeto al juicio del tribunal». Pero yo les digo que todo el que se enoje con su hermano quedará sujeto al juicio del tribunal. Es más, cualquiera

que insulte a su hermano quedará sujeto al juicio del Consejo. Y cualquiera que lo maldiga quedará sujeto al fuego del infierno... Ustedes han oído que se dijo: «No cometas adulterio». Pero yo les digo que cualquiera que mira a una mujer y la codicia ya ha cometido adulterio con ella en el corazón (Mateo 5:21-22, 27-28).

¿Qué *debería* suceder en nuestras mentes y nuestros corazones? ¿Cuál *debería* ser el secreto más profundo de nuestras almas? La adoración a Dios:

Más bien, cuando des a los necesitados, que no se entere tu mano izquierda de lo que hace la derecha, para que tu limosna sea en secreto. Así tu Padre, que ve lo que se hace en secreto, te recompensará.

Cuando oren, no sean como los hipócritas, porque a ellos les encanta orar de pie en las sinagogas y en las esquinas de las plazas para que la gente los vea. Les aseguro que ya han obtenido toda su recompensa. Pero tú, cuando te pongas a orar, entra en tu cuarto, cierra la puerta y ora a tu Padre, que está en lo secreto. Así tu Padre, que ve lo que se hace en secreto, te recompensará (Mateo 6:3-6).

Pecar con el pensamiento, por lo tanto, es profanar el mismo santuario donde debería realizarse nuestra mejor y más sublime adoración.

Guarde su corazón

Es relativamente fácil confesar y abandonar los actos pecaminosos, los pecados de omisión y los no intencionales. Pero los pensamientos pecaminosos son faltas que encubren el alma, pecados que perjudican el carácter. Debido a que trabajan tan directamente contra la conciencia y la voluntad, tratar con ellos de manera sincera y completa es uno de los aspectos más difíciles cuando de someter nuestro pecado se trata. Sin embargo, si alguna vez queremos ver un progreso real en la santificación, esta es un área que debemos atacar fuertemente con el fin de destruir nuestros hábitos pecaminosos. Si permitimos que esos pensamientos se vean influenciados por los valores del mundo, nuestra conciencia seguramente se enfriará. Escuchar y atender las afirmaciones procedentes de teologías erróneas o de los promotores del credo de la autoestima con los recursos de la sicología moderna, seguramente atenuará la conciencia. Por tanto, no solo los pensamientos sobre la lujuria, la envidia y otros pecados tradicionales, sino también los pensamientos sobre la miríada de valores falsos e ídolos de este mundo incrédulo pueden ser obstáculos devastadores para una mente pura.

El sabio del Antiguo Testamento escribió: «Por sobre todas las cosas cuida tu corazón, porque de él mana la vida» (Proverbios 4:23).

Dios conoce nuestros corazones (Hechos 15:8). «Aunque nuestro corazón nos condene, Dios es más grande que nuestro corazón y lo sabe todo» (1 Juan 3:20). David escribió: «Sabes cuándo me siento y cuándo me levanto; aun a la distancia me lees el pensamiento. Mis trajines y descansos los conoces; todos mis caminos te son familiares. No me llega aún la palabra a la lengua cuando tú, Señor, ya la sabes toda» (Salmos 139:2-4). ¿Por qué, entonces, nos sentiríamos libres de cometer pecados graves en nuestra imaginación, pecados que nunca cometeríamos ante los demás, cuando sabemos que Dios es el receptor de nuestros pensamientos? «¿Acaso Dios no lo habría descubierto, ya que él conoce los más íntimos secretos?» (Salmos 44:21).

> Debido a que trabajan tan directamente
> contra la conciencia y la voluntad,
> tratar con ellos de manera sincera
> y completa es uno de los aspectos más difíciles
> cuando de someter nuestro pecado se trata.

Jesús les dijo a los fariseos: «Ustedes se hacen los buenos ante la gente, pero Dios conoce sus corazones. Dense cuenta de que aquello que la gente tiene en gran estima es detestable delante de Dios» (Lucas 16:15). ¿No es lo que hacemos a los ojos de Dios infinitamente más importante que lo que hacemos a la vista de los demás?

Más aún, los pensamientos del corazón son la verdadera prueba de fuego de nuestro carácter: «Porque cual es su pensamiento en su mente, tal es él» (Proverbios 23:7, RVA2015). «¿Cómo son las personas despreciables y perversas? Nunca dejan de mentir... Sus corazones pervertidos traman el mal... siempre» (Proverbios 6:12-14, NTV). ¿Quiere saber quién es usted realmente? Eche un vistazo a sus pensamientos. Porque «Así como el rostro se refleja en el agua, el corazón refleja a la persona tal como es» (27:19). El comportamiento externo no es un espejo exacto de su personalidad; los pensamientos de su corazón revelan la verdad. Solo su conciencia y Dios pueden evaluar la verdad real sobre usted.

Los «consoladores» de Job lo acusaron falsamente de una vida de pensamiento impuro. Zofar estaba seguro de que entendía el verdadero problema de Job: «Aunque en su boca el mal sabe dulce y lo disimula bajo la lengua, y aunque no lo suelta para nada... tenazmente lo retiene» (Job 20:12-13). La imagen que pintó de los que piensan el mal es vívidamente fiel a la realidad. Los malos pensamientos son como dulces para ellos. Obtienen una gran satisfacción de los pecados que imaginan. Degustan sus fantasías malignas. Saborean sus pensamientos malos como un bocado dulce bajo la lengua. Los disfrutan en su imaginación. Vuelven a las mismas reflexiones perversas de las que pueden obtener placer ilícito una y otra vez. Reflexionan en ellos como la alimaña que mastica su presa, sacando sus pensamientos malvados favoritos una y otra vez para recrearlos nuevamente en la mente.

No obstante, Zofar juzgó mal a Job. Este se había cuidado diligentemente de tener pensamientos malignos y lujuriosos: «Yo había convenido con mis ojos no mirar con lujuria a ninguna mujer» (Job 31:1). Sabía que Dios era la audiencia de sus pensamientos: «¿Acaso no se fija Dios en mis caminos y toma en cuenta todos mis pasos? Si he andado en malos pasos, o mis pies han corrido tras la mentira, ¡que Dios me pese en una balanza justa, y así sabrá que soy inocente!» (vv. 4-6). Job negó que su «corazón se hubiera dejado llevar por sus ojos» (v. 7). Negó que su corazón hubiera sido atraído por otra mujer (v. 9). «Eso habría sido una infamia, ¡un pecado que tendría que ser juzgado!», reconoció (v. 11). Ocultar la iniquidad en el seno, dijo, sería cubrir la transgresión de uno como Adán (v. 33). El propio pensamiento se espantó de su mente recta.

> **Los pensamientos del corazón son la verdadera prueba de fuego de nuestro carácter.**

Se ve muy claro que Job era muy consciente de lo peligroso que son los pensamientos pecaminosos. Había puesto, consciente y deliberadamente, guardia a su corazón para evitar tal pecado. Incluso ofreció sacrificios especiales a Dios en caso de que sus hijos pecaran en sus corazones: «Una vez terminado el ciclo de los banquetes, Job se aseguraba de que sus hijos se purificaran. Muy de mañana ofrecía un holocausto por cada uno de ellos, pues pensaba: "Tal vez mis hijos hayan pecado y maldecido en su corazón a Dios". *Para Job esta era una costumbre cotidiana*» (1:5, énfasis añadido). La cuidadosa salvaguardia de Job en cuanto a su vida mental parece haber sido la razón por la que Dios lo escogió para recibir una bendición única. «No hay en la tierra nadie como él; es un hombre recto e intachable, que me honra y vive apartado del mal» (1:8).

Cómo peca la mente

Job entendió lo que los fariseos se negaron obstinadamente a ver: que el hecho de que no usted actúe de forma maligna no disculpa sus deseos secretos. La lujuria misma es pecaminosa. La avaricia es maligna. La codicia, la ira, el orgullo, la concupiscencia, la envidia, el descontento, el odio y todos los pensamientos perniciosos son tan malos como el comportamiento que producen. Atesorarlos en el corazón y complacerse con ellos es un pecado especialmente grave contra Dios, porque agrega hipocresía al pensamiento maligno original. Hay al menos tres formas en que la mente se involucra en este pecado: recordar, intrigar e imaginar.

El pecado de recordar. Una modalidad de pecado es apreciar los recuerdos de los pecados pasados. Traer de vuelta un recuerdo espantoso de un pecado pasado es repetirlo. ¿Puede alguien que está verdaderamente arrepentido de un pecado complacerse con el recuerdo de ese hecho? La respuesta es sí, debido al engaño de nuestros propios corazones y las tendencias pecaminosas de nuestra carne.

No hace mucho tiempo bauticé a un homosexual que fue transformado por Cristo. Su vida fue cambiada. Su círculo de amigos cambió. Y se había alejado por completo de un estilo de vida que lo tentara a volver a sus pecados anteriores. Pero me admitió que el problema más difícil que enfrentaba era la batalla con su propia mente, la cual estaba llena de recuerdos que se convertían en tentaciones para él cada vez que esos pensamientos lo acosaban. En el pasado, había participado de diferentes tipos de relaciones y actividades sexuales, y esos recuerdos estaban tan alojados en su cerebro que no podía olvidarlos. A pesar de que su vida fue transformada y ahora era cristiano, Satanás traía de vuelta el recuerdo de su vida anterior. Si se hubiera permitido reflexionar sobre tales pensamientos, habría descubierto que su carne intentaría atraerlo nuevamente al pecado. Todos sus sentidos se agitaban fácilmente por los recuerdos, mismos que podían surgir inesperadamente en sus sentidos. Bastaría con solo un sonido familiar, una fragancia o una imagen para que generara un recuerdo en su mente, y se encontrara luchando nuevamente contra la tentación.

La verdad es que todos sabemos cómo es eso. El pecado tiene su forma de impregnarse en nuestros recuerdos con sensaciones vívidas que son difíciles de remover. Como adultos todavía podemos recordar los pecados de nuestra juventud como si hubieran ocurrido ayer. Quizás fueron solo esos pensamientos los que llevaron a David a orar: «No te acuerdes de los pecados de rebeldía durante mi juventud» (Salmos 25:7, NTV). David los recordaba todos demasiado gráficamente. No piense que ese problema es exclusivo de los pecados sexuales. A algunas personas les gusta recrear recuerdos de la época en que se enojaban y se vengaban de alguien. Algunos disfrutan pensando en el tiempo en que mentían y se salían con la suya. Todo tipo de recuerdos tentadores se alojan en nosotros y se convierten en nuevos pecados cada vez que los recordamos con placer.

> Satanás sacará toda la basura de su pasado e intentará arrastrarla de vuelta a su mente para que la reviva.

Complacerse en los recuerdos del pecado pasado es una forma particularmente atroz de pecado. En Ezequiel 23, el Señor condenó a Israel al comparar a la nación con una ramera llamada Aholibá. Esta fue su acusación contra ella: «Pero ella multiplicó sus prostituciones, recordando los días de su juventud cuando en Egipto había sido una prostituta» (v. 19).

Además, la devastación espiritual que esta práctica deja tras de sí es catastrófica. Endurece la conciencia. Agrava a la persona. Incluso puede destruir las relaciones. He hablado con parejas jóvenes que llevaron una vida de fornicación antes de acudir a Cristo. Se hacen cristianos y se casan. Entonces les resulta muy difícil ser fieles el uno al otro porque luchan con pensamientos constantes sobre toda la fornicación y las relaciones pecaminosas que entablaron antes de conocer al Señor.

Satanás sacará toda la basura de su pasado e intentará arrastrarla de vuelta a su mente para que la reviva. Es precisamente por eso que la pornografía es tan espiritualmente destructiva. Una vez que implante una imagen espantosa en sus pensamientos, no puede removerla. Pero no es solo la pornografía severa la que tiene este efecto. Muchas de las películas y programas de televisión producidos para el mercado masivo incluyen rutinariamente imágenes, temas y argumentos que tientan a las personas a ceder al influjo de patrones de pensamiento pecaminosos. Una vez que las imágenes y los pensamientos sugestivos se impregnan en la mente, residen allí como tentaciones potenciales cada vez que pensamos en ellos. Todos haríamos bien en emular el ejemplo de Job y rehusarnos a exponer nuestros ojos a cualquier cosa que pueda provocar tales pensamientos.

Pecados de intriga. Una segunda forma en que la mente puede pecar es tramando los pecados del futuro. Las Escrituras están llenas de fuertes condenas a aquellos cuyas mentes se dedican a este tipo de actividad:

- «Dice el pecador: "Ser impío lo llevo en el corazón". No hay temor de Dios delante de sus ojos. Cree que merece alabanzas y no halla aborrecible su pecado. Sus palabras son inicuas y engañosas; ha perdido el buen juicio y la capacidad de hacer el bien. Aun en su lecho trama hacer el mal; se aferra a su mal camino y persiste en la maldad» (Salmos 36:1-4).
- «Escóndeme de esa pandilla de impíos, de esa caterva de malhechores. Afilan su lengua como espada y lanzan como flechas palabras ponzoñosas. Emboscados, disparan contra el inocente; le tiran sin temor y sin aviso. Unos a otros se animan en sus planes impíos, calculan cómo tender sus trampas; y hasta dicen: "¿Quién las verá?" Maquinan injusticias, y dicen: "¡Hemos tramado un plan perfecto!" ¡Cuán incomprensibles son la mente y los pensamientos humanos! Pero Dios les disparará sus flechas, y sin aviso caerán heridos» (Salmos 64:2-7).
- «El hombre bueno recibe el favor del Señor, pero el intrigante recibe su condena» (Proverbios 12:2).
- «En los que fraguan el mal habita el engaño» (Proverbios 12:20).

- «Pierden el camino los que maquinan el mal, pero hallan amor y verdad los que hacen el bien» (Proverbios 14:22).
- «El Señor aborrece los planes de los malvados... el corazón que hace planes perversos» (Proverbios 6:16-18).
- «Hijo mío, si has salido fiador de tu vecino, si has hecho tratos para responder por otro, si te has comprometido verbalmente, enredándote con tus propias palabras» (Proverbios 24:1-2).
- «Con todo, en el verano almacena provisiones y durante la cosecha recoge alimentos. Perezoso, ¿cuánto tiempo más seguirás acostado? ¿Cuándo despertarás de tu sueño?» (Proverbios 24:8-9).
- «Porque el necio profiere necedades, y su mente maquina iniquidad; practica la impiedad, y habla falsedades contra el Señor; deja con hambre al hambriento, y le niega el agua al sediento. El canalla recurre a artimañas malignas, y trama designios infames; destruye a los pobres con mentiras, aunque el necesitado reclama justicia. El noble, por el contrario» (Isaías 32:6-8).

A algunas personas les encanta soñar con los pecados que cometerán, el mal que anhelan hacer y las tramas siniestras que quieren desarrollar. Sus pensamientos desatan su ira, odio, lujuria, avaricia, envidia, orgullo y todos los deseos malvados. Sus mentes y sus corazones están llenos de maldad, mas Dios los condena por ello.

Incluso los cristianos pueden caer en este hábito si no son cuidadosos. Esto es lo que Pablo estaba advirtiendo cuando escribió: «Más bien, revístanse ustedes del Señor Jesucristo, y no se preocupen por satisfacer los deseos de la naturaleza pecaminosa» (Romanos 13:14). No debemos hacer planes que satisfagan nuestros deseos carnales. No debemos idear planes malvados en nuestras mentes.

Pecados de imaginación. Un tercer tipo de pecado que tiene lugar en la mente es el pecado puramente imaginario. A esto se refería Jesús cuando dijo: «Todo el que mira a una mujer para codiciarla ya ha cometido adulterio con ella en su corazón» (Mateo 5:28). Puede que no tenga intención de realizar el acto, pero Jesús dice que, si lo imagina, usted es culpable.

Eso establece un parámetro extremadamente alto, pero este es el nivel de pureza que debemos mantener para disfrutar de una conciencia tranquila. Todo pecado imaginado ofende la conciencia sana. Aquellos que toleran este tipo de pecado en sus corazones como hábito dan evidencia irrefutable de una conciencia contaminada y endurecida. Es aquí donde nuestro autoexamen se vuelve más convincente. Pero es aquí también donde debemos entrenar nuestras conciencias para ser más sensibles.

Las personas tienen fantasías con los pecados que anhelan cometer. Se imaginan cómo sería disfrutar de sus lujurias favoritas, vengarse de un enemigo despreciado o herir a alguien que detestan. Imaginan un robo en sus mentes, o una relación ilícita o matar a alguien.

Sin embargo, muchos pecados imaginarios no son tan atroces. La gente sueña con pensamientos codiciosos como ganar la lotería. Se imaginan con gran poder, riqueza o prestigio. Sueñan despiertos en cuanto a cómo sería estar casado con otra persona, tener unas vacaciones de lujo o disfrutar de su glotonería en medio de una borrachera imaginaria. La sociedad moderna está llena de tentaciones para ese tipo de pecados. Toda la industria publicitaria prospera apelando a tales lujurias. Y la mayor parte de la industria del entretenimiento se centra en crear ese tipo de imágenes. El resultado es que, literalmente, millones de personas viven en un pecaminoso mundo de fantasía.

¿Son realmente tan desastrosos esos pecados? Sí, y nos contaminan (Mateo 15:18-20). Son una abominación a Dios: «Las intrigas del necio son pecado, y todos aborrecen a los insolentes» (Proverbios 24:9). Cualquier pensamiento que no honre a Dios, exalte a Cristo y represente la obediencia plena a la Palabra de Dios es pecado. La codicia, la base de la mayoría de nuestras fantasías malignas, está expresamente prohibida por el décimo mandamiento.

No nos atrevamos a pensar en esos pecados de pensamiento como meros pecadillos. Ellos abren la puerta a verdaderos hechos pecaminosos. Santiago 1:15 dice: «Cuando el deseo ha concebido, engendra el pecado». El puritano Ralph Venning escribió en 1669:

Las malas acciones son descendientes e hijas de los malos pensamientos, las ramas y los frutos que nacen de esa raíz. Los pensamientos son los primogénitos del alma; las palabras y las acciones son solo hermanos menores. Son el aceite que alimenta y mantiene la mecha, que de otro modo se apagaría; los pecados de la vida reciben su jugo y su alimento de los pecados del pensamiento. Santiago habla como si nuestros pensamientos fueran el vientre y el útero donde se concibe el pecado (Santiago 1:15)... Como Job [maldijo] el día y el lugar de [su] nacimiento, el útero que lo parió; así debes maldecir el pecado incluso en el útero que lo llevó, colocando el hacha a la raíz de ese árbol.

La maldad de la vida de los hombres está cargada sobre sus pensamientos, y tiene su raíz y su origen allí: ase-sinatos, adulterios, etc., todos salen del corazón, como del vientre de un caballo de Troya (Génesis 6:5; Mateo 12:35; 15:19). Uno se sorprendería (como nos pasa con algunas aves, que anidan todo el invierno) al ver tantas bandadas y rebaños de maldad. Se pregunta de qué rin-cón del mundo vienen. Porque todos salen del corazón, el encuentro de la maldad, la posada donde se alojan todos los ladrones y las lujurias viajeras que están en el mundo y que hacen tanto daño. Todas las corrientes inmundas fluyen de esa fuente nauseabunda, ese enor-me mar de pecado.[1]

Es por eso que David clamó a Dios para que lo ayudara en la batalla: «Crea en mí oh Dios un corazón limpio» (Salmos 51:10). Fue un llamamiento a una conciencia sana que surge de una mente pura.

Cómo discernir los pensamientos e intenciones del corazón

¿Se da cuenta que la diferencia entre un cristiano sincero —controlado por el Espíritu, consagrado, piadoso, obediente— y un cristiano derrotado —débil y con dificultades— reside en la mente? Pueden estar asistiendo a la misma iglesia, ser activos en los mismos ministerios y —externamente— haciendo las mismas cosas, pero uno es derrotado y el otro tiene una vida espiritualmente fructífera. La diferencia radica en sus pensamientos.

¿Se da cuenta que la diferencia entre un cristiano sincero —controlado por el Espíritu, consagrado, piadoso, obediente— y un cristiano derrotado —débil y con dificultades— reside en la mente?

Un día, esa diferencia se hará manifiesta. Pablo les dijo a los corintios: «Esperen hasta que venga el Señor. Él sacará a la luz lo que está oculto en la oscuridad y pondrá al descubierto las intenciones de cada corazón. Entonces cada uno recibirá de Dios la alabanza que le corresponda» (1 Corintios 4:5). Jesús dijo algo similar: «No hay nada escondido que no llegue a descubrirse, ni nada oculto que no llegue a conocerse públicamente» (Lucas 8:17). Y, «Cuídense de la levadura de los fariseos, o sea, de la hipocresía. No hay nada encubierto que no llegue a revelarse, ni nada escondido que no llegue a conocerse» (Lucas 12:1-2).

Le insto a que se observe profundamente en el espejo de la Palabra de Dios (Santiago 1:23-24), ella es una poderosa conocedora «de los pensamientos y las intenciones del corazón» (Hebreos 4:12). Como aconsejó Jeremías a Israel: «Jerusalén, limpia de maldad tu corazón para que seas salvada. ¿Hasta cuándo hallarán lugar en ti los pensamientos perversos?» (Jeremías 4:14). Y «purifiquémonos de todo lo que contamina el cuerpo y el espíritu, para completar en el temor de Dios la obra de nuestra santificación» (2 Corintios 7:1).

Cómo llevar cautivo todo pensamiento a la obediencia

¿Cómo *podemos* lidiar con el problema de los malos pensamientos? El proceso es como someter cualquier otro pecado; implica seguir los siguientes pasos:

Primero, confiese y abandone el pecado. «Que abandone el malvado su camino, *y el perverso sus pensamientos*. Que se vuelva al SEÑOR, a nuestro Dios, que es generoso para perdonar, y de él recibirá misericordia» (Isaías 55:7, énfasis agregado). Si su vida de pensamiento alberga pecados de inmoralidad, pecados de ira hacia alguien, pecados de venganza, pecados de amargura, de codicia o lo que sea, confiéselos a Dios. Arrepiéntase y pida perdón. Si confesamos, Él es fiel y justo para perdonar y seguir limpiándonos (1 Juan 1:9).

Rehúse entretenerse con esos pensamientos. Propóngase abandonar de inmediato sus patrones de pensamientos incorrectos y comience a establecer nuevos hábitos rectos. Si se encuentra cayendo en las viejas formas de pensar, confiese su pecado y rehúsese una vez más a dar lugar a los malos pensamientos. Dirija conscientemente su mente para que se fije en las cosas puras: «Por último, hermanos, consideren bien todo lo verdadero, todo lo respetable, todo lo justo, todo lo puro, todo lo amable, todo lo digno de admiración, en fin, todo lo que sea excelente o merezca elogio» (Filipenses 4:8). En otras palabras, reprograme su mente con verdad y rectitud.

Aliméntese con la Palabra de Dios. «Tu palabra he atesorado en mi corazón, para no pecar contra ti» (Salmos 119:11). La Palabra crea un cerco a la mente. Fortalece el corazón. Ocupa el alma y la fortifica contra los malos pensamientos. Solo cuando usamos la espada del Espíritu hábilmente podemos mortificar y someter nuestra imaginación carnal (Efesios 6:17).

Evite las malas atracciones. No se exponga a actividades, imágenes o conversaciones que le provoquen malos pensamientos. Al igual que Job, haga un pacto con sus ojos (Job 31:1), o con sus oídos, o con cualquier sensación que lo lleve a pensamientos malignos. Niéguese a alimentar cualquier tendencia que atraiga su imaginación a la maldad. Eso es lo que Jesús quiso decir en sentido figurado cuando afirmó: «Por tanto, si tu ojo derecho te hace pecar, sácatelo y tíralo. Más te vale perder una sola parte de tu cuerpo, y no que todo él sea arrojado al infierno. Y, si tu mano derecha te hace pecar, córtatela y arrójala. Más te vale perder una sola parte de tu cuerpo, y no que todo él vaya al infierno» (Mateo 5:29-30).

Cultive el amor de Dios. David dijo en el Salmo 119:97: «¡Cuánto amo yo tu ley! Todo el día medito en ella». Y luego, cuatro versículos más adelante, expresó: «Aparto mis pies de toda mala senda para cumplir con tu palabra». Si nos concentramos en las cosas de arriba, las de la tierra dejarán de ejercer fascinación sobre nosotros (Colosenses 3:2). «Porque donde esté tu tesoro, allí estará también tu corazón» (Mateo 6:21), y donde se establezcan sus afectos, sus pensamientos también estarán.

David terminó el Salmo 19, su gran himno a la suficiencia de la Escritura, con las siguientes palabras:

> ¿Quién está consciente de sus propios errores? ¡Perdóname aquellos de los que no estoy consciente! Libra, además, a tu siervo de pecar a sabiendas; no permitas que tales pecados me dominen. Así estaré libre de culpa y de multiplicar mis pecados. Sean, pues, aceptables ante ti mis palabras y mis pensamientos, oh SEÑOR, roca mía y redentor mío (Salmos 19:12-14).

Ese es el estado mental de toda persona verdaderamente piadosa. También es el objetivo de la instrucción bíblica: «Debes hacerlo así para que el amor brote de un corazón limpio, de una buena conciencia y de una fe sincera» (1 Timoteo 1:5).

¿Cómo está *su* vida de pensamiento?

10

Cómo mantener el misterio de la fe con la conciencia clara

Es una elección muy maligna para cualquier alma debajo del cielo elegir el menor pecado en vez de la mayor aflicción. Es mejor estar bajo la mayor aflicción que estar bajo la culpa o el poder de cualquier pecado... Hay más maldad en el pecado que en los problemas superficiales del mundo; más maldad en el pecado que en todas las miserias y tormentos del infierno mismo.

JEREMIAH BURROUGHS[1]

Una de las grandes tragedias de la cultura contemporánea es que hemos perdido todo concepto de la excesiva sordidez del pecado. El puritano Jeremiah Burroughs escribió un libro completo sobre el tema, titulado *Evil of Evils* o «El mal de los males». La tesis de Burroughs dice que es mejor elegir los sufrimientos de la aflicción que el pecado. El pecado más pequeño, señaló, es más maligno que la mayor aflicción. Al describir los horrores del infierno, sugirió que un acto de pecado contiene más maldad que todos los sufrimientos de la perdición eterna:

> Supongamos que Dios lleva a cualquiera de ustedes al borde de un abismo sin fondo y le deja ver y escuchar todo cuanto allí sucede, debería ver a esas malditas criaturas sofocándose bajo la ira del Dios infinito, y debería escuchar los gritos y aullidos tenebrosos y horribles de aquellos que están bajo tales tormentos, tanto que sorprenden y hunden el alma a través de la ira del Todopoderoso. Sin embargo, hay más maldad en un pensamiento pecaminoso que en todos esos tormentos eternos... La verdad es que, si entrara en competencia, soportaríamos todos las torturas que hay en el infierno para toda la eternidad en lugar de cometer un solo pecado, digo, si nuestros espíritus fueran como deberían ser, preferiríamos estar dispuestos a soportar todos esos tormentos que cometer el menor pecado.[1]

El pecado, señaló Burroughs, es contrario al carácter mismo de Dios. El pecado es el mal de todos los males, la fuente de la cual emana cada aflicción, dolor, sufrimiento, enfermedad y miseria humana. A diferencia del sufrimiento, el pecado trae una maldición de parte de Dios. Nadie es condenado por la aflicción, pero todos están condenados por el pecado. El pecado hace al pecador malo; la aflicción no puede, y así sucesivamente. Burroughs expone de manera elocuente y convincente a través de sesenta y siete capítulos, examinando la vileza del pecado y mostrándolo como lo que es. Su libro es una obra maestra de la literatura puritana, que muestra la profundidad y riqueza del dominio bíblico de los reformadores ingleses. En marcado contraste, la iglesia de hoy parece carecer por completo de la noción del profundo mal del pecado. Lamentamos las calamidades. Nos preocupan nuestras miserias. Las pruebas de la vida nos angustian. Pero, ¿estamos igualmente perturbados por nuestro pecado? ¿Creemos que el menor pecado contiene más maldad que la menor aflicción? Parece que pocos cristianos de hoy han tenido alguna vez la idea de que el pecado es *ese* tipo de mal.

El pecado y la vergüenza

De hecho, el evangelicalismo moderno parece a menudo enseñar exactamente lo contrario. Hoy nos preocupa más que las personas se sientan bien que el hecho de que hagan el bien. Creemos, sin lugar a dudas, que la aflicción debe evitarse. Se cree, por otro lado, que el pecado es fácilmente perdonable. Por lo tanto, ofender a Dios es visto como el menor de los males cuando la opción es soportar algún tipo de dolor o aflicción personal. Vemos la vergüenza como un mal peor que el pecado que la causa. Esta es precisamente la mentalidad que yace tras el movimiento masivo de la autoestima.

> La iglesia de hoy parece carecer por completo de la noción del profundo mal del pecado.

En el extremo opuesto al punto de vista del trabajo de Burroughs hay otro libro que leí recientemente. Este fue escrito por un profesor de seminario moderno que es muy conocido por sus libros populares sobre relaciones humanas, sicología, religión y temas relacionados. Su última obra trata sobre el tema de la vergüenza humana. Comienza contando la muerte de su santa madre. Mientras yacía moribunda le dijo: «Estoy tan contento

230 UNA CONCIENCIA DECADENTE

de que el Señor me perdone todos mis pecados; ¿sabes? he sido una gran pecadora».

«¿Gran pecadora?», escribió incrédulo. «Hasta donde puedo recordar, fregaba el suelo de la cocina arrodillada —casi todos los días—, se la mantenía ocupada con los trastes de sus cinco inquietos niños y, cuando llegaba la noche, ahí estaba de rodillas otra vez... pidiéndole al Señor fuerzas para hacer lo mismo al siguiente día».[2]

Consideró que su madre fue infligida con «un caso clásico de vergüenza malsana». Por eso escribió: «Todavía me entristece que una mujer tan trabajadora tenga que morir sintiéndose como una desgraciada. Su vergüenza estaba totalmente desvinculada de la realidad. No merecía estar atrapada en tanta vergüenza»[2].

Sin embargo, el profesor reconoce que, tanto en su vida como en su muerte, su madre fue «maravillosamente sosegada. Se le dio la gracia de convertir su vergüenza —con una vida más dura de lo que merecía—, en paz».[2]

Es evidente que la declaración de que era una «gran pecadora» no reflejaba nada sino la respuesta piadosa de un corazón contrito y transformado. Su lamento fue solo un eco de lo que todos deberíamos sentir cuando nos damos cuenta de la naturaleza y la profundidad de nuestro pecado (Romanos 7:24). Lo que no está del todo claro es por qué ese hombre concluyó que la vergüenza de su madre era «poco saludable» y no merecida.

Después de todo, ¿no fue el apóstol Pablo quien se describió a sí mismo como el principal de todos los pecadores (1 Timoteo 1:15)? Pedro cayó de bruces ante Cristo y dijo: «Apártate de mí, porque yo soy un hombre pecador, Señor» (Lucas 5:8). Isaías, el hombre más piadoso de todo Israel, dijo: «¡Ay de mí, que estoy perdido! Soy un hombre de labios impuros y vivo en medio de un pueblo de labios blasfemos, ¡y no obstante mis ojos han visto al Rey, al SEÑOR Todopoderoso!» (Isaías 6:5). Todos los grandes santos de la historia han sentido la misma clase de vergüenza.

Pero ese profesor sugiere que después de todo, realmente no somos tan viles. De hecho, cree que somos *dignos* de la gracia divina: «Si la gracia cura toda nuestra vergüenza, debe ser una gracia que nos diga que somos dignos de tenerla. Creo, que necesitamos, reconocer que somos aceptados no solo a pesar de nuestra falta de mérito, sino también de nuestro valor».[2]

Él marca la diferencia entre «merecedor» y «digno» de esta manera: «Si merezco algo bueno que viene a mi manera, es porque hice algo para ganarlo. Si soy digno, es porque soy alguien de enorme valor».[2]

Sin embargo, ¿retratan las Escrituras a la humanidad pecadora como inherentemente «temerosa» del favor de Dios? De ningún modo. En ninguna parte de las Escrituras se nos dice que somos «aceptados... por nuestra valía». La gracia es *gracia* precisamente porque se impone a personas que no son elegibles para ningún favor de Dios: «A la verdad, como éramos incapaces de salvarnos, en el tiempo señalado Cristo murió por los malvados... Pero Dios demuestra su amor por nosotros en esto: en que cuando todavía éramos pecadores, Cristo murió por nosotros. Porque si, cuando éramos *enemigos* de Dios, fuimos reconciliados con él mediante la muerte de su Hijo, ¡con cuánta más razón, habiendo sido reconciliados, seremos salvados por su vida!» (Romanos 5:6, 8, 10, énfasis agregado). Lo que Pablo enfatiza en estos versículos es la maravilla suprema de la gracia de Dios: que debe extenderse a adversarios indefensos, pecaminosos, indignos e incluso detestables.

Observe, por ejemplo, la oración de arrepentimiento de Daniel: «Tú, Señor, eres justo. Nosotros, en cambio, somos motivo de vergüenza en este día; nosotros, pueblo de Judá, habitantes de Jerusalén y de todo Israel, tanto los que vivimos cerca como los que se hallan lejos, en todos los países por los que nos has dispersado por haberte sido infieles. SEÑOR, *tanto nosotros como nuestros reyes y príncipes, y nuestros antepasados, somos motivo de vergüenza por haber pecado contra ti*» (Daniel 9:7-8, énfasis agregado). Es improbable que Daniel hubiera sido un defensor de la teología de la autoestima.

> **Las razones de la gracia de Dios para los pecadores son un misterio. Ciertamente nunca se nos dice que Dios nos ama porque somos dignos.**

La Biblia simplemente no habla de los pecadores como intrínsecamente dignos de la gracia de Dios. Jesús ilustra la condición del pecador arrepentido con el hijo pródigo, el cual admitió su indignidad (Lucas 15:21). Incluso Juan el Bautista, que por el propio testimonio de Jesús fue el profeta más grande que jamás haya vivido (Mateo 11:11), dijo que no era digno de llevar el calzado del Salvador (3:11). «¿Qué es el hombre, para que en él pienses? ¿Qué es el ser humano, para que lo tomes en cuenta?» (Salmos 8:4). Las razones de la gracia de Dios con los pecadores son un misterio. Ciertamente nunca se nos dice que Dios nos ama porque somos dignos. Esa noción es simplemente un eco de la mundana doctrina de la autoestima.

El enfoque de las Escrituras está completamente en el valor de *Dios*, *su* majestad, *su* gloria, *su* santidad, *su* gracia y *su* misericordia. Nuestro valor como cristianos *es producto* de la gracia de Dios, ciertamente no es la razón de ello. Si las personas fueran inherentemente dignas de salvación, Dios sería injusto si no las salvara a todas.

Como vimos en el capítulo 4, el pecado de Adán sumió a toda la raza humana en el pecado, por lo que nacemos culpables. La vergüenza no es una emoción inmerecida, sino un sincero reflejo de lo que somos. Los seres humanos han sentido vergüenza desde ese primer pecado (Génesis 2:25; 3:10). A veces nuestra vergüenza puede estar fuera de lugar, ser irracional o incluso emocionalmente desequilibrada, pero la vergüenza en sí misma no es inmerecida. Nadie es «demasiado bueno» para sentir que es un pecador miserable. Eso es, después de todo, precisamente lo que somos.

Esta doctrina está en grave decadencia en estos días, en detrimento de la iglesia. Cambiamos las palabras de los grandes himnos para que no se refieran a nosotros como «miserables» o «gusanos». Compramos la mentira de la autoestima. Queremos minimizar nuestro pecado, eliminar nuestro concepto de la vergüenza, alimentar nuestro ego y sentirnos bien con nosotros mismos. En otras palabras, queremos todas aquellas cosas que apagan la conciencia. Odiamos la vergüenza, por justificada que sea. Aborrecemos el arrepentimiento porque es demasiado difícil. Evitamos la culpa. Queremos el camino fácil.

El pecado y la sicología

La prisa por adoptar la sicología ha hecho mucho para contribuir a estas tendencias. La sicología misma es hostil a la doctrina bíblica del pecado y el movimiento para casar las Escrituras con la sicoterapia ciertamente no ha cambiado esto. Un manual de sicología muy conocido y ampliamente utilizado para consejeros pastorales incluye lo siguiente bajo el título «pecado original». Aunque es bastante extenso, reproduzco toda la sección así titulada puesto que muestra la manera en que la sicología puede corromper la doctrina bíblica del pecado:

Ningún sicólogo acreditado sostendría la antigua teoría teológica y antropológica de que el pecado se transmite de generación a generación. El término «pecado» ahora está reservado para los actos conscientes y deliberados de una persona contra las normas o costumbres aceptadas por la sociedad y los ideales asociados con un Dios moral. El pecado es, por lo tanto, un delito *menor*. Sin embargo, el pecado original tiene un elemento de validez sicológica, a saber, el hecho de que los antecedentes de los débiles rasgos de la personalidad van más allá de la responsabilidad consciente.

Nuestros deseos o impulsos heredados, por ejemplo, son nuestro equipo, nuestros instrumentos. Como tales, son amorales. Funcionan para fines biológicos. Cuando entran en conflicto con los estándares de la conducta, crean problemas y se convierten en sencillas predisposiciones al pecado (deliberado). Si a esto le sumamos los trastornos provocados por el entorno temprano, más allá de la voluntad del individuo, existe la imagen de una discapacidad en el tipo de ajuste social llamada «*moral*».

Si es cierto que todos nosotros hemos salido genéticamente del bosque primitivo con un equipo antiquísimo para usarlo en la dura lucha por la supervivencia en un mundo no muy fácil (cambios de temperatura, animales salvajes, inundaciones, gérmenes de enfermedades, etc.) y en el curso del desarrollo social hemos logrado un tipo de conjunto de relaciones sociales interpersonales que requieren tratos más manejables con los demás, entonces es fácil ver lo embarazoso que es ajustar los impulsos elementales, útiles para un tipo de mundo duro, a otro que exige sus límites. Biológicamente, los impulsos elementales tienen una forma de subsistir a pesar de un entorno que requiere su amoldamiento. «Pecado original» es un término infortunado para que las fallas elementales del hombre existan como deberían en un orden social en el que se supone que las virtudes del altruismo suprimen el egoísmo. Pero existe esta verdad en el «pecado original», a saber, que la larga historia del hombre no se ha borrado a pesar de los ideales enfatizados en la sociedad en desarrollo. Mientras exista esta disparidad (de la cual la persona individual no es responsable), hay más que un mito en la doctrina de que no somos fácilmente convertidos en santos.[3]

Observe cómo exime este pasaje, a las personas, de la responsabilidad de todos los impulsos heredados, todos los malos deseos, todas las tendencias pecaminosas, todas las «fallas elementales del hombre», y hasta nos exonera del mismo pecado original. Las únicas cosas que se consideran pecado son los «actos conscientes y deliberados de una persona contra las normas o costumbres aceptadas por la sociedad y los ideales asociados con un Dios moral». ¡Qué lejos está eso de la definición bíblica! Pero, ¿lo nota alguien? ¿Hay alguien que todavía no sepa eso?

El pecado y la iglesia

Martyn Lloyd-Jones afirmó, hace años, que la doctrina del pecado estaba desapareciendo rápidamente de la enseñanza y la predicación evangélica. Así que dijo:

> Cuando tratamos con los inconversos, tendemos a decir: «Ah, no debes preocuparte por el pecado ahora, deja eso para más tarde. Todo lo que necesitas hacer es venir a Cristo, entregarte a Él. No te inquietes por el pecado; por supuesto, no puedes entender eso ahora. No te preocupes si tienes o no una sensación de pecado o profunda convicción, o si sabes estas cosas. Todo lo que necesitas hacer es venir a Cristo, entregarte a él, y entonces serás feliz».
>
> Luego, cuando tratamos con los que han venido, nuestra tendencia, insisto, es decirles: «Por supuesto, no debes mirarte a ti mismo, mira a Cristo. No debes estar analizándote siempre. Eso es malo, es lo que hacías antes de convertirte. Pensabas en ti mismo y en lo que tenías que hacer. Ahora, lo único que debes hacer es mantenerte mirando a Cristo y no a ti mismo». Por lo tanto, imaginamos que todo lo que necesitan los cristianos es cierta cantidad de consuelo y aliento, predicar un poco sobre el amor de Dios y su providencia general y tal vez exponer algo de exhortación moral y ética. Y así es, como podemos ver, la manera en que la doctrina del pecado ha sido desplazada, por así decirlo. No lo enfatizamos ni antes ni después de la conversión; y el resultado es que escuchamos muy poco al respecto.[4]

Martyn Lloyd-Jones afirmó, hace años, que la doctrina del pecado estaba desapareciendo rápidamente de la enseñanza y la predicación evangélica.

Toda una generación de creyentes ahora es virtualmente ignorante sobre el pecado. Cuando escuchan alguna mención del pecado, piensan que es una predicación muy dura, carente de amor y de gracia. Las tendencias de las iglesias complacientes y los que buscan ministerios sensibles solo han contribuido al aumento de este problema.[5]

El pecado y el cristiano

Necesitamos con urgencia recuperar una aversión sagrada al pecado. Debemos hacerlo corporativamente como iglesia, pero también individualmente como creyentes. El pecado no es un tema muy agradable para estudiar o predicar, pero es imperioso. En medio de una iglesia cada vez más mundana, esto es fundamental. Debemos ver nuestro pecado por lo que es. Una visión inadecuada de la propia pecaminosidad es espiritualmente debilitante. Aquellos que no se consideran despreciablemente pecaminosos nunca darán los pasos necesarios para abandonar el pecado.

> Necesitamos con urgencia recuperar
> una aversión sagrada al pecado.

Dios nos acusa claramente de nuestro propio pecado y nos ha asignado la responsabilidad total a cada pecador. La prueba de ello es la doctrina bíblica del infierno: la terrible realidad de que cada pecador pagará para siempre, en el infierno, el terrible precio de sus propios pecados. De ninguna manera se puede escapar de esto ni culpar a otros. Es claro que Dios no nos ve como una raza de víctimas. Si nos viera así, castigaría a alguien más. Pero cada pecador condenado pagará el precio en el tormento eterno por sus propios actos, porque cada uno es absolutamente responsable.

Ninguna conciencia estará callada. Es más, ella encenderá al pecador con furia, recordándole que el único responsable de las agonías que sufrirá eternamente es él. John Blanchard escribe al respecto:

Las cosas serán muy diferentes en el infierno [para aquellos que han adormecido sus conciencias aquí en la tierra]... La conciencia de ellos será su peor verdugo. Tampoco habrá ninguna forma de sofocarlos ni de silenciarlos. Como escribió John Flavel en el siglo diecisiete: «La conciencia, que debió haber sido el freno del pecador aquí en la tierra, se convertirá en el látigo que azotará su alma en el infierno. Tampoco hay ninguna facultad o poder —que pertenezca al alma del hombre— tan capacitado y preparado para hacerlo como su propia conciencia. La que era el asiento y centro de toda culpa, ahora se convierte en el asiento y centro de todos los tormentos».
La conciencia hará que el pecador sea muy consciente de que eligió deliberada, libre y alegremente el estilo de vida que lo llevó al infierno; y que está allí debido a su testarudez y su obstinación. Además, lo obligará a reconocer la verdad de cada acusación que reciba y la justicia de cada dolor que sufra, de modo que, en palabras de Flavel, «en toda esta miseria, no hay una sola gota de lesión o mal». Como si esto no fuera lo suficientemente horrible, el castigo será ininterrumpido; el pecador «no descansará de día ni de noche» (Apocalipsis 14:11). Como nunca antes, descubrirá lo cierto de las palabras de Dios en cuanto a que «no hay paz... para los impíos» (Isaías 48:22).[6]

Si encuentra que su conciencia se desvanece, debe percatarse de la seriedad de su condición y arrepentirse, debe orar a Dios para tener una conciencia clara y funcional, y dejar a un lado el pecado.

Quiero dejarlo con una lista muy útil de principios que le ayudarán en esta tarea. Algunos de ellos simplemente revisan y reafirman los problemas que hemos visto a lo largo de este libro, pero sin embargo son esenciales. Y tal vez esta lista le dé oportunidad para comenzar a recuperar una conciencia sana:

No subestime la seriedad de su pecado. Seguramente esta es la razón principal por la que la mayoría de las personas tolera el pecado en sus vidas. Si vieran su pecado como Dios lo ve, no podrían continuar indiferentes a las modalidades en las que se conoce el pecado. El pecado viola la santidad de Dios, acarrea su disciplina, destruye nuestro gozo y causa la muerte. Si realmente entendiéramos, como dijo Jeremiah Burroughs, que el pecado más pequeño tiene más maldad que todos los tormentos del infierno, no podríamos seguir sin preocuparnos por vencer a nuestros pecados. Dios extendió la ley precisamente para que la excesiva pecaminosidad del pecado sea evidente (Romanos 7:13).

Propóngase en su corazón no pecar. Haga un voto solemne para oponerse a todo pecado en su vida. Eso fue lo que el salmista hizo: «Hice un juramento, y lo he confirmado: que acataré tus rectos juicios» (Salmos 119:106). A menos que tenga esa clase de determinación, descubrirá que se puede enredar fácilmente en el pecado. De hecho, es ese tipo de afirmación audaz y profundamente sincera la que yace en la raíz de toda vida santa. Hasta que haga ese tipo de compromiso consciente con el Señor, va a seguir luchando con las mismas cosas una y otra vez, y será derrotado.

Ese mismo salmo contiene este maravilloso versículo: «Corro por el camino de tus mandamientos, porque has ampliado mi modo de pensar» (v. 32). Los corazones de los atletas que corren grandes distancia suelen ser más grandes que el de los demás. Los muchos kilómetros que se corren en el entrenamiento condicionan, realmente, al corazón para que bombee sangre de manera más eficiente. David estaba diciendo que Dios lo equiparía espiritualmente con un corazón que lo capacitara para correr la carrera a la que se había comprometido. En otras palabras, Dios honrará el compromiso de usted de abandonar el pecado.

No se confíe de su espiritualidad. Pablo dijo: «Por lo tanto, si alguien piensa que está firme, tenga cuidado de no caer» (1 Corintios 10:12). «Nada hay tan engañoso como el corazón. No tiene remedio. ¿Quién puede comprenderlo?» (Jeremías 17:9). A veces, es posible que la sutileza seductora de nuestro propio corazón nos atrape en los momentos en que tenemos las mayores victorias espirituales. Todos podemos ser engañados con mucha facilidad. Si no fuera por la gracia de Dios, caeríamos en cualquier pecado. Aprenda a buscar esa gracia y no confíe nunca en su propia carne (Filipenses 3:3).

> Todos podemos ser engañados con mucha facilidad.
> Si no fuera por la gracia de Dios,
> caeríamos en cualquier pecado.

Resista al primer indicio de un mal deseo. «Luego, cuando el deseo ha concebido, engendra el pecado; y el pecado, una vez que ha sido consumado, da a luz la muerte» (Santiago 1:15). El momento de detener el pecado es en la concepción, no después de que ha nacido y tiene vida propia. A la primera señal de lujuria, aniquile el pensamiento antes de que nazca y comience a producir su propia descendencia diabólica.

Medite en la Palabra de Dios. «La boca del justo imparte sabiduría, y su lengua emite justicia. *La ley de Dios está en su corazón, y sus pies jamás resbalan*» (Salmos 37:30-31, énfasis agregado). Cuando el corazón es controlado por la Palabra de Dios, los pasos son seguros y constantes. La Palabra de Dios llena la mente y controla el pensamiento, lo cual fortalece el alma contra toda tentación. La Escritura actúa como una poderosa restricción en el corazón entregado a su verdad.

Arrepiéntase inmediatamente de sus faltas. Cuando Pedro pecó, negando a Cristo tres veces, la Escritura dice: «Salió y lloró amargamente» (Mateo 26:75). Nos estremecemos ante su pecado, pero debemos admirarlo por la inmediatez de su remordimiento. El pecado no confesado contamina y endurece la conciencia. «Si confesamos nuestros pecados, Dios, que es fiel y justo, nos los perdonará y nos limpiará de toda maldad» (1 Juan 1:9). Y cuando confiese su pecado, nómbrelo. Deje que su oído escuche el pecado específico del que usted se arrepiente. Esa es una forma de desarrollar un alto grado de responsabilidad delante de Dios y evitar caer en los mismos pecados una y otra vez. Si evita nombrar su pecado, puede ser que secretamente quiera volver a cometerlo.

Esté alerta continuamente y ore. Después de detallar toda la armadura de Efesios 6, Pablo escribe: «Oren en el Espíritu en todo momento, con peticiones y ruegos. Manténganse alerta y perseveren en oración por todos los santos» (Efesios 6:18). A los creyentes de Colosas les dijo: «Dedíquense a la oración: perseveren en ella con agradecimiento» (Colosenses 4:2). El propio Jesús dijo: «Estén alerta y oren para que no caigan en tentación. El espíritu está dispuesto, pero el cuerpo es débil» (Mateo 26:41).

Sea parte de una iglesia con otros creyentes a quienes pueda rendirles cuentas. Todos luchamos con las mismas tentaciones (1 Corintios 10:13). Es por eso que Pablo les dijo a los gálatas: «Ayúdense unos a otros a llevar sus cargas, y así cumplirán la ley de Cristo» (Gálatas 6:2). Nos necesitamos unos a otros. ¿Podemos evitar que uno u otro peque? No siempre. Pero podemos animarnos unos a otros (Hebreos 3:13; 1 Tesalonicenses 5:11). Podemos estimularnos unos a otros al amor y a las buenas obras (Hebreos 10:24-25). «Hermanos, si alguien es sorprendido en pecado, ustedes que son espirituales deben restaurarlo con una actitud humilde. Pero cuídese cada uno, porque también puede ser tentado» (Gálatas 6:1).

Esta es una razón muy importante por la cual se instituyó la iglesia. Debemos animarnos unos a otros, buscar amorosamente a los que pecan (Mateo 18:15-17), amarnos unos a otros y servirnos unos a otros. Todo esto funciona de manera corporativa con el fin de ayudarnos como individuos que someten su pecado.

El pecado y Dios

Recuerde que Dios aborrece el pecado. Recuerde que fue el pecado lo que llevó a su amado Hijo en la cruz. Recuerde que sus ojos son demasiado puros para aprobar el mal (Habacuc 1:13). Y recuerde que su propia y perfecta santidad es el estándar al que somos llamados a alcanzar.

¿Lograremos alcanzar esa meta? No en esta vida, pero Él nos garantiza que lo lograremos. «Porque a los que Dios conoció de antemano, también los predestinó a ser transformados según la imagen de su Hijo, para que él sea el primogénito entre muchos hermanos» (Romanos 8:29). Ya «somos transformados a su semejanza con más y más gloria por la acción del Señor, que es el Espíritu» (2 Corintios 3:18). Y «sabemos que, cuando aparezca, seremos como Él, porque lo veremos tal como es» (1 Juan 3:2). «A los que predestinó, también los llamó; a los que llamó, también los justificó; y a los que justificó, también los glorificó» (Romanos 8:30).

Mientras tanto, no nos atrevamos a desanimarnos ni a abandonar la lucha. No nos atrevamos a ceder un centímetro al pecado y a la tentación. Sobre todo, debemos mantener nuestra conciencia pura y sin mancha.

«El producto de la justicia será la paz; tranquilidad y seguridad perpetuas serán su fruto» (Isaías 32:17).

APÉNDICE 1

Triunfe sobre el pecado

Una mirada profunda a Romanos 6

No debemos pensar nunca que la gracia, por maravillosa que sea, nos permite o alienta a seguir pecando... «¿Qué concluiremos? ¿Vamos a persistir en el pecado para que la gracia abunde? ¡De ninguna manera! Nosotros, que hemos muerto al pecado, ¿cómo podemos seguir viviendo en él?» *(Romanos 6:1-2).*

Es por eso que el final de la historia de Jesús y la mujer atrapada en el adulterio es tan importante, aunque a menudo se pasa por alto. [Habiéndola perdonado, Jesús] agregó: «Ve ahora y deja tu vida de pecado». Esto siempre sigue al perdón... Si somos salvos, debemos dejar de pecar.

Al mismo tiempo, podemos estar agradecidos por el hecho de que Jesús habló como lo hizo. Porque nos damos cuenta de que no dijo: «Deja tu vida de pecado y no te voy a condenar». Si hubiera dicho eso, ¿qué esperanza para nosotros podría haber? Nuestro problema es precisamente que pecamos. No podría haber perdón si se basara solamente en dejar de pecar. En lugar de eso, Jesús realmente habló en el orden inverso. Primero, concedió el perdón libremente, sin ningún vínculo concebible con nuestro accionar. El perdón se otorga solo por el mérito de su muerte expiatoria. Pero luego, habiéndonos perdonado libremente, Jesús nos dice con igual fuerza que dejemos de pecar.

JAMES M. BOICE[1]

Lázaro había pasado cuatro días muerto cuando el Señor llegó a su tumba. Aunque el Maestro amaba intensamente a Lázaro y a su familia, había retrasado intencionalmente su llegada con el objeto de manifestar la gloria de Dios a través de un milagro sin precedentes con el que demostraría su poder sobre la muerte. María y Marta, hermanas de Lázaro, sabían que, si Jesús hubiera llegado a tiempo, podría haber sanado a Lázaro y evitar que muriera (Juan 11:21, 32). Sin embargo, Jesús esperó porque quería que entendieran y conocieran el alcance de su poder.

Jesús fue a la tumba de Lázaro, una cueva con una roca sobre una abertura, e instruyó a los dolientes a quitar la piedra. Marta, suponiendo lo peor, le advirtió: «Señor, ya debe oler mal, pues lleva cuatro días allí» (Juan 11:39).

Sin embargo, Jesús gritó en voz alta: «¡Lázaro, sal fuera!» (v. 43).

Lo que los desconcertados y dolientes espectadores vieron podría haber sido gracioso si no hubiera sido por la escena tan conmovedora. Lázaro, «atado de pies y manos envuelto con telas hasta su cara... envuelto con un paño», se dirigió hacia la salida de la cueva que se abría. Allí estaba, envuelto como una momia, ¡pero vivo!

«Desátenlo y déjenlo ir», les ordenó Jesús (v. 44). La ropa que envolvía a Lázaro, y el aura de la muerte que se aferraba a él, le impedían la plena expresión de su nueva vida.

La historia de Lázaro ofrece una ilustración particularmente gráfica de nuestra situación como creyentes. Hemos sido creados para caminar en novedad de vida (Romanos 6:4). «Porque en lo íntimo de mi ser me deleito en la ley de Dios» (Romanos 7:22). Sin embargo, no podemos hacer lo que deseamos (Gálatas 5:17). «Yo sé que, en mí, es decir, en mi naturaleza pecaminosa, nada bueno habita. Aunque deseo hacer lo bueno, no soy capaz de hacerlo» (Romanos 7:18). Somos prisioneros de las consecuencias inherentes a la mismísima caída de la que hemos sido redimidos (7:22). Es como si todavía estuviéramos atados con la ropa con que nos enterraron. Este apéndice compara nuestra situación y la de Lázaro desechando los restos vinculantes del pecado. Además, nos brinda las instrucciones del apóstol Pablo (en Romanos 6) para la liberación, lo que implica conocer, calcular, ceder, obedecer y servir.

Hemos sido resucitados, pero aún hedemos

Existe, sin embargo, una diferencia importante entre nuestra situación y la resurrección de Lázaro. Él se despojó de su vendaje de momia, de inmediato. Era simplemente una mortaja de lino. Afortunadamente, la corrupción de la muerte, caracterizada por el terrible hedor que temía Marta, no siguió a Lázaro desde la tumba.

Nuestra situación, sin embargo, no se puede resolver tan rápido. No es solo una mortaja de lino lo que nos ata, sino un cadáver hecho y derecho: Pablo lo llama «el cuerpo de esta muerte» (Romanos 7:24). Es el principio del pecado carnal el que cubre nuestra gloriosa vida a lo largo de nuestra peregrinación terrenal. Confunde nuestra atmósfera espiritual, rodeándonos con el fétido olor del pecado. Ya no puede dominarnos como un tirano despiadado, pero nos afligirá con la tentación, el tormento y el dolor hasta que finalmente seamos glorificados.

Es precisamente por eso que «gemimos dentro de nosotros mismos, esperando ansiosamente nuestra adopción como hijos, la redención de nuestro cuerpo» (Romanos 8:23).

Mientras esperamos esa gloriosa liberación final de la presencia del pecado, debemos dejar de vivir como antes, cuando el pecado se enseñoreaba de nosotros. El dominio del pecado está destruido. Nuestra vieja naturaleza es crucificada, de modo que ya no debemos ser «esclavos del pecado» (Romanos 6:6).

> Mientras esperamos esa gloriosa liberación final de la presencia del pecado, debemos dejar de vivir como antes, cuando el pecado se enseñoreaba de nosotros.

No se confunda con el lenguaje de ese versículo. La frase «no siguiéramos siendo» no indica que la emancipación del control absoluto del pecado es una posibilidad futura. Pablo declara que, debido a que nuestra vieja naturaleza está muerta, la libertad del pecado ya es una realidad cumplida. Unos versículos más adelante, aclara muy bien que este es el estado actual de cada verdadero creyente: «Pero gracias a Dios que, aunque antes eran esclavos del pecado, ya se han sometido de corazón a la enseñanza que les fue transmitida. En efecto, *habiendo sido liberados del pecado, ahora son ustedes esclavos de la justicia*» (Romanos 6:17-18; énfasis agregado). Pablo reitera el punto una vez más en el versículo 22: «Pero *ahora que han sido liberados del pecado* y se han puesto al servicio de Dios, cosechan la santidad que conduce a la vida eterna» (énfasis agregado). «El que ha muerto», es decir, el que está unido a Cristo en su muerte, «se libera del pecado» (v. 7). La liberación que está describiendo el apóstol es un hecho consumado.

Sin embargo, como hemos visto repetidas veces, no sugiere que los cristianos son inmaculados, ni siquiera que puedan serlo. Tampoco sugiere que el pecado ya no es problema para los cristianos. Pablo simplemente enseña que todos los creyentes son liberados del dominio absoluto del pecado.

Podemos experimentar esa liberación en la práctica. Podemos vivir de manera que reflejemos nuestra nueva naturaleza. Podemos deshacernos de las tendencias carnales sometiendo a la carne. Echemos un vistazo más de cerca a Romanos 6 como una forma de resumir y revisar los medios por los cuales podemos atacar y someter los restos del pecado en nuestras vidas.

Conocimiento

El buen conocimiento es fundamental para todas las cosas. El apóstol Pablo pregunta al comienzo de toda la discusión, «¿No sabes...?» El crecimiento en la rectitud y la vida piadosa se basa en los principios espirituales que deben conocerse antes de que puedan hacernos bien.

Observe cuántas veces en estos versículos Pablo usa la palabra saber y sus sinónimos: «¿No saben que todos los que hemos sido bautizados en Cristo Jesús hemos sido bautizados en su muerte?» (v. 3). «Sabemos que nuestra vieja naturaleza fue crucificada con él para que nuestro cuerpo pecaminoso perdiera su poder, de modo que ya no siguiéramos siendo esclavos del pecado» (v. 6). «Pues sabemos que Cristo, por haber sido levantado de entre los muertos, ya no puede volver a morir; la muerte ya no tiene dominio sobre él» (v. 9). ¿Acaso no saben ustedes que, cuando se entregan a alguien para obedecerlo, son esclavos de aquel a quien obedecen?» (v. 16). «¿No lo saben, hermanos... que la ley tiene jurisdicción sobre una persona mientras viva?» (7:1; cf. también vv. 7, 14, 18).

Es popular en algunos círculos denigrar el conocimiento y elevar la pasión, el misticismo, el amor fraternal, la fe ciega o cualquier otra cosa. La doctrina cristiana, a menudo, se opone al cristianismo práctico, como si ambos fueran antitéticos. La verdad es ignorada y la armonía exaltada. El conocimiento es despreciado mientras que el sentimiento es elevado. La razón es rechazada y el sentimiento puesto en lugar de ella. Se desprecia la comprensión y se fomenta la credulidad. Eso devora la madurez espiritual genuina, que siempre se basa en una sana doctrina (cf. Tito 1:6-9).

Por supuesto, que el conocimiento solo no es una virtud. «Así que comete pecado todo el que sabe hacer el bien y no lo hace» (Santiago 4:17). El conocimiento sin amor corrompe el carácter: «El conocimiento hace arrogante, pero el amor edifica» (1 Corintios 8:1). Conocimiento sin obediencia endurece el corazón: «Si después de recibir el conocimiento de la verdad pecamos obstinadamente, ya no hay sacrificio por los pecados» (Hebreos 10:26). El conocimiento puede ser destructivo cuando no es moderado por otras virtudes: «Porque, si alguien de conciencia débil te ve a ti, que tienes este conocimiento, comer en el templo de un ídolo, ¿no se sentirá animado a comer lo que ha sido sacrificado a los ídolos? Entonces ese hermano débil, por quien Cristo murió, se perderá a causa de tu conocimiento» (1 Corintios 8:10-11).

Sin embargo, la *falta de conocimiento* es aún más mortal. Israel rechazó a Cristo porque tenían celo sin conocimiento (Romanos 10:2). Oseas registró la queja del Señor contra los líderes espirituales de Israel: «Pues por falta de conocimiento mi pueblo ha sido destruido. Puesto que rechazaste el conocimiento, yo también te rechazo como mi sacerdote. Ya que te olvidaste de la ley de tu Dios, yo también me olvidaré de tus hijos» (Oseas 4:6). Isaías registró una acusación similar: «El buey conoce a su dueño y el asno el pesebre de su amo; pero Israel no conoce, mi pueblo no entiende» (Isaías 1:3).

Todo crecimiento espiritual se basa en el conocimiento de la verdad. La sana doctrina es decisiva para un peregrinaje espiritual exitoso (Tito 2:1ss). Pablo les dijo a los colosenses que el nuevo yo se renueva con el verdadero conocimiento (Colosenses 3:10). El conocimiento es fundamental para nuestra nueva posición en Cristo. Toda la vida cristiana se establece en el conocimiento de los principios divinos, la sana doctrina y la verdad bíblica. Aquellos que repudian el conocimiento, en efecto, descartan los medios más básicos de crecimiento y salud espiritual, mientras se exponen a una gran cantidad de enemigos espirituales.

Y como sugiere Pablo en Romanos 6, si queremos triunfar sobre el pecado, debemos comenzar con el conocimiento. ¿Qué, debemos saber específicamente? Cuál es nuestra posición en Cristo: «Sabemos que nuestra vieja naturaleza fue crucificada con él para que nuestro cuerpo pecaminoso perdiera su poder, de modo que ya no siguiéramos siendo esclavos del pecado; porque el que muere queda liberado del pecado» (Romanos 6:6-7). Debemos entender las verdades en las que nos hemos centrado a lo largo de este libro: que estamos unidos con Cristo en su muerte y resurrección y, por lo tanto, somos libres de la esclavitud del pecado.

Reconocimiento

Bien, es posible que esté pensando: *Ahora sé esas verdades. Pero, como el mismo Pablo, todavía soy incapaz de librarme de la influencia del pecado. ¿Qué hago ahora?* Pablo nos dice: «De la misma manera, también ustedes considérense muertos al pecado, pero vivos para Dios en Cristo Jesús» (Romanos 6:11). La palabra traducida «considérense» es *logizomai* en griego, que significa literalmente «calcular algo, contar». Es la misma palabra que Jesús usó cuando citó Isaías 53:12: «Y fue contado entre los transgresores» (Lucas 22:37).

El cálculo en este sentido va más allá del conocimiento. Saca nuestra fe del reino de lo puramente intelectual y la hace sumamente práctica. Pablo sugiere que nuestra unión con Cristo debería ser algo más que una verdad teórica. Debemos contar con ello, considerarlo una realidad, considerarlo hecho y actuar en consecuencia. «De la misma manera, también ustedes considérense muertos al pecado, pero vivos para Dios en Cristo Jesús. Por lo tanto, no permitan ustedes que el pecado reine en su cuerpo mortal, ni obedezcan a sus malos deseos» (Romanos 6:11-12). Reconocer nuestro viejo yo muerto no es algo fácil. De modo que, nuestra experiencia parece argumentar en contra de la verdad que conocemos en nuestros corazones. Podemos estar libres del dominio del pecado, pero nuestra batalla diaria contra él a menudo se parece mucho a la antigua esclavitud. Sin embargo, debemos considerarnos muertos al pecado, pero vivos para Dios. No podemos vivir como si el viejo yo todavía tuviera el control.

> Debemos considerarnos muertos al pecado,
> pero vivos para Dios. No podemos vivir como
> si el viejo yo todavía tuviera el control.

En este punto, puede parecer que el consejo de Pablo tiene algo en común con la ideología del moderno «pensamiento positivo» y con el culto a la autoestima. Pero Pablo no estaba proponiendo que jugáramos un simple juego mental. No estaba diciendo que deberíamos tratar de convencernos de algo que no es cierto. No estaba sugiriendo que deberíamos elevarnos en nuestras propias mentes a un nivel espiritual que en realidad no hemos alcanzado. No nos aconsejaba cerrar nuestras mentes racionales y soñar con algo que en verdad no ha sucedido.

Al contrario, estaba afirmando la verdad absoluta que establece la unión del creyente con Cristo y asegurándonos que podemos vivir a la luz de esa verdad. Nuestro viejo yo está muerto. La vieja naturaleza falleció. La Palabra de Dios lo declara. Debemos considerar eso cierto.

Demasiados cristianos fallan en este punto. Piensan en sí mismos como que están desesperadamente esclavizados al pecado. Se les ha enseñado que la vieja naturaleza aún está viva en todo su ardor. No entienden que Cristo ha roto el poder del pecado. Y, por lo tanto, no pueden vivir triunfantes. No se consideran genuinamente muertos al pecado.

Es precisamente por eso que me opongo al dualismo de dos naturalezas que popularizó la *Biblia de referencia Scofield*. Dado que esta es probablemente la opinión predominante en el evangelicalismo estadounidense de hoy, es útil examinar lo que se enseña.

Scofield creía que todos los cristianos tienen dos naturalezas activas: «la naturaleza antigua o adámica, y la naturaleza divina, recibida a través del nuevo nacimiento».[2] Estas, enseñaba él, son realidades iguales pero opuestas que operan en cada creyente. La vieja naturaleza adámica, con su amor por el pecado —su depravación minuciosa, todas sus propensiones malvadas y su incapacidad para amar a Dios o hacer el bien—, sigue viva y poderosa. La nueva naturaleza divina se da solo a los creyentes, pero una vez implantada en su interior, compite con la vieja naturaleza por el control de la voluntad. Por lo tanto, de acuerdo con este punto de vista, cada cristiano todavía tiene que enfrentarse a la vieja naturaleza pecaminosa, aunque ahora también tiene una naturaleza nueva y piadosa. Es una especie de esquizofrenia espiritual. Considera que la conversión no es tanto una transformación de la persona sino más bien la adición de una nueva naturaleza.

Un escritor que aprobaba las opiniones de Scofield sobre las dos naturalezas escribió:

> Cuando el «hombre nuevo» nace en el corazón del creyente, el «hombre viejo» no muere. Todavía está allí y muy vivo. Ahora hay dos naturalezas, diametralmente opuestas, que luchan por la posesión del mismo cuerpo; como dos inquilinos que luchan por la posesión de la misma vivienda... Debemos recordar que no podemos deshacernos de la «vieja naturaleza» hasta la muerte de nuestro cuerpo de «carne».[3]

El dualismo de ese punto de vista inevitablemente frustra el crecimiento cristiano. Después de todo, si nuestra vieja naturaleza está tan viva y activa como siempre, ¿cómo podemos realmente considerarnos muertos al pecado, pero vivos para Dios? De hecho, parecería bastante peligroso considerar que el viejo yo está muerto si en realidad todavía está «muy vivo».

> Algunas personas, incluso, usan la visión de las dos naturalezas como una excusa para su pecado. «Es solo la vieja naturaleza la que peca», afirman, como si personalmente no fueran responsables.

En efecto, aquellos que se aferran a la visión de las dos naturalezas tienen dificultades con las instrucciones de Pablo en Romanos 6:11. Debido a que creen que el viejo yo pecaminoso aún vive, por definición no pueden considerarse muertos al pecado. No pueden considerar la vieja naturaleza como crucificada con Cristo ni creer que el cuerpo del pecado ha sido anulado. Esto es obvio en sus escritos. El mismo autor que cité anteriormente escribió: «Debemos recordar que aunque podamos matar de hambre al hombre viejo, aunque pueda debilitarse mucho y causar pocos problemas, y podamos considerarlo muerto, *no está muerto*. Más aun, si comenzamos a alimentarlo nuevamente, revivirá, recuperará su fuerza y nos dará problemas».[4] Esa cita ilustra perfectamente por qué aquellos que sostienen la visión de las dos naturalezas no se atreven a considerar al viejo yo muerto. Su sistema les dice que el viejo hombre no está realmente muerto y, por lo tanto, aquellos que lo consideran muerto sienten que en realidad se están colocando en una peligrosa posición de presunción.

Algunas personas, incluso, usan la visión de las dos naturalezas como una excusa para su pecado. «Es solo la vieja naturaleza la que peca», afirman, como si personalmente no fueran responsables. Tal noción causa estragos en la conciencia y atrofia seriamente el crecimiento espiritual. Además, afecta la responsabilidad personal y, por lo tanto, cauteriza la conciencia.

R. L. Dabney argumentó en contra de una forma temprana de la visión de las dos naturalezas hace más de un siglo. Señaló las «tendencias antinomianas» de la doctrina:

Si uno cree que tiene dos «hombres de verdad» o «dos naturalezas» en él, se verá tentado a argumentar que el nuevo hombre no es responsable de la perversidad del viejo. Aquí hay una deducción peligrosa... [Y si] la vieja naturaleza nunca pierde nada de su fuerza hasta la muerte; entonces la presencia, e incluso el pecado interno descubierto, necesitan sugerirle al creyente sin ninguna duda, si su fe es espuria. ¿Cómo se puede negar que hay aquí un peligro terrible de seguridad carnal en el pecado? Qué diferente es esto de lo que la Biblia dice en Santiago 2:18: «Sin embargo, alguien dirá: "Tú tienes fe, y yo tengo obras". Pues bien, muéstrame tu fe sin las obras, y yo te mostraré la fe por mis obras». Si, entonces, cualquier creyente profeso encuentra que el «viejo hombre» es una fuerza no disminuida, esto es prueba de que nunca «se ha revestido del nuevo hombre».[5]

Las Escrituras no apoyan la visión dualista. Romanos 6:6 dice claramente que nuestro viejo yo ha sido crucificado con Cristo. La persona que éramos antes de aceptar a Cristo ya no existe. La tiranía del pecado queda anulada. Nuestra naturaleza cambia, se transforma. Somos nuevas creaciones, no simplemente las mismas criaturas antiguas con un lado nuevo de nuestras personalidades. Tenemos un corazón nuevo, no uno añadido, sino uno completamente diferente. Esto, después de todo, es la promesa del Nuevo Pacto: «Les daré un nuevo corazón, y les infundiré un espíritu nuevo; *les quitaré ese corazón de piedra* que ahora tienen, y les pondré un corazón de carne» (Ezequiel 36:26, énfasis añadido). Este nuevo corazón tiene *conciencia*. Por lo tanto, usted puede asumir su responsabilidad. Convénzase de eso. Considérelo hecho.

Ceder

«Ceder» es la siguiente palabra clave en nuestra búsqueda de la libertad del pecado: «No reine, pues, el pecado en vuestro cuerpo mortal, de modo que lo obedezcáis en sus concupiscencias; ni tampoco presentéis vuestros miembros al pecado como instrumentos de iniquidad, sino *presentaos vosotros mismos a Dios* como vivos de entre los muertos, y vuestros miembros a Dios como instrumentos de justicia» (Romanos 6:12-13, RVR1960, énfasis añadido).

Como hemos señalado repetidas veces, los cristianos ya no están dominados ni controlados por el pecado. Finalmente podemos decir no a los edictos del pecado. Somos libres de su control absoluto. Antes de nacer de nuevo, no teníamos esa capacidad. Pero ahora el pecado no tiene autoridad para mandarnos.

Sin embargo, el pecado puede engañar, atormentar, amenazar, intimidar y usar cualquier artimaña para tentarnos. Aunque derribado y derrotado, no ha sido eliminado. Todavía representa algunos peligros. No se rinde fácilmente. Se burla y nos atormenta.

Hace rabietas y torbellinos. *Pero ya no reina sobre nosotros*. Y no tenemos que ceder ante eso.

Más bien debemos rendirnos a un nuevo Señor. «Presentando los miembros de su cuerpo como instrumentos de justicia» (v. 13). La rendición que esto requiere es una sumisión consciente y activa de todos nuestros miembros a Dios como instrumentos de justicia. En otras palabras, podemos usar —para la gloria de Dios— las mismas facultades que el pecado una vez dominó.

Observe que Pablo habla de «su cuerpo mortal» (v. 12) y «los miembros de su cuerpo» (v. 13). Pero tiene presente no solo el organismo corporal y sus miembros físicos. En realidad, está hablando más particularmente de las facultades del alma, como la mente, las emociones, la imaginación, el apetito y la voluntad. Colosenses 3:5 explica exactamente lo que quiere decir: «Por tanto, hagan morir todo lo que es propio de la naturaleza terrenal: inmoralidad sexual, impureza, bajas pasiones, malos deseos y avaricia, la cual es idolatría» (Colosenses 3:5). Los «miembros» en ese versículo claramente no se refieren principalmente a las extremidades físicas. Habla, en cambio, de las facultades y actividades de «la persona interior del corazón» (cf. 1 Pedro 3:4, RVA2015).

En nuestro pensamiento, términos como *carne*, *miembros* y *cuerpo* tienden a representar solo los componentes físicos de nuestro ser. Contrastamos esos términos con *corazón*, *alma* y *mente*, que asociamos con la parte inmaterial o espiritual de nuestros seres. Pero la Escritura a menudo se refiere al «cuerpo» cuando significa la persona completa, incluidas las partes materiales e inmateriales; por lo que no hace distinción entre cuerpo y alma. Santiago escribió: «También la lengua es un fuego, un mundo de maldad. Siendo uno de nuestros órganos, contamina todo el cuerpo y, encendida por el infierno, prende a su vez fuego a todo el curso de la vida» (Santiago 3:6), es decir, degrada a la persona completa. Jesús, por su parte, dijo: «El ojo es la lámpara del cuerpo. Por tanto, si tu visión es clara, todo tu ser disfrutará de la luz. Pero, si tu visión está nublada, todo tu ser estará en oscuridad. Si la luz que hay en ti es oscuridad, qué densa será esa oscuridad» (Mateo 6:22-23). «Por tanto, si todo tu ser disfruta de la luz, sin que ninguna parte quede en la oscuridad, estarás completamente iluminado, como cuando una lámpara te alumbra con su luz» (Lucas 11:36). En esos versículos, la expresión *«todo tu cuerpo»* se refiere a toda el alma mortal, la persona completa, no a la carne ni a la sangre literal y tangible.

Del mismo modo, en Romanos 6 y 7, Pablo emplea los términos *cuerpo* y *miembros* para describir a toda la persona que aún no está glorificada (cuerpo, mente, emociones y voluntad), no solo el lado físico.

En algunos lugares, la redacción puede ser difícil de entender. Pablo escribe, por ejemplo: «Porque en lo íntimo de mi ser me deleito en la ley de Dios; pero me doy cuenta de que en los miembros de mi cuerpo hay otra ley, que es la ley del pecado. Esta ley lucha contra la ley de mi mente, y me tiene cautivo» (Romanos 7:22-23). Allí parece estar contrastando el «hombre interior» con el cuerpo físico, como si estuviera sugiriendo que su carne y su sangre libran una guerra contra su mente. Algunos lectores suponen erróneamente que esto significa que la mente es buena pero que el cuerpo físico es malo. Ese es el tipo de dualismo que los herejes gnósticos predicaron. Pero ese no es el punto que Pablo estaba resaltando. Simplemente estaba diciendo que sus miembros mortales —incluidos su cuerpo, sus pasiones, sus apetitos, sus emociones y seguramente, en algún sentido, incluso su mente— estaban en conflicto con su «hombre interior», el nuevo principio de justicia inmortal, vibrante y forjado por el Espíritu que lo hizo amar y afirmar la ley de Dios. Estaba usando las expresiones «miembros de mi cuerpo» y «hombre interior» como una forma abreviada y conveniente para contrastar el principio de la carne con la nueva persona.

Nuestra mortalidad, «el cuerpo mortal», término que Pablo usa, es la única base sobre la cual el pecado puede atacarnos. El pecado no puede reclamar nuestras almas eternas. Un día, nuestros seres mortales, cuerpo y mente, serán «consumidos por la vida» (2 Corintios 5:4). Lo perecedero se volverá imperecedero (1 Corintios 15:53-54). Eso es lo que esperamos ansiosamente: «la redención de nuestro cuerpo» (Romanos 8:23). «[El Señor] transformará el cuerpo de la humillación nuestra, para que sea semejante al cuerpo de la gloria suya» (Filipenses 3:20-21). Entonces, y solo entonces, estaremos siempre fuera del alcance del pecado. Pero mientras somos mortales, estamos sujetos a la corrupción.

Este «cuerpo de la humillación nuestra» y todas sus facultades todavía son susceptibles al atractivo del pecado. Llevamos a cabo una guerra continua contra el pecado en nuestras mentes y cuerpos mortales. No debemos «seguir presentando [a nuestros miembros] al pecado como instrumentos de injusticia» (Romanos 6:13). Al contrario, debemos «presentar [nuestros] cuerpos en sacrificio vivo y santo, aceptable para Dios, que es [nuestro] servicio espiritual de adoración» (Romanos 12:1). Debemos «presentarnos [a nosotros mismos] a Dios como aquellos vivos de entre los muertos, y [nuestros] miembros como instrumentos de justicia para Dios» (6:13).

> «Así el pecado no tendrá dominio sobre ustedes,
> porque ya no están bajo la ley, sino bajo la gracia»
> (Romanos 6:14).

Pablo inserta una promesa gloriosa en este punto: «Así el pecado no tendrá dominio sobre ustedes, porque ya no están bajo la ley, sino bajo la gracia» (v. 14). Somos libres de la condenación del pecado debido a nuestra justificación. Pero la gracia también nos libera de la dominación cotidiana del pecado, para que podamos convertirnos en «esclavos de la justicia» (v. 18), para que podamos obedecer a un nuevo Señor.

Obedecer

El propósito principal de la gracia es liberarnos del pecado: «para que nosotros también podamos caminar en novedad de vida» (v. 4). La gracia es mucho más que un simple perdón por nuestros pecados, o un viaje gratis al cielo. La gracia ciertamente no nos deja bajo el dominio del pecado. Somos salvos por gracia, «somos obra [de Dios], creados en Cristo Jesús para buenas obras, que Dios preparó de antemano, para que caminemos en ellas» (Efesios 2:10). La gracia «[nos instruye] a rechazar la impiedad y las pasiones mundanas. Así podremos vivir en este mundo con justicia, piedad y dominio propio» (Tito 2:12). Esta es la razón por la cual Cristo se dio a sí mismo por nosotros: «Él se entregó por nosotros para rescatarnos de toda maldad y purificar para sí un pueblo elegido, dedicado a hacer el bien» (v. 14).

Sin embargo, parece que siempre ha habido quienes corrompen la gracia de Dios convirtiéndola en lascivia (cf. Judas 4). Caracterizan la gracia como libertad total, pero ellos mismos están esclavizados a la corrupción (2 Pedro 2:19). Así anulan la gracia de Dios (cf. Gálatas 2:21).

«La verdadera gracia de Dios» (cf. 1 Pedro 5:12) no ofrece libertad de restricción moral. La gracia no es sanción por el pecado. Por el contrario, le otorga al creyente libertad del pecado. Nos libera de la ley y de la pena del pecado, pero también del control absoluto del pecado. Nos libera para obedecer a Dios.

Anticipándose a los pensamientos de aquellos que no entienden la gracia de Dios, Pablo repite su pregunta de Romanos 6: «Entonces, ¿qué? ¿Vamos a pecar porque no estamos ya bajo la ley, sino bajo la gracia?» (v. 15). Y responde enfáticamente una vez más: «¡De ninguna manera!»

Su argumento en contra de la objeción es una apelación al sentido común: «¿Acaso no saben ustedes que, cuando se entregan a alguien para obedecerlo, son esclavos de aquel a quien obedecen? Claro que lo son, ya sea del pecado que lleva a la muerte, o de la obediencia que lleva a la justicia» (v. 16). En otras palabras, si usted se presenta como esclavo para cumplir las órdenes del pecado, solo muestra que todavía está bajo el dominio del pecado. La clara implicación es que aquellos verdaderamente salvados por gracia no elegirían voluntariamente regresar a la vieja esclavitud.

Es más, la frase «cuando se entregan a alguien para obedecerlo» sugiere una *elección* consciente, activa y voluntaria de obediencia. Representa a un soldado que se presenta con todas sus armas ante su comandante, listo para cumplir las órdenes del maestro. Es una entrega voluntaria y deliberada de uno mismo y de los miembros de uno a una vida de servicio, ya sea «al pecado que resulta en la muerte, o [a] la obediencia que resulta en la justicia». Aquí Pablo está pidiendo una elección deliberada, voluntaria y consciente de la obediencia. Para los no creyentes, no hay otra opción. Están esclavizados al pecado y no pueden elegir lo contrario. Aquí Pablo sugiere que los cristianos genuinos también tienen una sola opción.

En otras palabras, aquellos que eligen servir al pecado como sus esclavos, de hecho, todavía están esclavizados al pecado, nunca han experimentado la gracia de Dios. «Cuando se presentan a alguien como esclavos para la obediencia, son esclavos de quien obedecen». Al principio eso puede sonar como una repetición, pero una paráfrasis puede ayudar a explicar el significado del apóstol: «Pronunciando discursos arrogantes y sin sentido, seducen con los instintos naturales desenfrenados a quienes apenas comienzan a apartarse de los que viven en el error. Les prometen libertad, cuando ellos mismos son esclavos de la corrupción, ya que cada uno es esclavo de aquello que lo ha dominado» (2 Pedro 2:18-19).

En Romanos 5, Pablo enfatizó precisamente el mismo punto, solo que argumentando a la inversa. Allí sugirió que el pecado y la muerte reinan sobre todos los de Adán (5:12); pero la gracia, la justicia y la vida eterna reinan sobre el que está en Cristo (vv. 17-20).

En Romanos 6, Pablo sugiere que todos son esclavos y que tienen un amo. Al hombre caído le gusta declarar que él es el dueño de su destino y el capitán de su alma. Pero nadie realmente lo es. Todas las personas están bajo el señorío de Satanás y en la esclavitud del pecado, o están bajo el señorío de Cristo y son siervos de la justicia. No hay terreno neutral y nadie puede servir a dos maestros (Mateo 6:24). «Si supiéramos a cuál de estas dos familias pertenecemos, debemos preguntar a cuál de estos dos maestros rendimos obediencia».[6]

> Su punto es que los verdaderos
> cristianos no pueden ser más que
> esclavos de la justicia.

Insisto, Pablo no les está diciendo a los romanos que los cristianos debían ser esclavos de la justicia. Su punto es que los verdaderos cristianos no pueden ser más que esclavos de la justicia. Fueron sacados de la servidumbre del pecado precisamente para ese propósito: «Pero gracias a Dios que, aunque antes eran esclavos del pecado, ya se han sometido de corazón a la enseñanza que les fue transmitida. En efecto, habiendo sido liberados del pecado, ahora son ustedes esclavos de la justicia» (Romanos 6:17-18). Eso corresponde exactamente a lo que el apóstol Juan escribió: «Ninguno que haya nacido de Dios practica el pecado, porque la semilla de Dios permanece en él; no puede practicar el pecado, porque ha nacido de Dios. Así distinguimos entre los hijos de Dios y los hijos del diablo: el que no practica la justicia no es hijo de Dios; ni tampoco lo es el que no ama a su hermano» (1 Juan 3:9-10).

Para el cristiano, la vida de esclavitud al pecado ha pasado. El pecado no puede continuar siendo la principal característica de nuestras vidas. La desobediencia carnal interrumpe la nueva vida con frecuencia y pecamos. A veces, el pecado puede parecer que domina la vida de un cristiano por completo (como fue el caso cuando David pecó). Pero todos los verdaderos creyentes tienen una naturaleza nueva y santa. Odian su pecado y aman la justicia. No pueden vivir en un pecado constante o una rebelión endurecida contra Dios y disfrutarlo. Eso sería una contradicción con lo que son (cf. 1 Juan 3:9).

Servir

Pablo deja muy claro que la obediencia que está pidiendo es una servidumbre de por vida a Dios:

Hablo en términos humanos, por las limitaciones de su naturaleza humana. Antes ofrecían ustedes los miembros de su cuerpo para servir a la impureza, que lleva más y más a la maldad; ofrézcanlos ahora para servir a la justicia que lleva a la santidad. Cuando ustedes eran esclavos del pecado, estaban libres del dominio de la justicia. ¿Qué fruto cosechaban entonces? ¡Cosas que ahora los avergüenzan y que conducen a la muerte! Pero ahora que han sido liberados del pecado y se han puesto al servicio de Dios, cosechan la santidad que conduce a la vida eterna (Romanos 6:19-22).

En otras palabras, los cristianos deben servir a la justicia exactamente como nosotros alguna vez servimos al pecado: como esclavos.

Pablo ha pasado del tema de nuestra posición («considérense muertos al pecado», v. 11) al asunto de nuestra práctica («ahora presenten a sus miembros como esclavos de la justicia», v. 19). Obviamente, nuestra posición debe determinar nuestra práctica.

> En otras palabras, los cristianos deben servir a la justicia exactamente como nosotros alguna vez servimos al pecado: como esclavos.

Así como el pecado una vez nos llevó a la impureza y al desenfreno, «dando como resultado un mayor desorden o desenfreno» (v. 19), ahora la justicia da como resultado nuestro progreso cada vez mayor en la santificación. Martyn Lloyd-Jones escribió al respecto:

A medida que siga viviendo esta vida justa, y practicándola con todas sus fuerzas y energías, y todo su tiempo… encontrará que el proceso que siguió antes, en el que pasó de mal a peor y se volvió más y más vil, está completamente invertido. Se volverá más y más limpio, y más y más puro, y más y más santo, y más y más conforme a la imagen del Hijo de Dios.[7]

Es imposible quedarse quieto espiritual y moralmente. Todos se mueven de una manera u otra, ya sea hundiéndose más profundamente en el pecado y la degradación, o progresando gloriosamente hacia la semejanza de Cristo.

Después de todo, la vida en Cristo *debería* ser dramáticamente diferente de la que teníamos antes de la conversión: «Cuando usted era esclavo del pecado, era libre con respecto a la justicia». Si lo que realmente desea ahora es liberarse de la restricción moral, usted no es cristiano. Aún es un siervo del pecado.

La verdadera justicia no puede mandar ni instruir a los que aún son cautivos del pecado. Ellos sirven a un maestro diferente. Aunque muchos de ellos mostraban una actitud de justicia propia, como era el caso de Pablo mismo antes de su conversión, las obras de la carne no tienen absolutamente nada que ver con la justicia real. Las Escrituras usan parte de su lenguaje más fuerte para condenar esos esfuerzos carnales. Isaías escribió: «Todos somos como gente impura; todos nuestros actos de justicia son como trapos de inmundicia» (Isaías 64:6). Pablo llamó a su justicia propia, antes de ser cristiano: «estiércol» (Filipenses 3:8).

El verdadero fruto del dominio del pecado incluye «la inmoralidad, la impureza, la sensualidad, la idolatría, la hechicería, las enemistades, las luchas, los celos, los arrebatos de ira, las disputas, las disensiones, las facciones, la envidia, la embriaguez, las burlas y cosas como esas». El resultado final es la condenación eterna: «de lo cual te advierto tal como te advertí que aquellos que practican tales cosas no heredarán el reino de Dios» (Gálatas 5:19-21). «Entonces, ¿qué beneficio obtuviste de las cosas de las que ahora te avergüenzas? Porque el resultado de esas cosas es la muerte» (Romanos 6:21).

La fe verdadera lleva exactamente el fruto opuesto. «Pero ahora que han sido liberados del pecado y se han puesto al servicio de Dios, cosechan la santidad que conduce a la vida eterna» (v. 22).

«Liberado del pecado y esclavizado a Dios» es una de las mejores descripciones de la vida cristiana que cualquier otra que conozca. Por supuesto, no significa que los creyentes sean incapaces de pecar. Lo que sí significa es que ya no están esclavizados al pecado y que son capaces de responder a sus ataques; ya no aman la oscuridad más que la luz.

Lo que Pablo nos ha dado en este breve capítulo es un llamado valiente a permanecer firmes frente a los ataques del pecado. Los creyentes necesitan saber que están unidos con Cristo en su muerte y en su resurrección y, por lo tanto, son libres del dominio del pecado. Deben tener en cuenta que su unión con Cristo significa que el viejo hombre ya está muerto, anulado; ya no puede exigir obediencia a sus deseos pecaminosos. Necesitan rendirse a Dios y entregar todos sus miembros (cuerpo, mente, emociones y todo su ser) a Dios como instrumentos de justicia. Necesitan obedecerlo como su nuevo Señor. Y necesitan servirle con la misma obediencia incuestionable que una vez le rindieron al pecado.

> Aunque el pecado es un enemigo derrotado, aunque libramos nuestra batalla contra él desde una posición de victoria, sigue siendo una lucha de vida o muerte.

Esta es la fórmula de Pablo para la victoria. Requiere audacia, determinación y una fe inteligente e informada. Asume que amamos a Dios y deseamos ver su justicia trabajando en nuestras vidas. Ofrece libertad de la autoridad absoluta del pecado y los medios para vencer el pecado en nuestro caminar diario.

Sin embargo, no supone que el proceso sea fácil ni que la victoria gloriosa siempre será nuestra experiencia diaria. Pablo ciertamente no estaba sugiriendo que el camino cristiano nunca estaría marcado por la derrota o el fracaso. Como hemos señalado, todo lo que tenemos que hacer es leer Romanos 7, donde vemos que la experiencia de Pablo con su propio pecado a menudo fue profundamente frustrante para él: «No entiendo lo que me pasa, pues no hago lo que quiero, sino lo que aborrezco» (v. 15). «Yo sé que, en mí, es decir, en mi naturaleza pecaminosa, nada bueno habita. Aunque deseo hacer lo bueno, no soy capaz de hacerlo» (v. 18). «De hecho, no hago el bien que quiero, sino el mal que no quiero» (v. 19). «Así que descubro esta ley: que, cuando quiero hacer el bien, me acompaña el mal» (v. 21). «¡Soy un pobre miserable! ¿Quién me librará de este cuerpo mortal?» (v. 24).

La verdad es que, cuando miramos nuestros propios corazones, cada uno de nosotros debe hacerse eco de esas palabras de frustración. Aunque el pecado es un enemigo derrotado, aunque libramos nuestra batalla contra él desde una posición victoriosa, sigue siendo una lucha de vida o muerte. Y es una batalla que debemos seguir en contra del enemigo mientras mortificamos y sometemos al pecado, atacando la poca influencia que tiene en nuestras vidas.

Una apelación a una buena conciencia

POR RICHARD SIBBES[1]

La cual simboliza el bautismo que ahora los salva también a ustedes. El bautismo no consiste en la limpieza del cuerpo, sino en el compromiso de tener una buena conciencia delante de Dios. Esta salvación es posible por la resurrección de Jesucristo (1 Pedro 3:21).

El apóstol Pedro pronuncia estas palabras en un contexto en el que habla acerca de los que perecieron en el diluvio y los que se salvaron con Noé en el arca («pocas personas, para ser exactos solo ocho, fueron llevadas a salvo a través del agua»). Luego menciona el bautismo («el bautismo que ahora los salva también a ustedes»).

Por otra parte, Cristo es el mismo ayer, hoy y siempre (Hebreos 13:8). Y siempre se ha ocupado de salvar a sus Noé en medio de la destrucción. La salvación es una obra que Él siempre ha realizado, desde el comienzo del mundo. Por eso su intervención se ha manifestado en muy variadas formas. Además, la Biblia es rica en tipología, recurso que vemos en ella con mucha frecuencia. En Caín y Abel, por ejemplo, había dos ciudades prefiguradas. Y Dios siempre se ha comunicado en diversas formas a los habitantes de las dos ciudades. Por eso, Pedro dice: «El Señor sabe cómo rescatar a los piadosos» (2 Pedro 2:9). Todos los que fueron salvados lo fueron por Cristo y todos hacían distintos sacrificios que representaban al Salvador.

Para aquellos que no son suyos, los de la posteridad de Caín, Dios se comunica de una manera ofensiva: los destruye.

Sin embargo, para llegar a las palabras «el bautismo que ahora los salva también a ustedes...» seguro que tienen que haber sido los suyos. La salvación de Noé en el arca fue una ilustración del bautismo; porque así como el bautismo representa a Cristo, también la salvación de Noé en el arca lo hace. Se corresponden entre sí en muchos aspectos.

Primero, como todos los que no estaban en el arca perecieron, así también todos los que no están en Cristo perecerán (los que no son injertados a Él por fe). El bautismo es un emblema de ese injerto.

Segundo, así como el agua en el diluvio preservó a Noé en el arca y *destruyó* todo el viejo mundo, también la sangre y la muerte de Cristo aniquilan a todos nuestros enemigos espirituales. Todos se ahogan en el Mar Rojo de la sangre de Cristo, pero a sus hijos —esa sangre— los preserva.

Hubo tres inundaciones principales en el Antiguo Testamento que prefiguran a Cristo: el diluvio que ahogó al viejo mundo; la que ocurrió en el paso por el Mar Rojo; y las que sufrieron los que pasaron las aguas del Jordán. En todo esto, el pueblo de Dios se salvó y los enemigos fueron destruidos. A eso es a lo que alude el profeta Miqueas cuando dice: «Arrojarás todos sus pecados a las profundidades del mar» (7:19). Alude al faraón y su ejército, que se ahogaron en el fondo del mar. Se hundieron como plomo; igual que se hunden todos nuestros pecados, que son nuestros enemigos cuando estamos en Cristo.

Tercero, así como Noé fue objeto de la burla de aquel miserable mundo en el que estaba haciendo el arca, igualmente se burlan los impíos de los que acuden a Cristo en busca de salvación.

Sin embargo, cuando llegó el diluvio, Noé fue considerado un hombre sabio. Del mismo modo, cuando llega la destrucción, son sabios los que han asegurado su posición en Cristo. Hay muchas semejanzas entre el arca y el bautismo. Menciono algunas a continuación.

Los rituales no son suficientes

«El bautismo que ahora los salva». Aquí, en primer lugar, hay una descripción de los medios de salvación, de cómo somos salvos: «el bautismo que ahora los salva».

Luego, hay una objeción: «no consiste en la limpieza del cuerpo», la parte externa del bautismo.

Más adelante expone *cómo* nos salva el bautismo: mediante «el compromiso de tener una buena conciencia».

Y luego el fundamento: «por la resurrección de Jesucristo».

Debo pasar por alto algunas cosas para llegar al punto que quiero tocar. Se trata de la objeción, de la que no hablaré mucho. Pero diré algo puesto que es un punto útil.

El rito del bautismo no salva. Cuando Pedro dijo que el bautismo salva, también dijo que no es ese bautismo el que elimina la suciedad de la carne, insinuando que el bautismo tiene dos partes. Hay un doble bautismo: el exterior, que es el lavado del cuerpo; el interno, que es el lavado del alma. Lo externo no salva sin lo interno. Por lo tanto, desvía la noción, para que no piensen que todos los que se bautizan externamente con agua son salvos por Cristo.

El peligro de mirar demasiado a lo externo. El apóstol sabía que las personas son naturalmente propensas a dar demasiado énfasis a las cosas externas. El diablo es un extremista. Trabaja para llevar a las personas a los extremos, para convertir los rituales externos en ídolos o para hacerlos rituales ociosos. Es decir, quiere que nos centremos tan intensamente en los aspectos externos de nuestra fe (como el bautismo y la Cena del Señor) que hagamos que las ceremonias en sí mismas sean objeto de idolatría, o hace que nos preocupemos tan poco por ellos que no significan nada en lo absoluto. El diablo obtiene lo que quiere de cualquier manera.

El apóstol conocía la enfermedad de los tiempos, especialmente en su época. La gente atribuye demasiado a las cosas externas. El apóstol Pablo, escribiendo a los gálatas, lo repite dos veces: «Para nada cuenta estar o no estar circuncidados; lo que importa es ser parte de una nueva creación» (Gálatas 6:15; cf. 5:6). Usted le pone demasiada atención a las cosas externas, decía. Lo que cuenta con Dios es la «nueva creación».

Del mismo modo, en el Antiguo Testamento, cuando Dios estableció la adoración externa e interna, los adoradores atribuían demasiada importancia a lo externo, dejando de lado lo interno. Al igual que en el Salmo 50:16-17, Dios se queja por la manera en que le servían: «Pero Dios le dice al malvado: "¿Qué derecho tienes tú de recitar mis leyes o de mencionar mi pacto con tus labios? Mi instrucción, la aborreces; mis palabras, las desechas"». También vemos el trato de Dios con ellos en Isaías: «No me sigan trayendo vanas ofrendas; el incienso es para mí una abominación... ¡no soporto que con su adoración me ofendan! Yo aborrezco sus lunas nuevas y festividades» (1:13-14)... «Pero los que sacrifican toros son como los que matan hombres; los que ofrecen corderos son como los que desnucan perros los que presentan ofrendas de grano son como los que ofrecen sangre de cerdo, y los que queman ofrendas de incienso son como los que adoran ídolos. Ellos han escogido sus propios caminos, y se deleitan en sus abominaciones» (66:3); sin embargo, estos fueron sacrificios ungidos por Dios mismo. ¿Cuál fue la razón de ello? Que se portaron como unos hipócritas con Dios, y le dieron solo un carapacho. Le ofrecieron solo actuaciones externas. Atribuyeron demasiado a eso, y dejaron la parte espiritual que Dios más estima.

Observe también cómo nuestro Salvador Cristo reprende a los fariseos: «No piensen que podrán alegar: "Tenemos a Abraham por padre". Porque les digo que aun de estas piedras Dios es capaz de darle hijos a Abraham» (Mateo 3:9). Ellos se jactaban demasiado de sus privilegios externos. Usted ve a través de las Escrituras que las personas que no pertenecen a Dios son especiales para atribuir demasiado valor a las cosas externas. Deberían combinar eso con lo interno, pero lo descuidan.

Por qué las personas enfatizan tanto la apariencia religiosa. El servicio a Dios, consta de dos partes: la exterior y la interior. La interior es difícil de captar para la carne y la sangre. Al igual que en el bautismo, hay dos partes: lavado externo e interno; además, escuchar la Palabra involucra tanto al hombre externo como al alma interna, que se inclina para escuchar lo que Dios dice. En la Cena del Señor, igualmente, hay una recepción externa de pan y vino, y un pacto interno con Dios. Ahora bien, visto todo eso, hay que observar que las personas ponen demasiado énfasis a lo externo y piensan que Dios les debe algo por ello. Pero descuidan lo interno en resguardo de su propia lujuria.

Sin embargo, la verdadera razón yace en la naturaleza corrupta.

Primero, porque la parte externa es visible y conocida a los ojos del mundo. Todos pueden ver el sacramento administrado, todos pueden ver cuándo la persona escucha la Palabra de Dios.

Segundo, las personas descansan en el ritual externo porque hace algo para calmar la conciencia, la que clamaría si no hicieran algo religioso, o si fueran ateos confesos. Por eso dicen: *Escucharemos la Palabra y haremos lo externo, lo que se ve.* Pero siguen siendo reacios a buscar en el fondo de su conciencia; se detienen con lo externo y, con eso, satisfacen la conciencia. Esas y otras razones similares explican por qué tanta gente solo atiende a la religión aparente.

Aplicación. Tomemos nota de esta tendencia a enfocarnos en lo externo; pero, debemos saber que Dios no considera lo externo sin lo interno. Más que eso, lo aborrece. Si Dios puede despreciar la adoración que Él mismo instituyó, ¿cuánto más debe aborrecer los actos vacíos y las ceremonias que son creación de los hombres? La liturgia de la religión papal, por ejemplo, no es más que un aspecto estéril de lo exterior. Trabajan para evadir a Dios con la obra realizada. Su doctrina está hecha a la medida de la corrupta naturaleza humana. Enseñan que el sacramento administrado confiere gracia independientemente del estado del corazón de la persona. En su sistema, los elementos mismos confieren gracia, como si esta pudiera transmitirse a través de una sustancia inerme. Todo ese proceso hace que las personas enfoquen, excesivamente, su adoración en las cosas externas. Pero el texto que estamos considerando, muestra que lo externo del bautismo sin lo interno no es nada; como afirma Pedro: «no es la eliminación de la suciedad de la carne sino un llamamiento a Dios para una buena conciencia».

Trabajemos, por tanto, en todo nuestro servicio a Dios, para insistirle a nuestro corazón especialmente en lo espiritual. Como le dijo Samuel a Saúl: «El obedecer vale más que el sacrificio, y el prestar atención, más que la grasa de carneros» (1 Samuel 15:22). Y como dijo Dios a través del profeta Oseas: «Lo que pido de ustedes es amor y no sacrificios, conocimiento de Dios y no holocaustos» (Oseas 6:6). Demasiados cristianos se contentan con hacer lo externo, que es lo más fácil de la religión.

No obstante lo que no se hace en el corazón carece de validez. «Dios es espíritu, y quienes lo adoran deben hacerlo en espíritu y en verdad» (Juan 4:24). En toda adoración verdadera hay una especie de poder divino indispensable que va más allá de todo lo que la persona puede ofrecer en apariencia. Al *escuchar* la verdad divina se requiere poder divino para que la persona internalice cómo debe hacerlo (1 Corintios 2:9-15). Algo similar se requiere en la *adoración*, más de lo que el hombre externo es capaz de proporcionar. Todo lo relativo a la religión tiene forma y fondo, que es lo externo y lo interno respectivamente. No descansemos en la forma; al contrario, trabajemos con el fondo, que es el poder.

En 2 Timoteo 3:5, vemos a Pablo hablar del tipo de personas que «Aparentarán ser piadosos, pero su conducta desmentirá el poder de la piedad. ¡Con esa gente ni te metas!» Pablo dice que eran «amantes del placer más que de Dios». Querían la forma de la religión, pero negaban el fondo —el poder—, que era lo relevante, en verdad. Sin embargo, continuemos con el tema en el que quiero centrarme.

Apelemos a Dios por una buena conciencia

Después de descartar la falsa confianza de la gente en la religión aparente o externa, Pedro afirma positivamente qué es lo que realmente salva: el llamado a «tener una buena conciencia delante de Dios». El santo apóstol podría haber dicho: «Todos fuimos bautizados por un solo Espíritu para constituir un solo cuerpo —seamos judíos o gentiles, esclavos o libres—, y a todos se nos dio a beber de un mismo Espíritu» (1 Corintios 12:13). Podría haber dicho: «No posponiendo la inmundicia del cuerpo, sino posponiendo la inmundicia del alma». Sin embargo, menciona el acto del alma que se apodera de la gracia de la salvación de Dios: «el compromiso de tener una buena...» Por supuesto que está hablando de *fe*.

Dios debe estar satisfecho antes que la conciencia. Dios está satisfecho con la muerte del Mediador; así que cuando somos rociados con la sangre de Cristo, cuando su muerte se aplica a nosotros, nuestra conciencia también está satisfecha. Por eso es que el autor de la Carta a los Hebreos dice: «¡cuánto más la sangre de Cristo, quien por medio del Espíritu eterno se ofreció sin mancha a Dios, purificará nuestra conciencia de las obras que conducen a la muerte, a fin de que sirvamos al Dios viviente!» (Hebreos 9:14).

De modo que, el «llamamiento a Dios para una buena conciencia», es lo mismo que la fe. Pedro está describiendo la actitud de aquellos que se comprometen a creer y vivir como cristianos.

Cuando creemos, nuestra conciencia se hace buena. Si Satanás nos acusa, podemos responder con buena conciencia. «¿Quién acusará a los que Dios ha escogido? Dios es el que justifica. ¿Quién condenará? Cristo Jesús es el que murió, e incluso resucitó, y está a la derecha de Dios e intercede por nosotros» (Romanos 8:33-34). Podemos, con un corazón lavado con la sangre de Cristo, responder a todas las objeciones, y triunfar contra todos los enemigos. «Así que acerquémonos confiadamente al trono de la gracia para recibir misericordia y hallar la gracia que nos ayude en el momento que más la necesitemos» (Hebreos 4:16).

«Una buena conciencia» en el sentido en que Pedro emplea la expresión, entonces, es una conciencia limpia de la contaminación del pecado, liberada para servir a Dios. Solo los verdaderos cristianos tienen esa clase de conciencia. Es una conciencia que mira a Dios y, en definitiva, responderá como debe hacerlo. ¿Cómo podemos saber si estamos «en Cristo», si somos receptores de la gracia y el favor salvador de Dios? La conciencia está puesta en nosotros para ese propósito, para decirnos lo que estamos haciendo, con qué motivos lo hacemos y cuál es nuestra posición ante Dios. Si quiere probar su salud espiritual, pregunte simplemente si su conciencia está puesta en Dios.

Si usted es justo, honrado y bueno porque su conciencia responde a los mandamientos de Dios, tiene una buena conciencia. Pero si está haciendo buenas obras o rituales religiosos para que otros lo vean, eso es otra cosa menos una buena conciencia (Mateo 6:5-6, 16-18). Una buena conciencia nos hace responsables, simplemente, porque Dios lo manda. La conciencia es la representante de Dios en el corazón del creyente.

Por lo tanto, lo que hacemos con una buena conciencia lo hacemos con el corazón. Cuando hacemos algo a regañadientes, no por amor y no con el corazón, no manifestamos una buena conciencia. Una conciencia saludable no solo mira lo que hacemos, sino que también examina por qué lo hacemos, ya sea por amor a Dios y por un deseo de obedecer, o por un sentimiento de obligación resentida.

La buena conciencia niega y renuncia a todo pecado. Aquellos, por lo tanto, que trabajan para alimentar sus corrupciones pensando que son cristianos, contradicen su profesión de fe. Los que alimentan sus ojos con vanidad y sus oídos con discursos adornados; aquellos que permiten que sus pies los lleven a lugares donde sus almas se enferman; aquellos que, en lugar de renunciar a sus pecados, los sustentan, ¿qué dan a pensar? ¿Qué son salvos por Cristo cuando viven con una conciencia contaminada?

David oró: «Restaura en mí la alegría de tu salvación y haz que esté dispuesto a obedecerte» (Salmos 51:12, NTV). David había perdido esa alegría y la disposición a obedecer debido al pecado. Porque cuando pecamos deliberadamente contra la conciencia, contenemos la voz de nuestras oraciones y no podemos acudir a Dios. Frenamos la voz de la conciencia y no podemos presentarnos a Dios con valentía. Trabajemos para ser sensibles a la voz del Espíritu. Sometámonos a Dios en todo lo que se nos exhorta a hacer. Y mostremos la obediencia a la fe en todas sus promesas. Eso es lo que significa tener una buena conciencia. Por lo tanto, tomemos ese rumbo si alcanzamos una buena conciencia.

Examinémonos cuidadosamente para que nuestras conciencias estén convencidas del pecado que hay en nosotros. Cuestionémonos a nosotros mismos: *¿Creo? ¿O simplemente he aplacado mi propio corazón sin satisfacer a Dios? ¿Obedezco? ¿Me someto voluntariamente al molde de la Palabra de Dios y obedezco libremente todo lo que oigo? ¿O me estoy engañando a mí mismo?*

Ponga esas preguntas en su corazón. «Aunque nuestro corazón nos condene, Dios es más grande que nuestro corazón y lo sabe todo» (1 Juan 3:20). Si respondemos a Dios con reservas (como por ejemplo, pensado: *Obedeceré a Dios en esto, pero no en aquello; seguiré a Cristo mientras no tenga que renunciar a mi pecado favorito*), esa no es la respuesta de una buena conciencia.

Lo que se hace por Dios debe hacerse de todo corazón y sin reservas. Si nuestros corazones se resisten, no tenemos buena conciencia. La obediencia parcial no es obediencia, en lo absoluto. Hacer las cosas fáciles, que no se oponen a nuestros deseos ni amenazan nuestro orgullo, no es la obediencia que Dios exige. Nuestra obediencia debe ser universal, a todos sus mandamientos. Por lo tanto, busquemos en nosotros mismos y propongámonos preguntas que nos insten a saber si creemos y obedecemos o no; y cuáles son nuestros motivos para hacerlo.

Hay muchos que viven violando su profesión de fe. ¿Qué tendrán que buscar en la hora de la muerte y en el día del juicio? ¿Pueden esperar que Dios cumpla su promesa con ellos en cuanto a darles la vida eterna, cuando nunca tuvieron la gracia de mantener ningún compromiso con Él? ¿Cómo pueden buscar la gracia de Dios, entonces, cuando la han despreciado aquí, y toda su vida ha consistido en satisfacer su propia concupiscencia? Si su profesión de fe no tiene sentido ahora, no lo tendrá en el juicio. Use ese argumento contra el pecado cuando sea tentado.

Por otro lado, cuando falle, no deje que Satanás le tiente a desanimarse; al contrario, acuda a Cristo. La fe y el arrepentimiento no son algo ocasional; debe vivir creyendo y arrepintiéndose.

La ventaja de una conciencia pura

¡Es alentador tener una buena conciencia! Ella nos sostendrá en la enfermedad, en la muerte y en el día del juicio. Deje que el diablo objete lo que quiera; dejemos que nuestros propios pensamientos recelosos objeten lo que quieran; si tenemos una conciencia renovada y santificada, podemos responder bien.

Aunque este mundo nos incomode, no venceremos realmente hasta que nuestra conciencia sea recta. Si ella se mantiene erguida, somos más que vencedores.

Nuestra conciencia es el mejor o peor enemigo del mundo. Cuando sabe que hemos obedecido a Dios en todo, se comporta como un amigo que habla con Dios a favor nuestro. Por otra parte, a la hora de la muerte, ¡qué consuelo ha de ser una buena conciencia! Especialmente en el día del juicio. Un corazón sincero —con una conciencia que ha obedecido al evangelio—, puede presentarse ante Dios cara a cara.

El cristiano que tiene una buena conciencia, tiene a Cristo como su arca en todos los diluvios que intenten ahogarlo. Cristo nos salva no solo del infierno y la condenación, sino de todas las miserias de esta vida.

Pero aquellos que viven en rebelión y contaminan su conciencia, ¿qué consuelo pueden tener? Su conciencia les dice que sus vidas no dan testimonio de Dios, que se rebelan contra Él. Sus corazones les dicen que no pueden mirar al cielo en busca de consuelo. Llevan un infierno en su seno, una conciencia culpable. Aquellos que tienen su conciencia manchada, especialmente los que deliberadamente viven en pecado, no pueden buscar nada más que la ira de Dios.

En tiempos conflictivos, y en la hora de la muerte, es cuando los sabios demuestran que tienen su conciencia pura y que mantienen su pacto con Dios. Su fe no es solo una ceremonia externa, es algo que emana de un corazón puro y una conciencia limpia. Atemos nuestras conciencias a una obediencia estricta a Dios.

Procure una buena conciencia

POR JONATHAN EDWARDS[1]

Examíname, oh Dios, y conoce mi corazón; pruébame y conoce mis pensamientos; y ve si hay en mí camino de perversidad, y guíame en el camino eterno (Salmos 139:23-24, RVR1960).

El Salmo 139 es una reflexión sobre la omnisciencia divina. Dios ve y sabe perfectamente todo. El salmista personifica ese conocimiento perfecto al afirmar que Dios conoce todas nuestras acciones («sabes cuándo me siento y cuándo me levanto», v. 2); todos nuestros pensamientos («aun a la distancia me lees el pensamiento», v. 2); todas nuestras palabras («No me llega aún la palabra a la lengua cuando tú, SEÑOR, ya la sabes toda», v. 4). Luego ilustra la imposibilidad de huir de la presencia divina:

¿A dónde podría alejarme de tu Espíritu? ¿A dónde podría huir de tu presencia? Si subiera al cielo, allí estás tú; si tendiera mi lecho en el fondo del abismo, también estás allí. Si me elevara sobre las alas del alba, o me estableciera en los extremos del mar, aun allí tu mano me guiaría, ¡me sostendría tu mano derecha! Y, si dijera: «Que me oculten las tinieblas; que la luz se haga noche en torno mío», ni las tinieblas serían oscuras para ti, y aun la noche sería clara como el día. ¡Lo mismo son para ti las tinieblas que la luz! (vv. 7-12).

Y sigue hablando del conocimiento que Dios tenía de él antes de que naciera:

Tú creaste mis entrañas; me formaste en el vientre de mi madre. Mis huesos no te fueron desconocidos cuando en lo más recóndito era yo formado, cuando en lo más profundo de la tierra era yo entretejido. Tus ojos vieron mi cuerpo en gestación: todo estaba ya escrito en tu libro;- todos mis días se estaban diseñando, aunque no existía uno solo de ellos (vv. 13, 15-16).

Después de eso, el salmista observa lo que debe inferirse como una consecuencia ineludible de la omnisciencia de Dios: matará a los impíos (v. 19). Finalmente, el salmista hace una aplicación práctica con su meditación sobre la omnisciencia de

Dios: ruega a Dios que lo busque y lo pruebe, y vea si hay alguna perversidad en él y que lo guíe por el camino eterno.

Es obvio que el salmista no estaba implorándole a Dios que lo buscara para darle alguna información a Él. El objetivo del salmo es declarar que Dios lo sabe todo. Por lo tanto, el salmista debe orar para que Dios lo busque de modo que el *propio salmista* pueda ver y ser informado del pecado que hay en su propio corazón.

David, obviamente, había examinado su propio corazón y sus caminos, pero no confiaba en eso. Todavía temía que algún pecado desconocido se le hubiera escapado en su propia búsqueda, por lo que clamó a Dios para que lo examinara.

En otra parte, David escribió: «¿Quién podrá entender sus propios errores? Líbrame de los que me son ocultos» (Salmos 19:12). Con «los que me son ocultos» se refería a los pecados que eran secretos para sí mismo, esos que había en él y de los que no era consciente.

Todos debemos preocuparnos por saber si vivimos con alguna forma de pecado sin siquiera saberlo. Ya sea que mantengamos la lujuria en secreto o descuidemos algún deber espiritual, nuestros pecados ocultos son tan ofensivos para Dios y tan deshonrosos como los que son evidentes. Como normalmente somos propensos al pecado y nuestros corazones naturales están llenos de pecado, debemos tener especial cuidado para evitar esos pecados que son presuntuosos, involuntarios y que cometemos por ignorancia.

Por qué las personas viven en pecado sin saberlo

El problema que tenemos para ver si hay alguna perversidad en nosotros no es que carezcamos de claridad. Dios ciertamente no ha fallado en decirnos clara y abundantemente cuáles son esas perversidades. Él nos ha dado amplios mandamientos para mostrarnos lo que debemos hacer o no hacer, los cuales están claramente establecidos en su Palabra. Por tanto, esa dificultad para conocer nuestros propios corazones *no* se debe a que nos falten las pautas adecuadas.

¿Cómo *pueden* las personas vivir desagradando a Dios, completamente insensibles y ajenas a su propio pecado? Varios factores contribuyen a esta tendencia maligna de la humanidad:

La naturaleza cegadora y engañosa del pecado.

El corazón humano está lleno de pecado y corrupción; corrupción que ejerce un efecto espiritualmente cegador. Además, el pecado siempre lleva consigo cierto grado de oscuridad. Cuanto más prevalece, más oscurece y engaña a la mente. Nos ciega a la realidad de lo que está en nuestros propios corazones. Insisto, el problema no es que nos falte la luz de la verdad de Dios. La luz brilla con claridad a nuestro alrededor, pero la falla está en nuestros propios ojos; están oscurecidos y cegados por una discapacidad mortal que resulta del pecado.

El pecado engaña fácilmente porque controla la voluntad humana y eso perturba el juicio. Donde prevalece la lujuria, la mente está lista para aprobarla. Donde el pecado influye en nuestras preferencias, nos parece agradable y bueno. La mente tiene prejuicios naturales para pensar que todo lo que es agradable es correcto. Por lo tanto, cuando un deseo pecaminoso vence la voluntad, también perturba la comprensión. Y cuanto más camina una persona en pecado, más se oscurecerá y cegará su mente. Así es como el pecado gana el dominio de las personas.

Por lo tanto, cuando las personas no son conscientes de su propio pecado, puede ser extremadamente difícil hacer que vean su error. Después de todo, los mismos deseos malvados que los llevan al pecado los ciegan a él. Cuanto más se rinde una persona enojada a la malicia o a la envidia, más ciegan esos pecados al entendimiento. Cuanto más aborrezca un hombre a su prójimo, más dispuesto estará a pensar que tiene un buen motivo para odiar, para pensar que el prójimo es odioso, y que merece ser odiado, por lo que no es su deber amarlo. Cuanto más prevalezca

la lujuria en el hombre, más dulce y placentero parecerá el pecado, y más se inclinará a pensar que no hay maldad en él.

Así mismo, cuanto más codicia una persona las cosas materiales, es más probable que considere excusable su actitud. Se
dirá a sí mismo que necesita ciertas cosas y que no puede pres-
cindir de ellas. Si son necesarias, razona, no es pecado desearlas.
Todos los deseos del corazón humano pueden justificarse de esa
manera. Y cuanto más prevalecen, más ciegan la mente e influ-
yen en el juicio para aprobarlos. Es por eso que las Escrituras
le dan un nombre a los apetitos mundanos «deseos engañosos»
(Efesios 4:22). Incluso las personas piadosas pueden estar cega-
das y engañadas por la lujuria durante un tiempo y vivir de una
manera desagradable a Dios.

La lujuria también agita la mente carnal para que excuse las
prácticas pecaminosas. La naturaleza humana es muy sutil cuando se trata de racionalizar el pecado. Algunas personas están tan
centradas en su maldad que cuando la conciencia les intranquiliza
al respecto, moldean sus pensamientos con el fin de encontrar
argumentos para detener la voz de la conciencia y creer que
pueden proceder legalmente en la práctica pecaminosa.

El amor propio también induce a las personas a condonar
su propio pecado. A la gente no le gusta condenarse a sí misma.
Tienen prejuicios naturales a su favor. Por eso buscan buenos
nombres que darles a sus disposiciones y prácticas pecaminosas.
Con eso se sienten virtuosos o, al menos, inocentes. Etiquetan
la codicia como «prudencia» o llaman a la avaricia «habilidad
para negociar». Si se regocijan por la calamidad de otro, fingen
que es porque esperan que le haga bien a esa persona. Si beben
demasiado, es porque su cuerpo lo requiere. Si hablan en contra
de su vecino, afirman que es solo celo contra el pecado. Si entran
en una disputa, llaman a su terquedad «conciencia», y califican
sus desacuerdos como cuestiones de principio. Así es que les
dan nombres bonitos a todos sus malos caminos.

Las personas tienden a moldear sus principios de acuerdo
a sus prácticas. En lugar de permitir que su comportamiento se ajuste a sus conciencias, gastan una tremenda energía

tratando de hacer lo contrario, que sus conciencias se ajusten a su comportamiento.

Debido a que el pecado es tan engañoso, y a que tenemos tanto pecado en nuestros corazones, es difícil juzgar nuestros propios caminos y prácticas con rectitud. Por ese motivo, debemos hacer un autoexamen diligente y preocuparnos por saber si hay alguna forma de perversidad en nosotros. «Cuídense, hermanos, de que ninguno de ustedes tenga un corazón pecaminoso e incrédulo que los haga apartarse del Dios vivo. Más bien, mientras dure ese "hoy", anímense unos a otros cada día, para que ninguno de ustedes se endurezca por el engaño del pecado» (Hebreos 3:12-13).

A veces es más fácil para la gente, ver las fallas en los demás que en sí mismos. Cuando ven que otros hacen mal, inmediatamente los condenan, ¡aunque se excusen por el mismo pecado! (cf. Romanos 2:1). Todos vemos la mota en los ojos de los demás mejor que las vigas que tenemos en los nuestros. «A cada uno le parece correcto su proceder, pero el SEÑOR juzga los corazones» (Proverbios 21:2). «Nada hay tan engañoso como el corazón. No tiene remedio. ¿Quién puede comprenderlo?» (Jeremías 17:9). No podemos confiar en nuestros corazones respecto de este asunto. Sin embargo, debemos mantener un ojo protector sobre nosotros mismos, interrogar nuestros propios corazones con cuidado y clamar a Dios que nos escudriñe a fondo. «Necio es el que confía en sí mismo; el que actúa con sabiduría se pone a salvo» (Proverbios 28:26).

La sutileza de Satanás. El diablo trabaja de la mano con nuestra propia y engañosa lujuria. Lo hace para cegarnos ante nuestras propias faltas. Continuamente se esfuerza por inducirnos a pecar, luego trabaja con nuestras mentes carnales para halagarnos con la idea de que somos mejores de lo que parecemos. Así ciega la conciencia. Él es el príncipe de las tinieblas. Cegar y engañar ha sido su trabajo desde que comenzó con nuestros primeros padres.

El poder del hábito. Algunas personas son ajenas a los pecados que suelen practicar. Los pecados habituales casi siempre pasman la mente, por lo que una vez que pinchan la conciencia comienzan a parecer inofensivos.

El ejemplo de los demás. Algunas personas se vuelven insensibles a su propio pecado porque dejan que la opinión popular dicte sus normas. Observan el comportamiento de los demás para discernir lo que está bien y lo que está mal. Pero la sociedad es tan tolerante con el pecado que muchos de ellos se han desestigmatizado. Las cosas que desagradan a Dios y son abominación a su vista parecen inocentes cuando se ven a través de los ojos de la opinión popular. Quizás las veamos practicadas por aquellos a quienes apreciamos mucho, por nuestros superiores o por aquellos que se consideran sabios. Eso inclina a la mente a favor de ellos y disminuye el aprecio de su maldad. Es especialmente peligroso cuando los hombres piadosos, líderes cristianos respetados, son vistos involucrados en prácticas pecaminosas. Eso tiende a endurecer el corazón del observador y cegar la mente con respecto a cualquier hábito maligno.

Obediencia incompleta. Aquellos que obedecen a Dios a medias o parcialmente corren el gran peligro de vivir en un pecado no detectado. Algunos cristianos descuidan la mitad de sus deberes espirituales mientras se concentran en otra mitad. Es probable que sus pensamientos estén totalmente ocupados con la oración privada, la lectura de la Biblia, el culto público, la meditación y otros deberes religiosos, mientras ignoran los deberes morales; como por ejemplo, sus responsabilidades con su cónyuge, sus hijos o sus vecinos.

Saben que no deben defraudar a su prójimo, mentir o fornicar. Pero parecen no considerar lo malo que es hablar en contra de los demás a la ligera, criticar al vecino, luchar y pelear con las personas, vivir hipócritamente ante sus familias o descuidar la instrucción espiritual de sus hijos.

Esas personas pueden parecer muy inteligentes en algunas cosas, las que vigilan atentamente; pero pueden descuidar por completo otras cosas importantes.

Cómo descubrir el pecado desconocido que llevamos dentro

Como hemos observado, es naturalmente muy difícil evaluar con objetividad nuestro propio pecado. Pero si estamos lo suficientemente preocupados por eso, y si somos estrictos y minuciosos al escudriñar nuestro corazón, podemos descubrir el pecado interno. Los que quieren agradar y obedecer a Dios, ciertamente no necesitan continuar en los caminos del pecado por la ignorancia.

Es cierto que nuestro corazón es extremadamente engañoso. Pero Dios, en su santa Palabra, ha dado suficiente luz para destruir la oscuridad en que nos encontramos. Mediante un cuidadoso cuidado y la búsqueda, podemos conocer nuestras responsabilidades espirituales, y saber si estamos viviendo de alguna manera pecaminosa. Todos los que tengan un verdadero amor por Dios se alegrarán al recibir ayuda bíblica en esta investigación. Esas personas están profundamente preocupadas por caminar en todas las cosas como Dios quiere, para agradarlo y honrarlo. Si sus vidas son de alguna manera ofensivas para Dios, se alegrarán de saberlo; por lo que no elegirían ocultar su propio pecado.

Además, aquellos que sinceramente preguntan, ¿qué debo hacer para ser salvo?, querrán identificar el pecado que hay en sus vidas. Porque ese pecado es lo que los aleja de Cristo.

Hay dos medios por los cuales llegamos al conocimiento de nuestro propio pecado:

El conocimiento de la ley de Dios. Si desea saber si vive con algún pecado desconocido, debe familiarizarse completamente con lo que Dios requiere de usted. En las Escrituras, Él nos ha dado una guía verdadera y perfecta por la cual debemos caminar. Él ha expresado sus preceptos clara y abundantemente, para que podamos saber, a pesar de nuestra propia oscuridad espiritual y desventajas, exactamente lo que requiere de nosotros. Tenemos una revelación plena y abundante de la mente de Dios en las Escrituras. Qué claro es al instruirnos en cuanto a cómo comportarnos. ¡Con qué frecuencia se repiten esos preceptos! ¡Y cuán explícitamente se revelan en tantas formas para que podamos entenderlos por completo!

Pero, ¿de qué sirve todo eso si descuidamos la revelación de Dios y no hacemos ningún esfuerzo por conocerla? ¿De qué sirve tener principios piadosos sin conocerlos? ¿Por qué debería Dios revelarnos su mente si no nos importa tanto como para saber de qué se trata?

Sin embargo, la única forma en que podemos saber si estamos pecando es conociendo su ley moral: «Por tanto, nadie será justificado en presencia de Dios por hacer las obras que exige la ley; más bien, mediante la ley cobramos conciencia del pecado» (Romanos 3:20). De modo que, si no queremos seguir desagradando a Dios, debemos estudiar diligentemente los principios que nos ha revelado acerca de lo correcto y lo incorrecto.

Deberíamos leer y escudriñar mucho más las Sagradas Escrituras. Y debemos hacerlo con la intención de conocer todo nuestro deber, para que la Palabra de Dios sea «una lámpara para nuestros pies y una luz para nuestros caminos» (Salmos 119:105).

Siendo así, está claro que la mayoría de las personas son culpables simplemente por su negligencia con los deberes espirituales. En primer lugar, son culpables porque ignoran la Palabra de Dios y otros recursos que podrían ayudarles. Actúan como si tal estudio fuera solo trabajo de los ministros. Tal ignorancia es a menudo descuido intencionado y deliberado. Si no son conscientes de lo que Dios exige de ellos, es su culpa. Tienen suficientes oportunidades para saber, y podrían saber si quisieran. Además, se esfuerzan por adquirir otros tipos de conocimiento. Conocen bien cualquier cosa mundana que les llame la atención. Aprenden lo que sea necesario para ganarse la vida en este mundo. Pero no gastar nada de energías en actividades espirituales que cuentan para la eternidad.

El conocimiento de nosotros mismos. Segundo, si desea saber si está albergando un pecado secreto, debe examinarse pronto. Compare su vida con la ley de Dios para ver si se ajusta al estándar divino. Esa es la forma principal en que debemos descubrir nuestro propio carácter. Esta es una diferencia importante entre los seres humanos y los animales. El ser humano es capaz de reflexionar en sí mismo, contemplar sus propias acciones y evaluar su naturaleza y su calidad. Sin duda, fue en parte por esta misma razón que Dios nos dio este poder, para que podamos conocernos a nosotros mismos y considerar nuestros propios caminos.

Debemos examinarnos a nosotros mismos hasta que descubramos satisfactoriamente cualquier acuerdo o desacuerdo con los principios de las Escrituras. Esto requiere la máxima diligencia, para que no pasemos por alto nuestras propias irregularidades, o para que alguna perversidad en nosotros quede oculta bajo un disfraz.

Cómo examinarse uno mismo

Podemos pensar que estamos mejor familiarizados con nosotros mismos que con cualquier otra cosa. Después de todo, siempre estamos en contacto con nosotros mismos. Somos inmediatamente conscientes de nuestras propias acciones. Sabemos, al instante, todo lo que sucede dentro de nosotros y lo que hacemos. Pero en algunos aspectos, el verdadero conocimiento de nosotros mismos es más difícil de obtener que casi cualquier otra cosa. Por lo tanto, debemos indagar diligentemente en los secretos de nuestros propios corazones y examinar con cuidado todas nuestras prácticas. Veamos algunas pautas valiosas en este proceso:

Reflexione en usted mismo al leer y escuchar la Palabra de Dios. Cuando lea la Biblia o escuche algún sermón, reflexione en usted mismo y compare su actitud con lo que lee o escuche. Medite en qué acuerdo o desacuerdo hay entre la Palabra y usted. Las Escrituras testifican contra toda clase de pecados, y contienen instrucciones para cada responsabilidad espiritual, como escribió Pablo: «Toda la Escritura es inspirada por Dios y útil para enseñar, para reprender, para corregir y para instruir en la justicia, a fin de que el siervo de Dios esté enteramente capacitado *para toda buena obra*» (2 Timoteo 3:16-17, énfasis agregado). Por lo tanto, cuando lea los mandamientos dados por Cristo y sus apóstoles, pregúntese: ¿Vivo de acuerdo *a esta regla? ¿O vivo de alguna manera contraria?*

Cuando lea en las secciones históricas de las Escrituras acerca de los pecados de los que otros han sido culpables, reflexione en usted mismo a medida que avance. Pregúntese si es culpable de pecados similares. Cuando lea cómo reprendió Dios los pecados de otros y ejecutó juicios sobre ellos por sus pecados, pregúntese si merece un castigo similar. Cuando lea los ejemplos de Cristo y los santos, pregúntese si vive de manera contraria a su ejemplo. Cuando lea cómo elogió y recompensó Dios a su pueblo por sus virtudes y sus buenas obras, pregúntese si merece la misma bendición. Utilice la Palabra como un espejo en el que se inspeccione cuidadosamente a sí mismo, y conviértase en un hacedor de la Palabra (Santiago 1:23-25).

¡Son muy pocos los que hacen esto como deberían! Mientras el predicador está testificando contra el pecado, la mayoría está ocupada pensando que otros no están a la altura. Es posible que escuchen cientos de cosas en los sermones que se aplican correctamente a ellos; sin embargo, nunca se asoma a sus mentes que lo que el predicador dice —de alguna manera— les concierne. Sus mentes se fijan con facilidad en otras personas a quienes parece que el mensaje les atañe, pero nunca piensan si son ellos los que necesitan el mensaje.

Si hace cosas que, por lo general, evitan las personas que son exigentes y maduras, tenga especial cuidado de preguntarse si eso podría ser realmente pecaminoso. Quizás haya deliberado consigo mismo si tal o cual práctica es legal; no ve ningún mal en ello. Pero si la cosa es generalmente condenada por personas piadosas, puede parecer sospechosa. En ese caso, es sabio considerar en forma concienzuda si realmente desagrada a Dios. Si una práctica suele ser desaprobada por aquellos que en esos casos tienen más probabilidades de tener razón, debe considerar con más cuidado si la cosa en cuestión es legal o ilegal.

Pregúntese si en su lecho de muerte tendrá recuerdos agradables de la forma en que ha vivido. Las personas sanas a menudo se entregan a actividades que no se atreverían a hacer si pensaran que pronto estarán frente el Señor. Piensan en la muerte como algo en la distancia, por lo que les resulta mucho más fácil calmar sus conciencias en cuanto a lo que están haciendo hoy. Sin embargo, si pensaran que pueden morir pronto, no les resultaría tan cómodo contemplar tales actividades. La conciencia no se ciega ni amortigua tan fácilmente cuando el final de la vida parece inminente.

Pregúntese solemnemente, por lo tanto, si está haciendo algo ahora que pueda molestarle en su lecho de muerte. Piense en sus costumbres y póngase a prueba con la aleccionadora expectativa de salir pronto del mundo a la eternidad. Esfuércese por juzgar imparcialmente las cosas por las que se alegrará en el lecho de muerte, así como lo que desaprobará y desearía haber dejado.

Considere lo que otros puedan decir de usted. Aunque las personas son ciegas a sus propios defectos, descubren con facilidad los de los demás, y son bastante aptos para hablar de ellos. A veces las personas viven de maneras que no son del todo apropiadas, pero ellas mismas son ciegas a eso. No ven sus propias deficiencias, aunque las fallas sean muy evidentes para los demás. Ellos mismos no pueden ver sus fallas, sin embargo, otros no pueden cerrar los ojos ni evitar verlas.

Algunas personas, por ejemplo, son muy orgullosas y no lo saben. Pero el problema es notorio para los demás. Algunos son muy mundanos; sin embargo, parecen no darse cuenta de ello por sí mismos. Algunos son maliciosos y envidiosos. Otros lo ven y les parece realmente odioso. Sin embargo, los que tienen el problema no lo notan. No hay confianza en nuestros propios corazones o nuestros propios ojos en tales casos. Por lo tanto, debemos escuchar lo que otros dicen de nosotros, observar sus acusaciones, prestar atención a la falla que encuentran en nosotros y examinar estrictamente si hay algún fundamento para ello.

Si otros nos acusan de ser orgullosos, mundanos, rencorosos y maliciosos, o de cualquier otro mal genio o práctica, debemos preguntarnos con franqueza si eso es así. Puede parecernos que la acusación no tiene ningún fundamento, y podemos pensar que los motivos o el espíritu del acusador están equivocados. Pero la persona exigente lo verá como una ocasión para hacerse un autoexamen.

Deberíamos escuchar especialmente lo que nuestros amigos dicen sobre nosotros. Es imprudente, además de no cristiano, ofenderse y resentirse cuando se nos informa de nuestras faltas. «Más confiable es el amigo que hiere que el enemigo que besa» (Proverbios 27:6). Deberíamos alegrarnos si nos muestran nuestros errores.

Sin embargo, también debemos prestar atención a lo que nuestros enemigos nos acusan. Si nos reprochan y nos vilipendian en la cara, incluso por una actitud equivocada, debemos reflexionar lo suficiente como para examinarnos internamente y preguntarnos si hay algo de verdad en ello. Incluso si lo que se dice se revela de una manera reprobadora y malvada, aún puede haber mucha verdad en ello. Cuando las personas critican a otros, incluso cuando sus motivos para ello son incorrectos, es probable que apunten a fallas reales. De hecho, es probable que nuestros enemigos nos ataquen donde somos más débiles y donde les hemos dado más motivos para criticar. Son más propensos a atacarnos donde menos podemos defendernos. Aquellos que nos denigran, aunque lo hacen con un espíritu no cristiano y de una manera no cristiana, generalmente identificarán las áreas en las que fallamos.

De forma que, cuando escuchemos a otros que hablan contra nosotros a nuestras espaldas, cualquiera sea el espíritu de la crítica, la respuesta correcta es reflexionar sobre nosotros mismos y considerar si realmente somos culpables de las faltas que nos imputan. Esa es ciertamente una respuesta más piadosa que enfurecerse con ellos, maldecirlos o despreciarlos por hablar mal. Por lo tanto, podemos sacar algo bueno del mal; esa es la forma más segura de derrotar a los enemigos que nos injurian y nos critican. Aunque lo hagan por motivos equivocados, queriendo dañarnos. Pero de esa manera podemos convertir todo eso en nuestro propio bien.

Cuando vea las fallas de otros, examine si tiene las mismas deficiencias. Demasiadas personas están listas para hablar de las faltas de los demás aunque fallan en lo mismo. Nada es más común que los orgullosos acusen a otros de orgullo. Del mismo modo, es común que los deshonestos se quejen de ser perjudicados por los demás. Los rasgos y prácticas malvados en los demás parecen mucho más odiosos que en nosotros mismos. Podemos ver fácilmente cuán despreciable es este o aquel pecado en otra persona. Vemos en los demás lo odioso que es el orgullo, lo malvada que puede ser la malicia o lo perniciosas que pueden ser otras fallas. Pero, aunque podemos ver fácilmente tales imperfecciones, cuando nos miramos a nosotros mismos no las vemos porque están oscurecidas por el autoengaño.

Por lo tanto, cuando vea las faltas de los demás, cuando se percate de lo mal que actúan, la actitud desagradable que muestran o cuán inadecuado es su comportamiento, cuando escucha a otros hablar de ello, o cuando encuentra faltas en los demás, es momento de que reflexione. Considere si hay alguna deficiencia similar en su propia conducta o actitud. Percátese de que esas cosas son tan impropias y ofensivas en usted como en los demás. El orgullo o el espíritu altivo son tan odiosos en usted como en su prójimo. Su propio espíritu malicioso y vengativo hacia el prójimo es tan despreciable como el espíritu malicioso y vengativo de esa persona hacia usted. Es tan pecaminoso para usted equivocarse o engañar a su prójimo como lo es para él equivocarle o engañarle. Es tan destructivo y desagradable para usted hablar contra otros a sus espaldas como lo es que ellos le hagan lo mismo.

Considere la ceguera de los demás a sus propios pecados y pregúntese si sufre lo mismo. Usted sabe que otros están cegados por sus lujurias. ¿Podría ser que algún apetito carnal o lujuria mental le haya cegado? Ve cómo están cegados los demás por su mundanalidad. Pregunte si su propio apego a este mundo podría estar cegándole de una manera que le haga justificar cosas que no están bien en usted. Es tan propenso a ser cegado por los deseos pecaminosos como los demás. Usted tiene el mismo corazón engañoso y desesperadamente malvado. «En el agua se refleja el rostro, y en el corazón se refleja la persona» (Proverbios 27:19).

Busque los pecados secretos en su conciencia

Examine los secretos de su propio corazón. ¿Vive con algún pecado escondido? ¿Descuida algún deber que solo usted y Dios conocen? ¿Le entrega a alguna práctica secreta que es ofensiva para el ojo que todo lo ve de Dios? Examínese con respecto a todas sus responsabilidades privadas: lectura de la Biblia, meditación, oración secreta. ¿Cumple con esos deberes en absoluto? Y si es así, ¿los cumple de manera inestable y descuidada? ¿Cómo es su comportamiento cuando está oculto de los ojos del mundo, cuando no tiene más restricciones que la conciencia? ¿Qué le dice su propia conciencia?

Mencionaré dos asuntos en particular:

Pregúntese si descuida la lectura de la Palabra de Dios. La Biblia fue escrita, ciertamente, para ser leída no solo por los ministros, sino también por la gente. No es suficiente haberla leído una vez o leerla de vez en cuando. Las Escrituras fueron dadas para estar con nosotros continuamente, para actuar como nuestra regla de vida. Así como el artesano debe tener su criterio y el ciego su guía, así como el que camina en la oscuridad lleva una luz, así la Biblia debía ser una lámpara para nuestros pies y una luz para nuestro camino (Salmos 119:105)

Josué 1:8 dice: «Recita siempre el libro de la ley y medita en él de día y de noche; cumple con cuidado todo lo que en él está escrito. Así prosperarás y tendrás éxito». En Deuteronomio 6:6-9 el Señor ordenó a los israelitas:

> Grábate en el corazón estas palabras que hoy te mando. Incúlcaselas continuamente a tus hijos. Háblales de ellas cuando estés en tu casa y cuando vayas por el camino, cuando te acuestes y cuando te levantes. Átalas a tus manos como un signo; llévalas en tu frente como una marca; escríbelas en los postes de tu casa y en los portones de tus ciudades.

De la misma manera, Cristo nos ordena que escudriñemos las Escrituras (Juan 5:39). Estas son minas en las que debemos buscar tesoros escondidos. ¿Descuida este deber?

Pregúntese si está satisfaciendo, en secreto, un poco de lujuria. Hay muchas formas y grados de satisfacer nuestros deseos carnales, pero cada uno de ellos provoca al Dios santo. Incluso si se abstiene de las indulgencias intolerables, ¿de alguna manera secreta, de vez en cuando, satisface sus deseos y se permite saborear los dulces del deleite ilegal?

¿Se da cuenta de que es ofensivo para Dios incluso cuando gratificamos la lujuria solo en nuestros pensamientos e imaginación? ¿Es culpable de este pecado?

El peligro del pecado no abandonado

Se le han dado instrucciones sobre cómo examinarse a sí mismo por el pecado que quizás desconozca. ¿Cómo están las cosas en su propia vida? ¿Encuentra que está viviendo de una manera pecaminosa? No estoy preguntando si se encuentra libre del pecado. Eso no se espera de usted, porque no hay nadie que no peque (1 Reyes 8:46). Pero, ¿hay alguna forma de pecado en la que vive, cuál es su estilo de vida o práctica? Sin duda, hay algunos que son claros en este asunto, algunos «Dichosos los que van por caminos perfectos, los que andan conforme a la ley del Señor. Dichosos los que guardan sus estatutos y de todo corazón lo buscan. Jamás hacen nada malo, sino que siguen los caminos de Dios» (Salmo 119:1-3).

Deje que su propia conciencia responda cómo encuentra su propia vida. ¿Es culpable? ¿Practica algún pecado por costumbre? ¿Se ha permitido hacerlo? Si ese es el caso, considere lo siguiente:

Si ha estado buscando la salvación y aún no la ha encontrado, la razón puede ser alguna forma de pecado que practique. Es posible que se haya preguntado cuál es el problema cuando siempre ha estado preocupado por su salvación, cuando la ha buscado diligentemente, pero ha sido en vano. Muchas veces ha llorado a Dios, pero Él no le atiende. Otros obtienen consuelo, pero usted permanece en la oscuridad. Sin embargo, ¿no es de extrañar si se ha aferrado a su pecado por tanto tiempo? ¿No es esta una razón suficiente por la cual todas sus oraciones y todas sus súplicas han sido criticadas?

Si está tratando de retener su pecado mientras busca al Salvador, no está buscando la salvación de la manera correcta. La forma correcta es alejarse de su impiedad. Si hay un miembro que es corrupto y usted no lo corta, existe el peligro de que lo lleve al infierno (Mateo 5:29-30).

Si la gracia parece estar languideciendo en su alma, quizás sea por alguna forma de pecado. La manera de crecer en gracia es caminar en obediencia y ser muy minucioso al hacerlo. La gracia florecerá en los corazones de todos los que viven de esta manera. Sin embargo, si vive en alguna forma de pecado, será como una enfermedad secreta que se alimenta de sus signos vitales. El pecado le mantendrá pobre, débil y languideciendo.

Solo un pecado practicado habitualmente suprimirá su prosperidad espiritual y disminuirá el crecimiento y la fuerza de la gracia en su corazón. Afligirá al Espíritu Santo (Efesios 4:30). Evitará la influencia de la Palabra de Dios. Mientras permanezca, será como una úlcera, manteniéndole débil y delgado, aunque se sustente con el alimento espiritual más saludable.

Si ha caído en un gran pecado, es posible que se deba a otro pecado que le causó su mayor fracaso. Una persona que no evita el pecado y no es meticulosamente obediente no puede ser resguardada de los grandes pecados. El pecado en el que vive siempre será una entrada, una puerta abierta, por la cual Satanás encontrará la entrada. Es como una brecha en su fortaleza a través de la cual el enemigo puede entrar y encontrar la manera de hacerle mucho daño. Si ha caído en algún pecado horrible, quizás esta sea la razón.

O si permite alguna forma de pecado como salida para su propia corrupción, será como una brecha en una presa, que si se deja sola crecerá más y más hasta que no se pueda detener.

Si vive mucho en la oscuridad espiritual, sin sentir la presencia de Dios, puede que se deba a alguna modalidad de pecado. Si se queja de que tiene poca comunión con Dios; si siente que Dios le ha abandonado; si Dios parece esconder su rostro de usted y rara vez le muestra evidencias de su gloria y su gracia; o si parece dejarle a tientas en la oscuridad y vagar por el desierto, esta puede ser la razón. Quizás ha llorado ante Dios a menudo. Quizás tenga noches de insomnio y días tristes. Si está viviendo de alguna forma en pecado, es muy probable que esa sea la causa, la raíz de su pecado, el Acán, el perturbador que ofende a Dios y trae tantas nubes de oscuridad sobre su alma. Usted está entristeciendo al Espíritu Santo y es por eso que no obtiene su consuelo.

Cristo prometió que se revelaría a sus discípulos. Pero con la condición de que guarden sus mandamientos: «¿Quién es el que me ama? El que hace suyos mis mandamientos y los obedece. Y al que me ama, mi Padre lo amará, y yo también lo amaré y me manifestaré a él» (Juan 14:21). Pero si vive en desobediencia a cualquiera de sus mandamientos, entonces no es de extrañar que Él no le dé manifestaciones tranquilizadoras de sí mismo. La forma de recibir el favor de Dios es caminar de cerca con Él.

Si ha estado dudando de su salvación, quizás eso sea avivado por alguna forma de pecado en usted. La mejor manera de obtener evidencia clara de su salvación es caminando de cerca con Dios. Esto, como ya hemos observado, es también la forma de tener la gracia floreciente en el alma. Y cuanto más viva sea la gracia de Dios en nosotros, más probable es que se manifieste. Cuando Cristo se revela a nosotros, tenemos la seguridad de su amor y su favor.

Pero si vive en alguna forma de pecado, no es de extrañar que eso disminuya enormemente su seguridad. Después de todo, eso perjudica el ejercicio de la gracia y oculta la luz del semblante de Dios. Es posible que nunca sepa si es un verdadero cristiano o no hasta que haya abandonado por completo el camino del pecado en el que vive.

Si se ha encontrado con el ceño fruncido de la Providencia, quizás sea por alguna forma de pecado en usted. Si ha recibido dolorosas reprimendas y castigos, es muy probable que practique un hábito pecaminoso o que tolere un acto maligno, lo que le ha causado el problema. A veces Dios es extremadamente severo en sus tratos con su propio pueblo por los pecados de este mundo. A Moisés y Aarón no se les permitió entrar a Canaán porque desobedecieron a Dios y pecaron con sus labios en las aguas de Meriba. ¡Y cuán terrible era Dios en sus tratos con David! ¡Qué aflicción envió sobre él a través de su familia! Uno de sus hijos violó a su hermana; otro asesinó a su hermano; y habiendo expulsado a su padre de su propio reino a la vista de todo Israel, conminó a las concubinas de su padre en la azotea a la vista de todos. Al final se encontró con un terrible fallecimiento que rompió por completo el corazón de su padre (2 Samuel 18:33). Inmediatamente después de eso siguió la rebelión de Sheba (2 Samuel 20). Luego, al final de su vida, David vio a otro de sus hijos usurpando la corona.

¡Cuán duro trató Dios a Elí por vivir en el pecado de no impedir la maldad de sus hijos! Ambos hijos fueron asesinados en un día, y el propio Elí murió de forma violenta. El arca fue llevada al cautiverio (1 Samuel 4). La casa de Elí fue maldita para siempre; Dios mismo juró que la iniquidad de la casa de Elí nunca sería purgada por sacrificios ni ofrendas (1 Samuel 3:13-14). El sacerdocio fue tomado de Elí y entregado a otro linaje. Y nunca más hubo un anciano en la familia de Elí (1 Samuel 12:31).

¿Es el camino del pecado en el que vive el motivo de las reprimendas de la Providencia con las que se ha encontrado? Es cierto que no es asunto apropiado de sus vecinos juzgarlo con respecto a los eventos de la Providencia, pero ciertamente debe preguntarse si está compitiendo con Dios (Job 10:2).

Si le aterra pensar en la muerte, tal vez sea porque está viviendo en alguna forma de pecado. Cuando piensa en morir, ¿retrocede ante ese pensamiento? Cuando se enferma, o algo amenaza su vida, ¿se asusta? ¿Le alarma la idea de morir y entrar en la eternidad, a pesar de que profesa ser cristiano?

Si vive de una manera pecaminosa, probablemente sea esa la base de sus miedos. El pecado mantiene su mente sensual y mundana y le impide considerar lo vivo del cielo y los placeres celestiales. El pecado mantiene baja la gracia y evita la anticipación de las comodidades celestiales que de otro modo tendría. El pecado le impide tener el sentido reconfortante del favor divino y su presencia. Sin eso, no es de extrañar que no pueda mirar la muerte a la cara sin terror.

No continúe en pecado, en ninguna de sus modalidades. Si ha entendido que ha vivido en una forma de pecado, considere que a partir de ahora, si sigue de la misma manera, vivirá en un pecado conocido. Ya sea que se haya conocido pecado en el pasado o no, es posible que haya estado viviendo inadvertidamente en él. Pero ahora que es consciente de ello, si continúa en él, su pecado no será por ignorancia; sino que será como los que viven voluntariamente en pecado.

Notas

Capítulo 1. ¿Qué pasó con el pecado?

1. Karl Menninger, *Whatever Became of Sin?* (Hawthorn, 1973).
2. Charles Krauthammer, «From People Power to Polenta», *Time* (Octubre, 1993).
3. Wayne W. Dyer, *Your Erroneous Zones* (Funk & Wagnalls, 1976).
4. *The Ann Landers Encyclopedia* (Doubleday, 1978).
5. Steve Lopez, «Thief Becomes a Millionaire over a Beating», *LA Daily News* (Diciembre, 1993).
6. Barbara Sommer, «PMS in the Courts: Are All Women on Trial?», *Psychology Today* (Agosto, 1984).
7. Andrew Ferguson, «Take Off the Kid Gloves», *National Review* (Noviembre, 1993).
8. Stanton Peele, *Diseasing of America* (Lexington, 1989).
9. Bernie Zilbergeld, *The Shrinking of America* (Little, Brown, 1983).
10. Charles J. Sykes, *A Nation of Victims* (St. Martin's, 1992).
11. Wendy Kaminer, *I'm Dysfunctional, You're Dysfunctional* (Addison-Wesley, 1992).
12. Garth Wood, *The Myth of Neurosis* (Harper & Row, 1986).
13. Karl Menninger, *Whatever Became of Sin?* (Hawthorn, 1973).

Capítulo 2. El sistema automático de advertencia del alma

1. J. I. Packer, *Rediscovering Holiness* (Servant, 1992).
2. Richard Sibbes, *Commentary on 2 Corinthians Chapter 1*, en Alexander B. Grosart, ed., *Works of Richard Sibbes*, 7 vols. (Banner of Truth, 1981 reprint).

Capítulo 3. Cómo silencia el pecado a la conciencia

1. Charles W. Colson, «The Enduring Revolution: 1993 Templeton Address», (pamphlet) «Sources, No. 4» (Wilberforce Forum, 1993).
2. Robert L. Vernon, *L. A. Justice* (Focus on the Family, 1993).
3. D. Martyn Lloyd-Jones, *El problema fundamental del hombre* (Eerdmans, 1945).
4. Herodotus, *The Histories*, 1:31.
5. Augustine, *La ciudad de Dios*, 4:31.

6. Lucian, *The Syrian Goddess*, 34.
7. Dennis A. Williams and Susan Agrest, «A School for Homosexuals», *Newsweek* (Junio, 1985).
8. «Quotable», *Daily News* (Noviembre,1993).
9. Benjamin DeMott, «The Pro-Incest Lobby», *Psychology Today* (Marzo, 1980).
10. Maurice Roberts, «God Gave Them Up», *The Banner of Truth* (Octubre, 1993).

Capítulo 4. ¿Qué quiere decir «totalmente depravado»?

1. J. C. Ryle, *Holiness* (Evangelical Press, 1979 reprint).
2. Norman Vincent Peale, *The Power of Positive Thinking* (Prentice Hall, 1952).
3. Adler, 50.
4. Ryle, 16.
5. Robert Schuller, *Self-Esteem: The New Reformation* (Word, 1982).
6. Robert Schuller, «The Phil Donahue Show», (Agosto, 1980).
7. D. Martyn Lloyd-Jones, *El problema fundamental del hombre* (Eerdmans, 1945).
8. George F. Will, «A Trickle-Down Culture», *Newsweek* (Diciembre, 1993).
9. Dennis Prager, «The Belief That People Are Basically Good», *Ultimate Issues* (Enero-Marzo, 1990).
10. Ryle, 9-10.

Capítulo 5. El pecado y su cura

1. D. Martyn Lloyd-Jones, *El problema fundamental del hombre* (Eerdmans, 1945).
2. Tom Wolfe, *The Bonfire of the Vanities* (Farrar, Straus, Giroux, 1987).
3. Jay Adams, *The Grand Demonstration* (East-Gate, 1991).
4. Harold S. Kushner, *When Bad Things Happen to Good People* (Schocken, 1981).
5. R. L. Dabney, *Systematic Theology* (Banner of Truth, 1985).
6. Lloyd-Jones.

Capítulo 6. El enemigo interior conquistado

1. D. Martyn Lloyd-Jones, *Sanctified Through the Truth* (Crossway, 1989).
2. Spencer Klaw, *Without Sin* (Allen Lane, 1993).
3. H. A. Ironside, *Holiness: The False and the True* (Loizeaux, 1912).
4. B. B. Warfield, *Perfectionism,* vol. 2 (Baker, 1981).
5. Ibid.
6. John MacArthur, *El evangelio según los apóstoles* (Mundo Hispano, 2016).
7. Warfield, 568.
8. Lloyd-Jones, 116-17.

Capítulo 7. Descuartice a Agag

1. John Owen, *The Works of John Owen* (Banner, of Truth, 1967).
2. D. Martyn Lloyd-Jones, *Romans: An Exposition of Chapter 8:5-17* (Zondervan, 1974).

3. Owen, 6:16-17.
4. D. Martyn Lloyd-Jones, *Sanctifi ed Through the Truth* (Crossway, 1989).
5. Owen, 6:20.
6. Cited in I.D.E. Thomas, *A Puritan Golden Treasury* (Banner of Truth, 1977).
7. Lloyd-Jones, *Romanos 8:5-17.*

Capítulo 8. Cómo tratar con la tentación

1. Sinclair Ferguson, *Taking the Christian Life Seriously* (Zondervan, 1981).
2. John Leo, «The Seven Video Sins», *U.S. News & World Report* (Agosto, 1993).

Capítulo 9. Cómo mantener una mente pura

1. Ralph Venning, *The Sinfulness of Sin* (Banner of Truth, 1965).

Capítulo 10. Cómo mantener el misterio de la fe con la conciencia clara

1. Jeremiah Burroughs, *The Evil of Evils* (Soli Deo Gloria, 1992).
2. Lewis B. Smedes, *Shame and Grace* (HarperCollins, 1993).
3. Vergilius Ferm, *A Dictionary of Pastoral Psychology* (Philosophical Lib., 1955).
4. D. Martyn Lloyd-Jones, *Sanctified Through the Truth* (Crossway, 1989).
5. John MacArthur, *Ashamed of the Gospe l*(Crossway, 1993).
6. John Blanchard, *Whatever Happened to Hell?* (Evangelical Press, 1993).

Apéndice 1. Triunfe sobre el pecado

1. James M. Boice, *Amazing Grace* (Tyndale, 1993).
2. C. I. Scofield, *The Scofield Reference Bible* (Oxford, 1917).
3. Clarence Larkin, *Rightly Dividing the Truth* (Larkin Estate, n.d.).
4. Ibid.
5. R. L. Dabney, *Systematic Theology* (Banner of Truth, 1985).
6. Matthew Henry, *Commentary on the Whole Bible*, 6 vols. (Revell].
7. D. Martyn Lloyd-Jones, *Romans: An Exposition of Chapter Six: The New Man* (Zondervan, 1972).

Apéndice 2. Una apelación a una buena conciencia

1. Adaptado al inglés moderno y resumido de un sermón originalmente titulado: «La demanda de una buena conciencia», publicado por primera vez en Sibbes's Evangelical Sacrifices, en Londres en 1640.

Apéndice 3. Procure una buena conciencia

1. Adaptado y parafraseado al inglés moderno del tratado de Edwards titulado: «Precauciones cristianas: la necesidad del autoexamen» (primera impresión, 1788).

John MacArthur es pastor y maestro de Grace Community Church en Sun Valley. También es presidente de The Master's College and Seminary. Su estilo popular de exposición y enseñanza de la Biblia puede escucharse a diario en su programa radial de difusión internacional «*Gracia a vosotros*».

Es un prolífico autor con muchos éxitos de ventas:

El pastor como líder
El pastor en la cultura actual
El pastor como predicador
El pastor como teólogo
El pastor y el Supremo Dios de los cielos
El pastor y la inerrancia bíblica
Biblia Fortaleza.

La biblioteca del
PASTOR

EL PASTOR Y LA INERRANCIA BÍBLICA

Perspectivas bíblicas, históricas, teológicas y pastorales acerca de la fidelidad de la Palabra de Dios

JOHN MACARTHUR
EDITOR GENERAL

EL PASTOR Y EL SUPREMO DIOS DE LOS CIELOS

Perspectivas teológicas y prácticas sobre la persona y obra de Jesús

JOHN MACARTHUR
EDITOR GENERAL

EL PASTOR COMO TEÓLOGO

Interpretar y aplicar la Palabra de Dios con precisión

JOHN MACARTHUR
EDITOR GENERAL

EL PASTOR COMO LÍDER

Cómo guiar a los demás con integridad y convicción

JOHN MACARTHUR
EDITOR GENERAL

EL PASTOR EN LA CULTURA ACTUAL

Respuestas bíblicas a temas candentes de hoy, por las voces más confiables.

JOHN MACARTHUR
EDITOR GENERAL

EL PASTOR COMO PREDICADOR

La entrega de la Palabra de Dios con pasión y poder

JOHN MACARTHUR
EDITOR GENERAL

BIBLIA FORTALEZA

Devocionales escritos por
JOHN MACARTHUR

REINA-VALERA
1960

366 devocionales que fortalecen tu día

- 366 devocionales que fortalecen tu día
- Sugerencias para la oración
- Textos bíblicos para un estudio profundo de las Escrituras
- Letras de Jesús en rojo
- Más de 1000 promesas señaladas con el ícono de una torre

Siempre he creído que el primer paso para ser autodisciplinado es comenzar dando pequeños pasos, establecer un objetivo alcanzable y esforzarte por alcanzarlo. Así avanzarás en aras de conquistar objetivos más grandes. El estudio de la Biblia debes acompañarlo de mucha meditación e investigación en la Palabra de Dios y bastante oración.

Es mi oración que seas uno «que mira atentamente en la perfecta ley, la de la libertad, y persevera en ella, no siendo oidor olvidadizo, sino hacedor de la obra» (Santiago 1:25). ¡Que esta *Biblia Fortaleza* te inspire en esa búsqueda maravillosa de la Palabra de Dios y fortalezca el fundamento de tu fe!

John MacArthur

Editorial Nivel Uno

Te invitamos a que visites nuestra página web donde podras apreciar la pasión por la publicación de libros y Biblias:

www.EditorialNivelUno.com

f @EDITORIALNIVELUNO

@EDITORIALNIVELUNO

@EDITORIALNIVELUNO

Para vivir la Palabra